ÄGYPTISCHE PYRAMIDEN

Monumente für die Ewigkeit

KARL ■ MÜLLER

1 Die Pyramiden von Gizeh auf einem Stich aus dem 17. Jahrhundert.

2-3 Die Pyramiden von Gizeh, hier von Süden gesehen, wurden während der 4. Dynastie auf einem Kalksteinplateau am Rande der Wüste gebaut. Im Vordergrund sieht man die Pyramide des Mykerinos, vor der drei Nebenpyramiden stehen; nördlich davon erheben sich die großen Pyramiden des Chephren und des Cheops. Das Hochplateau von Gizeh war eine der Nekropolen von Memphis, der ägyptischen Hauptstadt zur Zeit des Alten Reiches. Inzwischen ist die Ausgrabungsstätte von Gizeh von der UNESCO als Weltkulturerbe eingestuft worden.

4 Die Sphinx von Gizeh wurde zu einem Wahrzeichen der ägyptischen Kultur. Ihr geheimnisvoller Ausdruck und das Fehlen jeglicher Inschriften führten zu phantasievollen Hypothesen über ihren Ursprung und ihr Alter.

5 Zu den Meisterwerken des Alten Reiches gehören die „Triaden des Mykerinos": fünf Dreier-Gruppen von Statuen, die 1908 während der Ausgrabungen am Taltempel des Mykerinos entdeckt wurden. Der König ist jeweils zwischen der Königin Hathor (zu seiner Rechten) und einer Gottheit dargestellt, die für einen Nomus, einen Verwaltungsbezirk des alten Ägyptens stand; im Hintergrund erkennt man die Umrisse der Chephren-Pyramide.

ISBN 3-89893-561-2

Gedruckt in China

Text und Fotos
Alberto Siliotti

Vorwort und Zwischenkapitel
Zahi Hawass

Grafik
Patrizia Balocco Lovisetti
Deborah Michelon

Covergestaltung
Alexander Werzeiser

Vorwort
von Zahi Hawass

Viele Menschen glauben, dass eine bedeutende Kultur zeitlich der gegenwärtigen Chronologie der antiken ägyptischen Dynastien vorausgegangen sein muss. In Gizeh sind jedoch keinerlei Fundstücke entdeckt worden, weder einzelne Gegenstände noch Bruchstücke von Gegenständen, die auf eine untergegangene Zivilisation schließen lassen. Hingegen finden wir zahlreiche Gräber, Mumien, antike Schiffe, Hieroglypheninschriften, Tonscherben, Öfen und vieles mehr, was zur ägyptischen Kultur der 4. Dynastie um 2500 v. Chr. gehörte. Über eine hochentwickelte Zivilisation schon vor 3200 v. Chr. gibt es keinerlei archäologisch fundierte Beweise. Es scheint, als ob die Menschen sich mehr für Theorien und Spekulationen über eine verlorene Kultur begeistern könnten, als für die Entdeckung der Kultur, deren Spuren wir in Gizeh und anderen Orten Ägyptens tatsächlich nachgehen können und deren Existenz nachgewiesen ist. Es war eine großartige Kultur. Welche Notwendigkeit besteht denn nach anderen zu suchen? Als Wissenschaftler sind wir zwar nach allen Seiten offen, gleichzeitig müssen wir aber unsere Vorstellung von der Vergangenheit auf archäologische Beweise stützen.

6 oben *Die Gesichtszüge des Chephren bei der großen Dioritstatue, die Mariette im Taltempel der Pyramide fand, strahlen die ruhige Erhabenheit aus, die häufig bei den Statuen des Alten Reiches zu beobachten ist. (Kairo, Ägyptisches Museum)*

6 unten *Mykerinos, hier abgebildet in einer der berühmten „Triaden", war der Nachfolger des Chephren: Ihm ist der Bau der sogenannten dritten Pyramide von Gizeh zuzuschreiben. (Kairo, Ägyptisches Museum)*

6-7 *Die drei sich vor dem Horizont abhebenden Pyramiden ragen scheinbar aus den Kalksteinfelsen des Hochplateaus von Gizeh heraus.*

Einführung

8 oben *Die Cheops-Pyramide hat wegen ihrer Großartigkeit und der Reinheit ihrer Linien schon immer ein enormes Interesse bei den Forschern und den Anhängern der Theosophie hervorgerufen, die in ihren geometrischen Verhältnissen den Ausdruck eines sehr alten, verlorenen Wissens sehen.*

8 unten *Die Spitze der Cheops-Pyramide besitzt immer noch die Außenverkleidung aus Tura-Kalkstein, die bei den anderen Pyramiden in Gizeh verloren gegangen ist.*

Die großen Pyramiden von Gizeh, die als einziges der Sieben Weltwunder bis in unsere Zeit hinein überlebt haben, versetzen auch heute noch die unzähligen Besucher in Erstaunen. Sie sind großartige Zeugnisse einer außergewöhnlichen Kultur, die zwischen dem 4. und 3. vorchristlichen Jahrtausend ihre Blütezeit erlebte.
Schon Herodot, der im 5. Jh. v. Chr. Ägypten bereiste und als einer der ersten westlichen Historiker angesehen werden kann, der sich mit der Zivilisation am Nil befasste, war von den Pyramiden fasziniert und berichtet im 2. Buch seiner Historien ausführlich über diese Bauwerke. Dabei erzählte er allerdings auch zahlreiche Unwahrheiten, die sich in der allgemeinen Vorstellung fest verwurzeln konnten. Auch Napoleon konnte sich vor der berühmten Schlacht bei den Pyramiden nicht dem Zauber dieser monumentalen Bauwerke entziehen und sprach zu seinen Truppen den berühmten Satz „Soldaten, vierzig Jahrhunderte schauen auf euch herab"; die Wissenschaftler, die die französische Expedition begleiteten, stellten hingegen fassungslos fest, dass die in den drei Pyramiden von Gizeh verwendeten Steinmassen ausgereicht hätten, eine Mauer rund um Frankreich zu errichten. Es ist nicht leicht, den mysteriösen Zauber zu erklären, der zweifellos von den Pyramiden von Gizeh ausgeht; es wurde viel über sie geschrieben und versucht, die Bedeutung der Pyramiden zu erfassen: Schreine eines verlorengegangenen Wissens, Bücher aus Stein, die verborgene mathematische, astronomische oder esoterische Nachrichten in sich bergen, Empfänger kosmischer Energien.....
Die Pyramiden umgibt tatsächlich ein Hauch von Geheimnis, denn trotz aller Studien und Forschungsarbeiten wissen wir selbst heute noch nicht mit Sicherheit, wie sie wirklich gebaut wurden. Die alten Ägypter haben nichts hinterlassen, was den Bau einer Pyramide dokumentiert: so können wir heute noch immer nur Hypothesen aufstellen, die keine wissenschaftlich gesicherten Kenntnisse darstellen. Die Ausgrabungen und Forschungen der jüngsten Zeit haben ein neues Licht auf die Welt rings um die Pyramiden geworfen, auf das Leben der Arbeiter und das der Würdenträger am Hofe, die sich für ihren Wohnsitz in der Ewigkeit einen Platz in der Nähe des Grabes ihres Königs verdienten. Die Pyramiden von Gizeh, Symbol des Ruhms der 4. Dynastie, sind die bekanntesten, es gibt aber auch andere, die noch älter und nicht weniger großartig sind. In Sakkara erbaute Imhotep für König Djoser zur Zeit der 3. Dynastie das erste Modell einer Stufenpyramide, das

8-9 *Die Pyramiden des Chephren und des Cheops, auf dem Foto von Südsüdosten aus gesehen, sind etwa gleich hoch. Ihr Volumen allerdings ist aufgrund der unterschiedlichen Basislängen deutlich verschieden (ca. 2 500 000 m³ bei Cheops und 1 659 200 m³ bei Chephren). Auch der Neigungswinkel der Seiten (der sogenannte α-Winkel) weicht voneinander ab: 51°50'35" bei Cheops und 53°7'48" bei Chephren.*

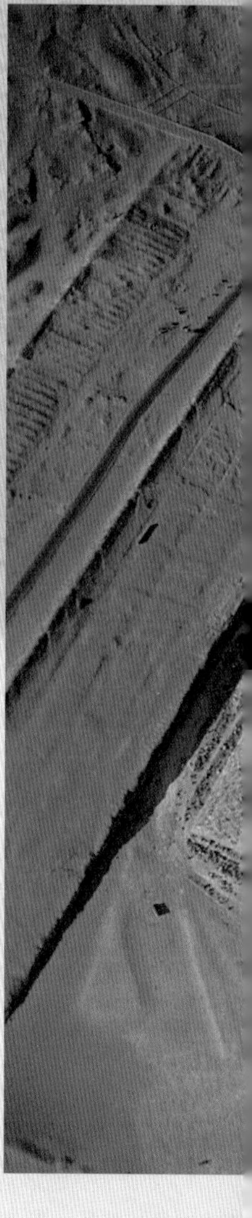

__9 oben__ Die Sphinx ist ein weiteres Wahrzeichen der ägyptischen Kultur, über das nicht nur Archäologen viel geschrieben haben. Anhänger einer fantasievollen Archäologie, haben diesem, in der Geschichte der ägyptischen Baukunst einzigartigen Bauwerk, das unglaubliche Alter von 10 000 Jahren zugeschrieben. Die meisten Fachleute sind sich jedoch darüber einig, dass die Sphinx zur Zeit des Chephren erbaut wurde: Sie galt als Wächter der Nekropolen von Gizeh, im Neuen Reich sah man in ihr ein Abbild des Gottes Harmachis, einer Gottheit, die die Triplizität der Sonne bei Sonnenaufgang, am Mittag und bei Sonnenuntergang zum Ausdruck bringt.

von seinem Nachfolger Snofru in Medum und Dahschur weiterentwickelt wurde. Die Pyramiden von Dahschur sind im Übrigen erst seit Ende 1996 für die Öffentlichkeit zugänglich.
In diesem Führer finden sich zum ersten Mal alle wichtigen Pyramiden sowie die großen Nekropolen von Memphis des Alten Reiches vollständig dargestellt. Dank eines reich ausgestatteten Inventars an Karten, Plänen und Rekonstruktionen wird der Leser auf eine Entdeckungsreise in eine Welt geführt, die sich vor Jahrtausenden an den Ufern des Nils entwickelt hatte.

Die Geschichte Ägyptens im Alten Reich

Die Zeit vor den Pyramiden (3200–2635 v. Chr.)

Gegen Ende der Neqade-II-Kultur findet der lange Evolutionsprozess, der während des vierten vorchristlichen Jahrtausends stattgefunden hatte, in der Entwicklung einer Monarchie und eines Staates, seinen Abschluss. Mit der Figur des Königs und der Verwirklichung eines zentralistischen Regimes tritt Ägypten aus der vorgeschichtlichen Zeit in die Epoche ein, die im Allgemeinen spätvorgeschichtlich oder protodynastisch genannt wird. Klimatische Bedingungen hatten es notwendig gemacht, Standorte aufzusuchen, die für die Lebensformen der Jungsteinzeit bessere Bedingungen boten. Es bildeten sich größere Zentren städtischer Art, was zu einer Verstärkung der zentralen Macht und somit zur Ausbildung eines Oberhauptes führte, dem König. Der König bestimmte, regelte, aber schützte auch das Leben. Dabei legitimierte er seine Macht durch eine höhere, andere Macht, durch Gott. Die Rahmenbedingungen für das kommende Zeitalter der Pharaonen war geschaffen: Der König stand an der Spitze eines zentralistischen Staates, dessen Mittelpunkt der Königspalast war. Später fand sogar eine völlige Identifizierung zwischen dem König und seinem Palast statt (der im Ägyptischen mit dem Begriff *per-a'a*, „das große Haus", bezeichnet wird), woher auch der Begriff *Pharao* stammt. Die Baukunst entwickelte sich und natürlich die Religion, die zu einer Staatsreligion wurde. Kultakte, die die Macht des Königs als Bindeglied zwischen dem Göttlichen und dem Menschlichen legitimieren sollten, drückten dies aus. Beamte unterstützten den König bei der Verwaltung des Landes und bei der Organisation der Wirtschaft. Die Epoche, die der Bildung der ersten sogenannten „thinitischen" Dynastien vorausgeht, liegt noch im Dunkeln. Man weiß, dass es eine große Zahl von Königen gegeben hat und dass Ägypten in zwei Reiche aufgeteilt war, eines im Süden und eines im Norden. Im Norden hatte der König seinen Sitz in Buto (dem heutigen Tell el-Farain) im Nildelta, im Süden hatte sich die Monarchie in der Nähe des antiken Nechen (entspricht dem heutigen Kom el-Ahmar), niedergelassen, das unter dem Namen Hierakonpolis bekannter ist. Die Könige von Buto hatten als Herr-

10 links *Die Königsnamen der ersten drei Dynastien wurden grafisch dargestellt, später als* serech *bezeichnet. Es bestand aus einer Palastfassade, über der der Horusfalke thront. Nach der Zeit von Huni, dem letzten Herrscher der 3. Dynastie, wurde das* serech *durch die Königskartusche abgelöst. Die Fotografie zeigt das* serech *von Djet, auch „Schlange" genannt, dem dritten König der 1. Dynastie, das auf der in Abydos gefundenen Stele dargestellt ist. (Paris, Louvre)*

10 rechts und 11 *Die Narmerpalette, die ins ausgehende 4. Jahrtausend v. Chr. einzuordnen ist, gedenkt der Siege des Vereinigers der beiden Reiche, der dann mit dem legendären König Menes gleichgesetzt wurde. Narmer, dessen Name auf dem* serech *oben geschrieben steht, ist dargestellt, während er einen Feind erschlägt, sowie bei einem Triumphzug. Auf der gleichen Seite ist der König als Stier, der einen Gegner vernichtet, dargestellt.*

schaftszeichen die Rote Krone und als Schutzgottheit die Schlangengöttin *Uto* gewählt; die Könige von Hierankopolis dagegen hatten als Symbol die Weiße Krone und die Geiergöttin *Nechbet* als Reichsgöttin. Der erste König der Reichseinigungszeit wurde „Skorpion" genannt, da sein Name auf einer Schminkpalette, die in Hierankopolis gefunden wurde, mit dem Bild des Skorpions beschrieben wird. In dieser noch sehr wenig erforschten Epoche tauchen zwei weitere Namen von Königen auf, Ka und Sechen, gefolgt von Narmer, der das Reich vereinigte (besser gesagt, der das nördliche Reich eroberte) und der letzte König der protodynastischen Zeit war.

Der Nachfolger von Narmer, Horo Aha, der wahrscheinlich auch den Namen Menes annahm, war der Begründer der 1. Dynastie. Mit Menes begann die Frühdynastische oder Thinitenzeit, die mehr als zwei Jahrhunderte dauern sollte, vom Beginn des dritten Jahrtausends bis etwa 2635 v. Chr.

Er gründete im Norden eine zweite Hauptstadt, um das Gebiet besser kontrollieren zu können: Es entstand Inebu Hedj, „Die weißen Mauern", später Memphis genannt, die erste große Hauptstadt Ägyptens. Um die Einheit des zweigeteilten Landes aufrecht zu erhalten, wurden die Krönungsfeierlichkeiten in Memphis abgehalten; schon bald wurden sie sehr komplex und stellten die vereinigende Macht von Ober- und Unterägypten, für die die Figur des Königs stand, in den Vordergrund. Aus den wenigen Quellen, die über die Regierungszeit von Menes zur Verfügung stehen, kann man schließen, dass er Kriege gegen Nachbarvölker führte, Nubier und Libyer, und dass bereits ein regelmäßiger Handelsverkehr mit den näher gelegenen Regionen des Nahen Ostens stattfand. Menes wurde in Abydos bestattet, wo später alle Könige der 1. Dynastie und 2. Dynastie beigesetzt wurden.

Auf Menes folgten Djet (auch Schlange genannt, weil sein Name auf einem Graffito so beschrieben wurde) sowie weitere Könige; letzter König der 1. Dynastie war Qa. Danach folgte eine sehr unsichere Zeit mit inneren Unruhen.

Mit Hetepsechemui begann die 2. Dynastie, deren Vertreter aller Wahrscheinlichkeit nach aus dem Delta stammten. Die ersten beiden Könige der 2. Dynastie ließen sich nicht mehr in Abydos beisetzen, sondern in Sakkara, wo sich schon große Gräber einiger hoher Beamter der 1. Dynastie befanden. Im Gegensatz zu den Königen der 1. Dynastie gelang es denen der 2. Dynastie nicht, die Einheit des Landes zu bewahren. Es gab wieder zwei Herrscher, einen im Norden und einen im Süden des Landes; diese Periode dauerte bis Chasechemui in Hierankopolis auf den Thron kam, damit ging die 2. Dynastie zu Ende.

Möglicherweise war die Frau von Chasechemui die Mutter von Djoser, dem zweiten König der 3. Dynastie; dies würde den glatten Übergang zwischen den beiden Dynastien erklären. Mit Djoser, der die Hauptstadt wieder nach Memphis verlegte, ging in Ägypten die Frühzeit zu Ende und es beginnt die Zeit des Alten Reiches: die Epoche der großen Pyramiden.

Die Pyramidenzeit (2635 – 1780)

Mit Beginn der 3. Dynastie zeichnet sich eine neue Entwicklung ab, die vor allem im philosophischen und religiösen Bereich zu beobachten ist. Auch in der Frühzeit war das Königsgrab eng mit der Bestätigung der irdischen Macht verbunden. In der 3. Dynastie aber wird das Grab auch noch zum Symbol der Göttlichkeit des Pharaos, seiner himmlischen Macht, die über den Tod hinaus geht und dem Land großen Nutzen bringt. Um all dies zum Ausdruck zu bringen, entwarf Imhotep, der Wesir und Oberbaumeister von König Netjerchet, bekannter unter dem Namen Djoser, zuerst eine Mastaba, über die er anschließend in zwei Phasen eine Reihe weiterer übereinander gebauter Mastabas aufschichtete; so entstand die Stufenpyramide des Djoser in Sakkara, die eine zum Himmel zeigende oder vom Himmel herabsteigende Treppe

symbolisierte, über die der Pharao zum Himmel aufsteigen konnte. Diese Vorstellung wird wiederholt in den *Pyramidentexten* ausgedrückt, in jenen Sammlungen ritueller Formeln und Anrufungen, die sich auf den Wänden der Pyramiden ab der 5. Dynastie finden, und die sich dann in den *Sargtexten* und im *Totenbuch* fortentwickeln. Es ist nicht genau bekannt, ob Djoser wirklich der zweite König der 3. Dynastie war, zweifellos aber war er der Erste, der mit dem Bau der Stufenpyramide die neue Auffassung des Gottkönigtums zum Ausdruck brachte und die „Pyramidenzeit“ einleitete. Man weiß nur wenig darüber, welche Rituale in

12 oben links *Die Stufenpyramide des Djoser in Sakkara, die während der 3. Dynastie von dem berühmten Architekten Imhotep entworfen wurde, kann als die erste Pyramide Ägyptens angesehen werden. Das Bauwerk, das eine Himmelsleiter symbolisierte, die der Seele des Königs die Vereinigung mit seinem göttlichen Vater Re erleichtern sollte, ist das Ergebnis einer wiederholten Erhöhung und Erweiterung einer ursprünglichen Mastaba.*

12 oben rechts Die Pyramide von Medum, die Huni (letzter König der 3. Dynastie) und Snofru (erster König der 4. Dynastie), der sie vergrößerte und somit die Stufenpyramide zu einer echten Pyramide ausbaute, zugeschrieben wird: Übergang zwischen den zwei Bauformen. Tatsächlich lassen jüngste Forschungen den Schluss zu, dass die Pyramide von Medum niemals fertig gebaut worden ist, und dass die Geröllmassen um die Pyramide herum die Reste der verwendeten Baurampen sind.

12 und 13 Die südliche Pyramide des Snofru in Dahschur wird auch Knickpyramide genannt. Der Name beruht auf einer deutlichen Verringerung des Neigungswinkels der Seiten, wodurch das Bauwerk insgesamt kleiner wurde. Der Grund für diese Änderung war vielleicht das Auftreten innerer Schäden.

12 unten links Die Cheops-Pyramide ist das großartigste Bauwerk des antiken Ägypten; sie ist ein Zeugnis des unglaublich hohen technischen Niveaus in der Mitte des 3. vorchristlichen Jahrtausends. Ursprünglich erreichte die Pyramide eine Höhe von 146 Metern, heute 137, und hatte ein Volumen von mehr als 2500000 m³.

12 unten rechts In Abusir befinden sich die Überreste des Sonnenheiligtums des Niuserre. Das Zentrum des Sonnentempels, bestand aus einem pyramidenförmigen Sockel, auf dem ein nicht monolithischer Obelisk errichtet wurde.

13 oben In Abusir stehen die Pyramiden der Herrscher der 5. Dynastie: Sahure, Niuserre, Neferirkare und Neferefre. Die Pyramiden dieser Epoche sind kleiner als die vorhergehenden. Typisch sind die beim Bau des Pyramidenkerns verwendeten kleinen, unregelmäßig behauenen Steinblöcke.

13 Mitte In El-Kula, einem Dorf in Oberägypten, befindet sich eine kleine Stufenpyramide aus der Zeit der 3. Dynastie. Weitere sechs Pyramiden ähnlicher Art sind bekannt. Ihre Bedeutung ist ungeklärt, vielleicht kennzeichneten sie die Hauptstädte der ersten Verwaltungsbezirke.

13 unten In der Pyramide, die Unas in Sakkara erbauen ließ, tauchen an den Wänden der inneren Kammern zum ersten Mal gemeißelte Hieroglyphen auf: die sogenannten Pyramidentexte, eine Reihe von religiösen Sprüchen, die mit dem Bestattungsritual in Verbindung standen.

der Zeit der 3. Dynastie zelebriert wurden. Es scheint jedoch klar zu sein, dass die Pyramiden und ihre Nebengebäude zu den Kulthandlungen in Beziehung standen, die schon in der Frühzeit eingeführt worden waren: das Jubiläumsfest Heb-Sed und die Kultläufe, die eine Erneuerung der Kräfte des Königs garantieren sollten. Eine grundlegende Neuentwicklung aus dieser Zeit ist der Bau des Totentempels, in dem der Kult des vergöttlichten Pharaos weitergeführt wurde, sowie der Bau des Serdab, einer völlig abgeschlossenen Kammer, die nur durch Sehschlitze mit der Außenwelt verbunden war und in deren Inneren sich eine große Statue befand. Hier begegnet man einem zentralen Konzept der altägyptischen Denkweise: Die Gleichwertigkeit von Abbildung und Wirklichkeit; die Statue ermöglichte die tatsächliche Gegenwart des Königs, der – durch die Schlitze in den Wänden mit der Außenwelt verbunden – an den Opfern teilhaben konnte.
Auch die vier Nachfolger von Djoser übernahmen die Idee des Pyramidengrabs, neben diesen vier königlichen Pyramiden wurden während der 3. Dynastie noch sieben kleinere Pyramiden in Mittel- und Oberägypten errichtet. Sie symbolisierten wohl die Macht des Königs in den Provinzen.
Unter der Herrschaft von Snofru, dem ersten Pharao der 4. Dynastie, nimmt die Pyramide ihre endgültige Form an: Die zunehmende Bedeutung des Sonnenkultes in Verbindung mit dem Königskult wird zum Ausdruck gebracht. Die Sonnenheiligtümer in der Zeit der 5. Dynastie sind eine Steigerung dieser Auffassung. Eine Himmelstreppe wurde nicht mehr für nötig gehalten: Die steilen Wände der Pyramiden, die materielle Wiedergabe der Sonnenstrahlen im Stein, ermöglichten der Seele des Pharaos den Aufstieg zum Himmel. Snofru nahm an der Stufenpyramide, die Huni im etwa 60 Kilometer südlich von Kairo gelegenen Medum erbaut hatte, eine Veränderung vor, indem er sie mit einer neuen Verkleidung überzog. In Dahschur, das südlich von Medum liegt, ließ er eine Pyramide für sich selbst bauen: Die sogenannte „Knickpyramide" oder „falsche Pyramide". An ihr ist eine Veränderung des Neigungswinkels der Seiten zu beobachten, der sich ab etwa zwei Drittel der Gesamthöhe um mehr als 10° verringert. Man weiß nicht weshalb

Snofru diese Veränderung veranlasste, man geht davon aus, dass wegen Absenkungen des Bodens die Gesteinslast verringert werden sollte. Ab Snofru erhält die Pyramide auch all die anderen Nebengebäude, die während der 4. Dynastie weiter ausgebaut werden: Die Kultpyramide, der Taltempel und der Aufweg, durch den der Taltempel mit dem Totentempel verbunden war.
Am Ende der 3. Dynastie waren die bedeutenden Veränderungen hinsichtlich der philosophisch-religiösen Auffassungen sowie die architektonische Entwicklung der Pyramide abgeschlossen und die Bautechnik hatte sich verfeinert: Der Weg zum Bau der großen Pyramiden von Gizeh war nun bereitet. Die Pyramiden der Pharaonen der 4. Dynastie erreichten hinsichtlich des architektonischen Stils einen Grad der Perfektion, der nie wieder erreicht wurde. Er war gekennzeichnet durch die Größe der Bauwerke, den Einsatz riesiger Steinblöcke und deren sorgfältige Bearbeitung, sowie den vollständigen Ausbau der zur Pyramide gehörenden Nebengebäude: Totentempel, Nebenpyramide, Aufweg und Taltempel. Gegen Ende der 4. Dynastie wurden die Pyramiden kleiner, eine Tendenz, die sich in der 5. Dynastie immer deutlicher zeigte, bedingt durch sich wandelnde Auffassungen in der Religion, vor allem aber durch politische und wirtschaftliche Veränderungen: Schwächung der königlichen Macht und die Notwendigkeit einer Verringerung der öffentlichen Ausgaben. Die Pyramiden der 5. Dynastie sind gekennzeichnet durch eine geringere Höhe, den Einsatz kleinerer und grober gehauener Steinblöcke sowie durch die Verwendung einfacherer Materialien. Diese Faktoren werden zu der relativ kurzen Lebensdauer dieser Bauwerke beigetragen haben. Am Ende der 5. Dynastie findet mit König Unas eine bedeutsame Erneuerung statt, die auch die Pyramiden der nachfolgenden 6. Dynastie charakterisieren werden: An den Wänden der Grabkammern tauchen die

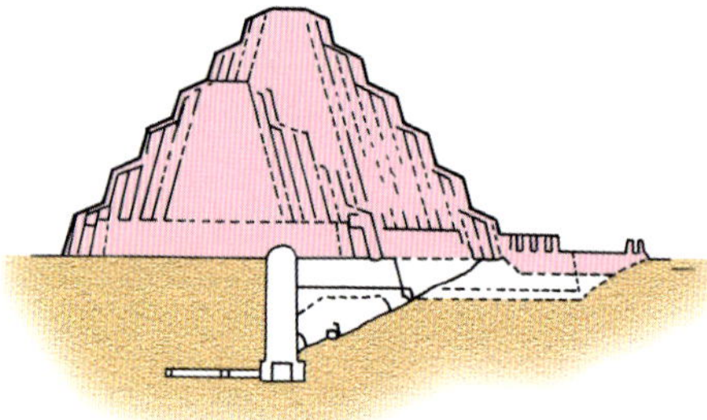

Djoser
3. Dynastie
SAKKARA

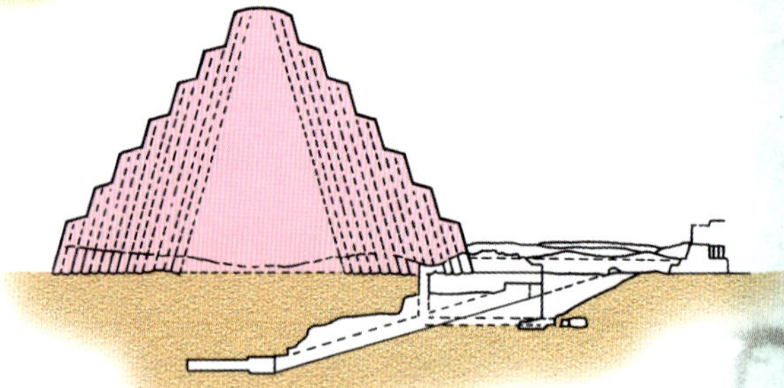

Sechemchet
3. Dynastie
SAKKARA

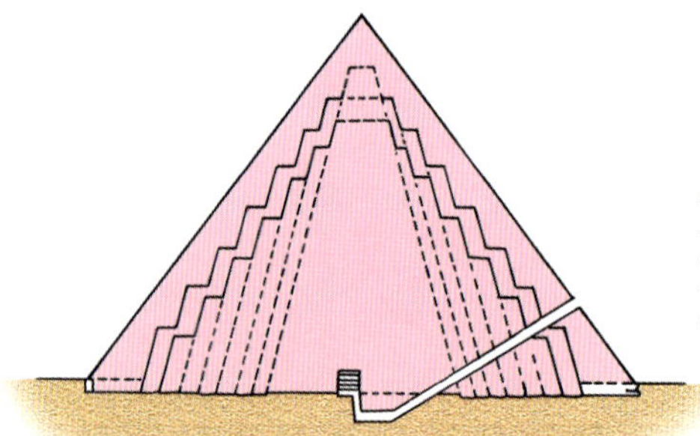

Huni
3. Dynastie
*und **Snofru***
4. Dynastie
MEDUM

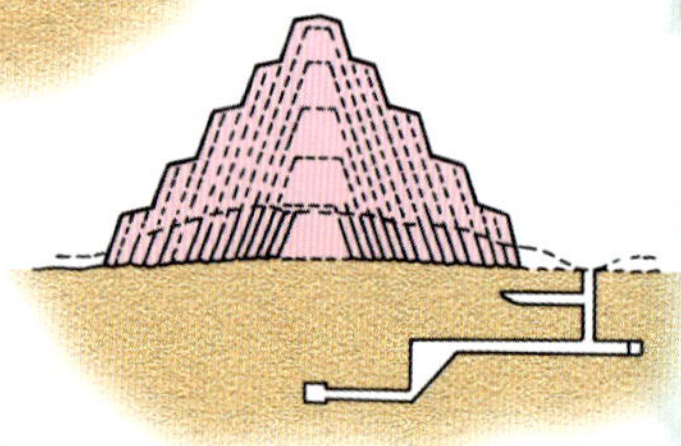

Chaba
3. Dynastie
ZAWIET EL-ARJAN

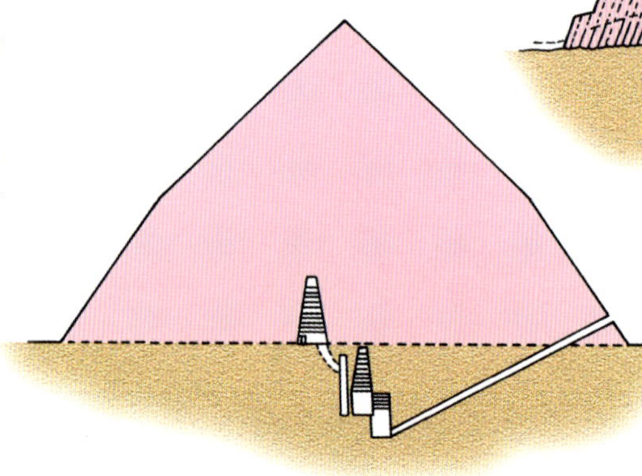

Snofru
(südliche Steinpyramide oder Knickpyramide)
4. Dynastie
DAHSCHUR

sogenannten *Pyramidentexte* auf. Bei den Pyramiden des Mittleren Reiches werden bauliche Erneuerungen eingeführt: Für den Bau des Pyramidenkerns werden generell luftgetrocknete Nilschlammziegel verwendet und nachfolgend mit hochwertigen Kalksteinplatten verkleidet; die Pyramiden werden wieder größer gebaut, allerdings nicht in den Größenordnungen wie zur Zeit der 4. Dynastie; die Grabkammern werden komplexer und die Totentempel immer größer. Ihren Höhepunkt erreichten die Totentempel bei der Pyramide von Amenemhet III. in Hawara, die als die letzte große Pyramide betrachtet werden kann, die gebaut wurde. Danach wurden nur noch wenige Pyramiden von bescheidener Größe gebaut. Diese Form des Königsgrabs wurde später ganz aufgegeben, um den Weg freizumachen für die großen Felsengräber, die typisch für das Neue Reich waren.

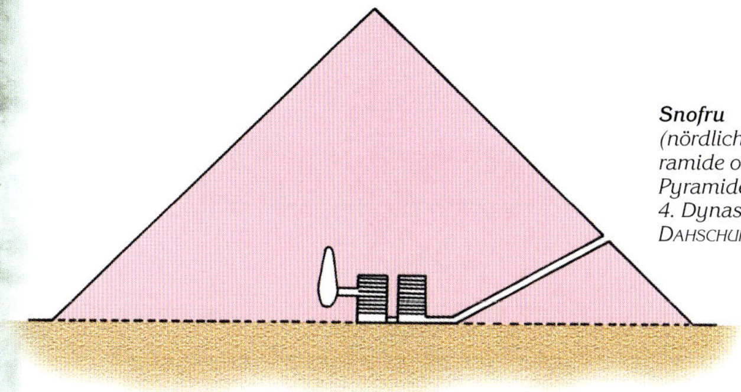

Snofru
(nördliche Steinpyramide oder „rote Pyramide")
4. Dynastie
Dahschur

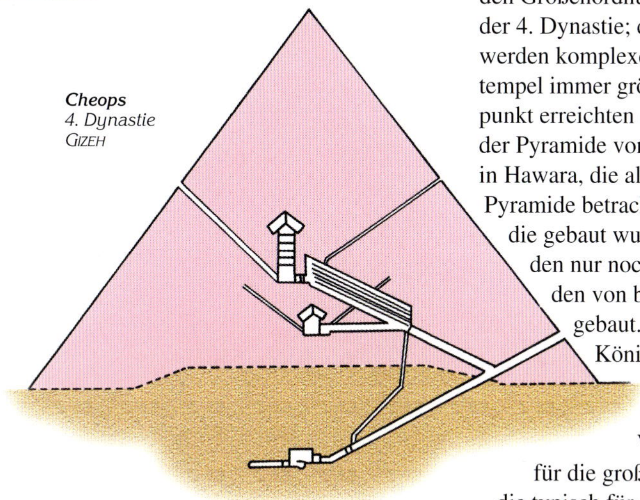

Cheops
4. Dynastie
Gizeh

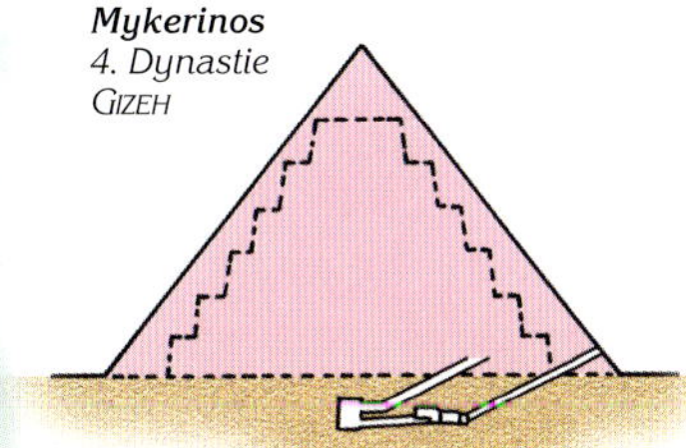

Mykerinos
4. Dynastie
Gizeh

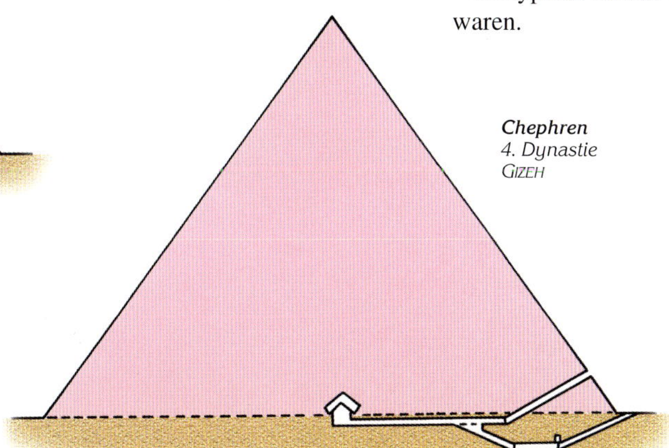

Chephren
4. Dynastie
Gizeh

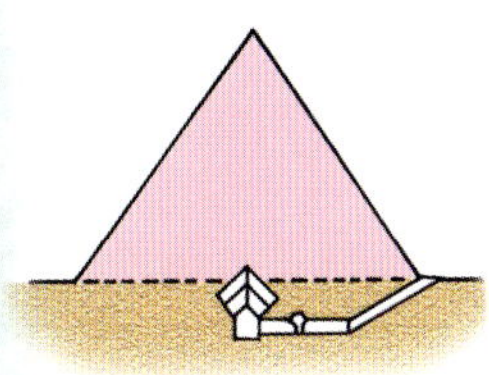

Userkaf
5. Dynastie
Sakkara

Sahure
5. Dynastie
Abusir

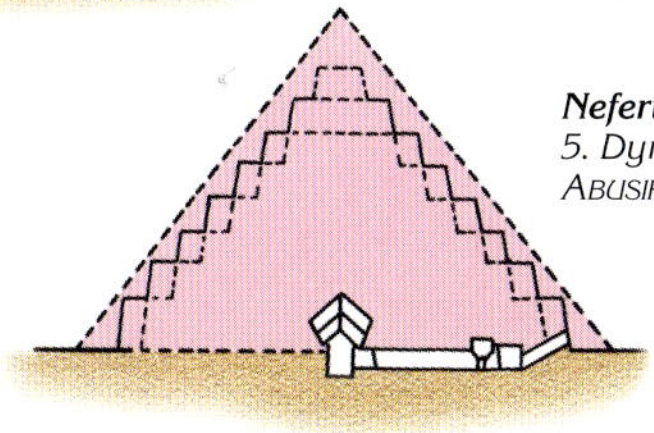

Neferirkare
5. Dynastie
Abusir

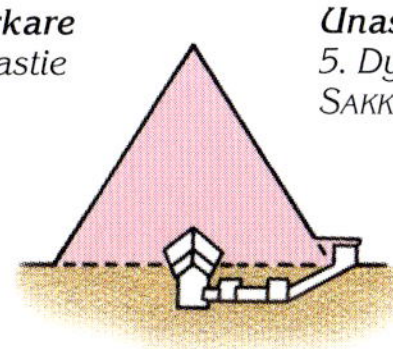

Unas
5. Dynastie
Sakkara

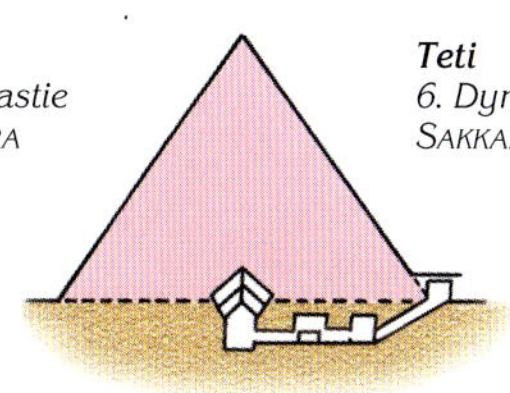

Teti
6. Dynastie
Sakkara

Zeittafel

Die im Folgenden genannten Zeitangaben sind Annäherungswerte.

Spätvorgeschichtliche Zeit **3200 – 2920**
Dynastie 0
Skorpion
Narmer

Frühdynastische Zeit **2920 – 2635**
1. Dynastie **2920 – 2780**
Hor Aha (Menes)
Djer
Djet
Den
Adjib
Hor Semerchet
Qa

2. Dynastie **2780 – 2635**
Hetepsechemui
Raneb
Ninetjer
Seth Peribsen
Chasechemui *

Altes Reich **2635 – 2140**
3. Dynastie **2635 – 2561**
Sanacht
Hor Netjerchet (Djoser)
Hor Sechemchet
Chaba
Huni

4. Dynastie **2561 – 2450**
Snofru
Cheops (Chufu)
Djedefre
Chephren (Chaef-Re)
Mykerinos (Menkaure)
Schepseskaf

5. Dynastie **2450 – 2321**
Userkaf
Sahure
Neferirkare
Schepseskare
Neferefre
Niuserre
Menkauhor
Djedkare-Isesi
Unas

6. Dynastie **2321 – 2140**
Teti
Pepi I.
Merenre
Pepi II.

16 oben Im Tempel von Sethos I. in Abydos befindet sich die Königstafel mit den Kartuschen der 76 Vorgänger von Sethos I. Zusammen mit dem Palermostein, den Königstafeln von Karnak und Sakkara sowie dem Turiner Königspapyrus bildet sie die Basis der Chronologie des antiken Ägyptens.

Erste Zwischenzeit **2140 – 2100**
7. – 8. und
9. – 10. Dynastie

Mittleres Reich **2100 – 1750**
11. Dynastie (Theben)

12. Dynastie
Amenemhet I.
Sesostris I.
Amenemhet II.
Sesostris II.
Sesostris III.
Amenemhet III.
Amenemhet IV.
Sobeknofru

Zweite Zwischenzeit **1750 – 1550**
Neues Reich **1550 – 1076**
Dritte Zwischenzeit **1076 – 712**
Spätzeit **712 – 332**
Griechisch-Römische Zeit
332 v. Chr. – 395 n. Chr.

* Jüngsten Forschungen zufolge soll Chasechemui der direkte Vorgänger des Djoser gewesen sein.

16 unten Der sogenannte Palermostein ist das bedeutendste Bruchstück einer größeren und vollständigeren Liste, die etwa in der Mitte der 5. Dynastie entstand und die Regierungszeiten der Könige aus den ersten fünf Dynastien wiedergibt. Dieser Annalenstein ist derzeit das wichtigste Dokument für die Chronologie des Alten Reiches. Weitere Bruchstücke der Originaltafel befinden sich im Ägyptischen Museum in Kairo und im Petrie Museum in London.

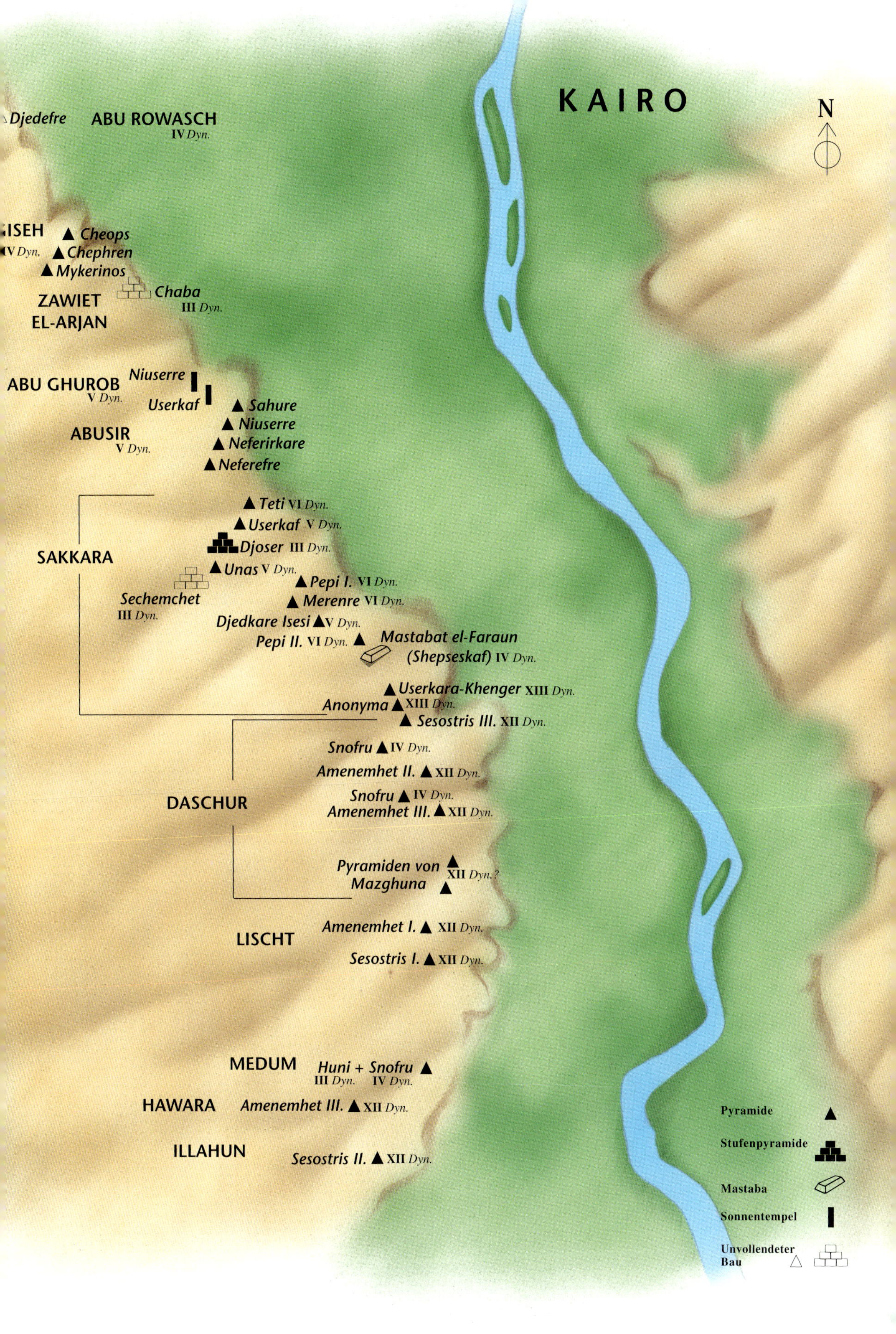
KAIRO
N
Djedefre
ABU ROWASCH
IV Dyn.
GISEH
IV Dyn.
Cheops
Chephren
Mykerinos
Chaba
III Dyn.
ZAWIET
EL-ARJAN
ABU GHUROB
V Dyn.
Niuserre
Userkaf
Sahure
Niuserre
Neferirkare
Neferefre
ABUSIR
V Dyn.
SAKKARA
Teti VI Dyn.
Userkaf V Dyn.
Djoser III Dyn.
Unas V Dyn.
Sechemchet
III Dyn.
Pepi I. VI Dyn.
Merenre VI Dyn.
Djedkare Isesi V Dyn.
Pepi II. VI Dyn.
Mastabat el-Faraun
(Shepseskaf) IV Dyn.
Userkara-Khenger XIII Dyn.
Anonyma XIII Dyn.
Sesostris III. XII Dyn.
Snofru IV Dyn.
Amenemhet II. XII Dyn.
DASCHUR
Snofru IV Dyn.
Amenemhet III. XII Dyn.
Pyramiden von
Mazghuna
XII Dyn.?
LISCHT
Amenemhet I. XII Dyn.
Sesostris I. XII Dyn.
MEDUM
Huni + Snofru
III Dyn. IV Dyn.
HAWARA
Amenemhet III. XII Dyn.
ILLAHUN
Sesostris II. XII Dyn.
Pyramide
Stufenpyramide
Mastaba
Sonnentempel
Unvollendeter
Bau

Die Geschichte der Erforschung der Pyramiden

Schon immer haben die Pyramiden von Gizeh unter den Reisenden Erstaunen und Interesse hervorgerufen. Schon Herodot, der berühmte griechische Historiker, der Ägypten im 5. Jh. v. Chr. besuchte, beschäftigte sich in seinen Historien mit den Pyramiden. Ihm und seinen Erzählungen verdanken wir eine ganze Reihe von Unwahrheiten und Klischees, die auch heute oft noch fest in den Köpfen der Leute verankert sind: Das Bild von Tausenden von Sklaven, die mit der Peitsche von ihren brutalen Aufsehern zum Bau der dem ewigen Ruhm des Pharaos dienenden Pyramide gezwungen werden (Herodot, II, 124-127), gehört zu diesen Vorstellungen. Diodor, der einige Jahrhunderte später Ägypten bereiste, liefert eine weniger extreme Beschreibung, aber auch er übernimmt einige der Behauptungen Herodots: Um die Cheops-Pyramide zu bauen, so erzählt er, „wurden 360 000 Menschen benötigt und die Pyramide wurde in zwanzig Jahren fertig gestellt“. Mykerinos hingegen, der „über die Grausamkeit seiner Vorgänger entsetzt war und ein ehrenvolleres Leben anstrebte, wobei das Wohlergehen seiner Untertanen sein größtes Anliegen war“, gab sich mit einer kleineren Pyramide zufrieden (Diodor, I, 63-64).

__18-19__ Dieser Kupferstich aus dem letzten Jahrhundert zeigt eine mögliche Interpretation von Herodot (Historiae, II, 125), in dem der griechische Historiker die Technik beschreibt, mit der die Ägypter der Antike die Kalksteinblöcke der Pyramiden „mittels eines kurzen Holzgerüstes“ hinaufhievten.

__19 oben__ So stellte der Maler Luigi Mayer die Spitze der Großen Pyramide in einer Lithographie dar. Schon in den ersten Abbildungen dieses Bauwerks fällt auf, dass das Pyramidion, der Monolith, der auf die Spitze der Pyramide gesetzt wurde, fehlt. Auf den obersten Kalksteinblöcken befinden sich zahlreiche Graffiti von Reisenden und den ersten Touristen.

Auch der Geograph Strabo, der den Nil flussaufwärts bis zum ersten Katarakt befuhr, widmet den Pyramiden von Gizeh einige Seiten. So schreibt er beispielsweise ganz richtig, dass die Pyramiden aus einem Felsen gebaut sind, der voller Einschlüsse ist, die an Linsen erinnern (Strabo, Geographica, 17, I 33-134), wobei er sich auf die kleinen münzenförmigen Fossilien im Nummulitenkalk bezieht, aus dem die Blöcke der Pyramiden gehauen sind.
Als über einen langen Zeitraum hinweg, vom späten Mittelalter bis zum 18. Jahrhundert, die großen Werke des pharaonischen Ägyptens von allen vergessen worden waren – außer von den Steinbrechern, die sie als unerschöpfliche Quelle von Baumaterial nutzten –, waren die Pyramiden von Gizeh die einzigen Bauwerke, die von den Europäern beachtet und besichtigt wurden. Mittel- und Oberägypten war zwar für die Europäer unzugänglich geworden, aber in Alexandria, von wo aus man problemlos über den Nil bis nach Kairo fahren konnte, trafen sich weiterhin die beiden wichtigsten Handelswege der damals bekannten Welt. Getreu seiner jahrhundertealten Rolle als großes Handelsimperium wurde Alexandria auch zum Durchgangsort all der zahlreichen Pilger, die unterwegs waren in das Heilige Land und oft die Gelegenheit nutzten, die Pyramiden zu besichtigen. Auch arabische Geographen und Schriftsteller des Mittelalters befassten sich mit den Pyramiden: In ihren oft wundersamen Schilderungen werden Amulette und Talismane angedeutet, verborgene Schätze und Statuen aus Edelstein. So schreibt beispielsweise Ibrahim Ibn Wasif Schah im 12. Jh., dass sich „in der westlichen Pyramide (Chephren Anm. d. Verf.) 30 Magazine aus Granit voll mit jeder erdenklichen Art von Reichtümern befinden....“; El-Ma-

sudi hingegen, bei dem Fantasie und Realität nah beieinander liegen, berichtet, dass Kalif El-Mamun um 820 n. Chr. einen großen Stollen in die Cheops-Pyramide habe graben lassen, in deren Inneren er einen kleinen Schatz gefunden habe, dessen Wert jedoch genau der Summe entsprochen habe, die er hatte investieren müssen, um ihn zu bergen, und einen Behälter aus Smaragd, den er „in seine Schatzkammer bringen ließ und der einer der außergewöhnlichsten Wunderwerke ist, die in Ägypten hergestellt wurden".
Der aus Venetien stammende Adlige Gabriele Capodilista, der 1458 während seiner Pilgerfahrt ins Heilige Land nach Ägypten kam, gibt uns eine der ersten Beschreibungen der Pyramiden von Gizeh, die er als „die Getreidespeicher des Pharaos", bezeichnet „die in viereckiger Form aus bloßem Stein gebaut sind, so wie das Grab des Romulus, aber viel höher als ein normaler Turm". Wie viele Pilger seiner Zeit hielt auch er Josef, Sohn von Jakob, für den Erbauer, der dort in Jahren des Überflusses Getreide speichern wollte, um so die Jahre des Mangels überstehen zu können, die er dem Pharao vorausgesagt hatte.
Auf der berühmten Planisphäre von Fra Mauro Camaldolese aus dem Jahr 1459 sind die Pyramiden das einzige pharaonische Bauwerk, das in der Darstellung Ägyptens abgebildet ist, und der Kommentar scheint zur landläufigen biblischen Interpretation zu passen: „Von diesen Pyramiden sagt man, es seien die Getreidespeicher des Pharaos gewesen"; auch andere Reisende des Mittelalters teilten diese Ansicht, so etwa Benjamin de Tudèle, der 1173 in Ägypten war, und der Arzt Jean de Mandeville.
Francesco Suriano beschrieb in seinem 1524 erschienenen *Trattato di Terra Santa* die Cheops-Pyramide als „ein Bauwerk wie ein Diamant, so wie es auch die Arche Noah war, ganz aus bloßem Stein mit großer Kunst hergestellt und ohne Mörtel verkleidet" und schildert die große Sphinx als „einen Kopf aus feinem Marmor, so groß, dass jeder, der ihn erblickt, in

20 *Auf der berühmten Weltkarte von Fra Mauro Camaldolese aus dem Jahr 1459 findet sich eine der ältesten Darstellungen von Ägypten und dem Flusslauf des Nils. Das untere Bild zeigt einen Ausschnitt der Weltkarte, auf der neben der Darstellung der Pyramiden von Gizeh eine Erläuterung steht, die mit der biblischen Überlieferung in Einklang steht: „Von diesen Pyramiden sagt man, es seien die Getreidespeicher des Pharaos gewesen". (Venedig, Biblioteca Marciano)*

21 oben links *In der Markuskirche in Venedig befindet sich eine weitere, sehr frühe Darstellung der Pyramiden, die damals, auf der biblischen Überlieferung basierend, für antike Getreidespeicher der Pharaonen gehalten wurden.*

21 oben rechts *Die Fotografie zeigt das Frontispiz eines der wichtigsten Werke des Arztes und Naturforschers Prospero Alpino,* Rerum Aegyptiarum Libri Quatuor, *das 1735 erschien.*

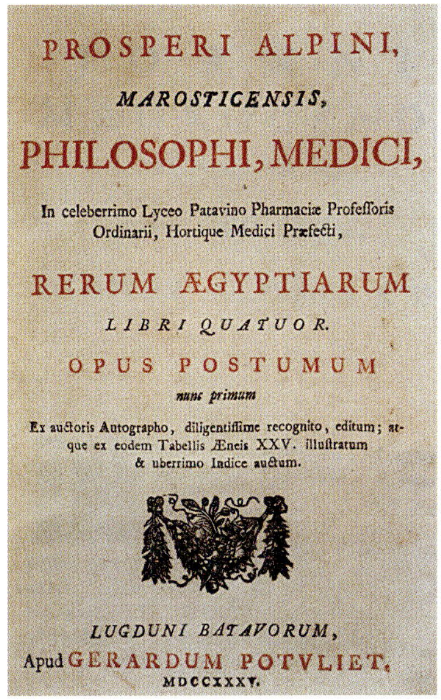

PROSPERI ALPINI,

MAROSTICENSIS,

PHILOSOPHI, MEDICI,

In celeberrimo Lyceo Patavino Pharmaciæ Profeſſoris Ordinarii, Hortique Medici Præfecti,

RERUM ÆGYPTIARUM

LIBRI QUATUOR.

OPUS POSTUMUM

nunc primum

Ex auctoris Autographo, diligentiſſime recognito, editum; atque ex eodem Tabellis Æneis XXV. illuſtratum & uberrimo Indice auctum.

LUGDUNI BATAVORUM,

Apud GERARDUM POTVLIET,

MDCCXXXV.

Staunen gerät: Sechzig Ellen hoch, das Ohr fünf Ellen lang, die Adler bauen darin ihr Nest; die Nase ist zehn Ellen lang".

Im Jahr 1582 reiste der aus Venetien stammende Konsul Giorgio Emu zusammen mit dem Arzt und Naturforscher Prospero Alpino nach Ägypten, der nach seiner Rückkehr in Europa sein grundlegendes Werk *Rerum Aegyptiarum Libri Quatuor* veröffentlichte. Alpino führte eine der ersten wissenschaftlichen Studien der Cheops-Pyramide durch, von der er Höhe und Umfang ausmaß. Bis auf den Gipfel des Monuments stieg er und berichtete dann über den verfallenen Zustand der Steinblöcke an der Nordseite. Auch die Sphinx, von der er annahm, sie sei innen hohl, erregte sein Interesse, sowie die Pyramiden von Chephren und Mykerinos, die er ganz richtig als Grabstätten von Königen erkannte. John Greaves, ein englischer Astronom, besuchte 1638 die Pyramiden von Gizeh und nahm die ersten präzisen Messungen der

21 unten *Prospero Alpino, der berühmte, aus Belluno stammende Arzt und Naturforscher, besuchte Ägypten 1582 in Begleitung des venezianischen Konsuls Giorgió Emo, dabei führte er die ersten wissenschaftlichen Studien über die Flora und die Fauna des Landes durch. In Gizeh erforschte und vermaß Alpino zuerst die Pyramide des Cheops, dann auch die Sphinx und die anderen Pyramiden des Gräberfeldes.*

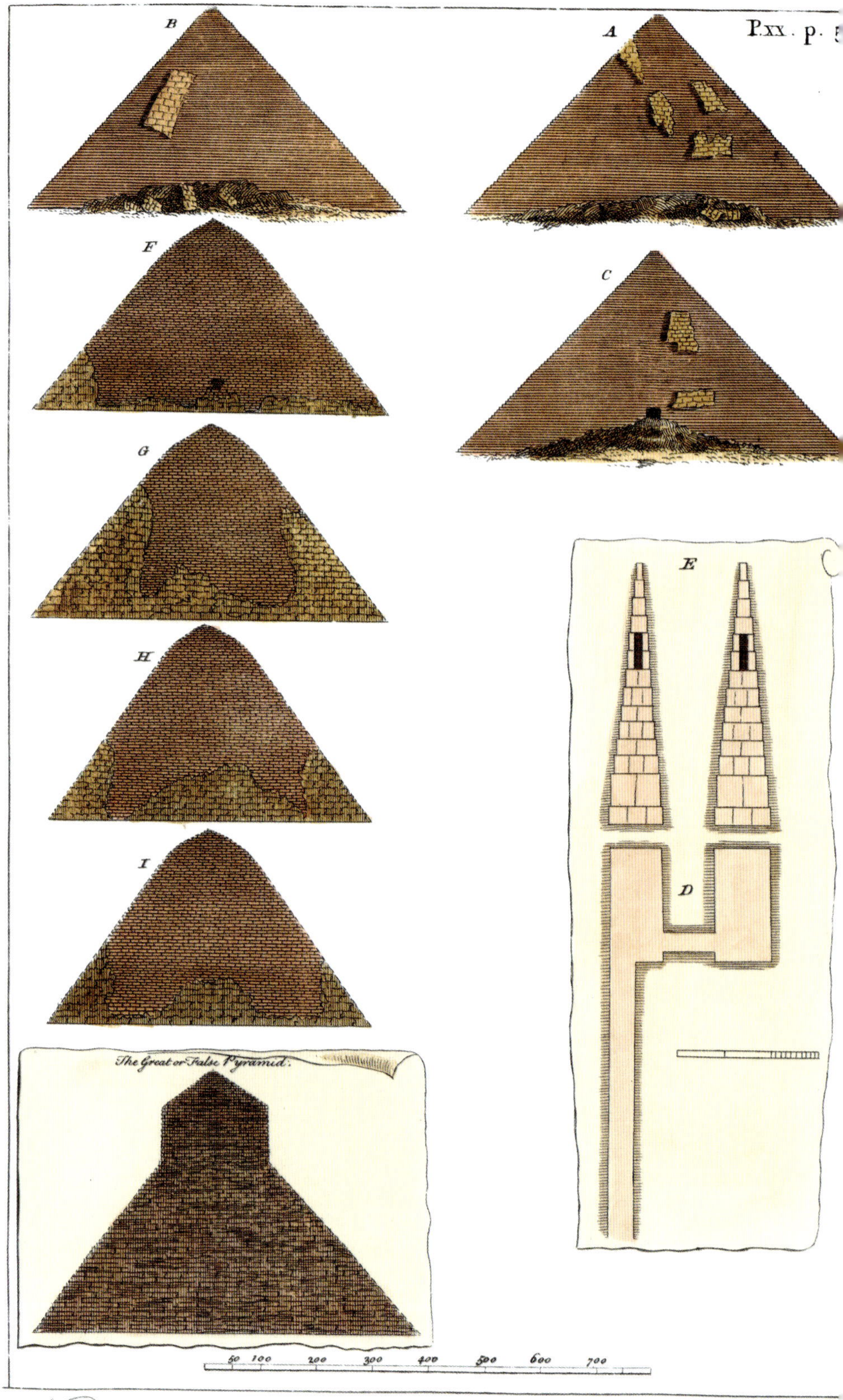

View of the Pyramids *of* ***DASHOUR,*** *& of the* Great Pyramid.

22 und 23 oben *Die Abbildungen, mit denen das Werk* A Description of the East and some other Countries *des Pfarrers Richard Pococke, der von 1737 bis 1738 in Ägypten war, bebildert ist, gehören zu den ersten Darstellungen der Pyramiden von Dahschur und der Cheops-Pyramide in Gizeh. Von der letzteren wird auch ein ziemlich exakter Querschnitt gezeigt.*

23 unten *Frederik Norden, Kapitän der dänischen Marine, besuchte Ägypten im Jahr 1738, fast zur gleichen Zeit wie Pococke. Auch Norden, der gemeinsam mit Pococke als einer der bedeutendsten Reisenden des 18. Jh. angesehen werden muss, veröffentlichte ein Buch von beachtlichem Interesse, das mit zahlreichen Zeichnungen und Karten ausgestattet ist.*

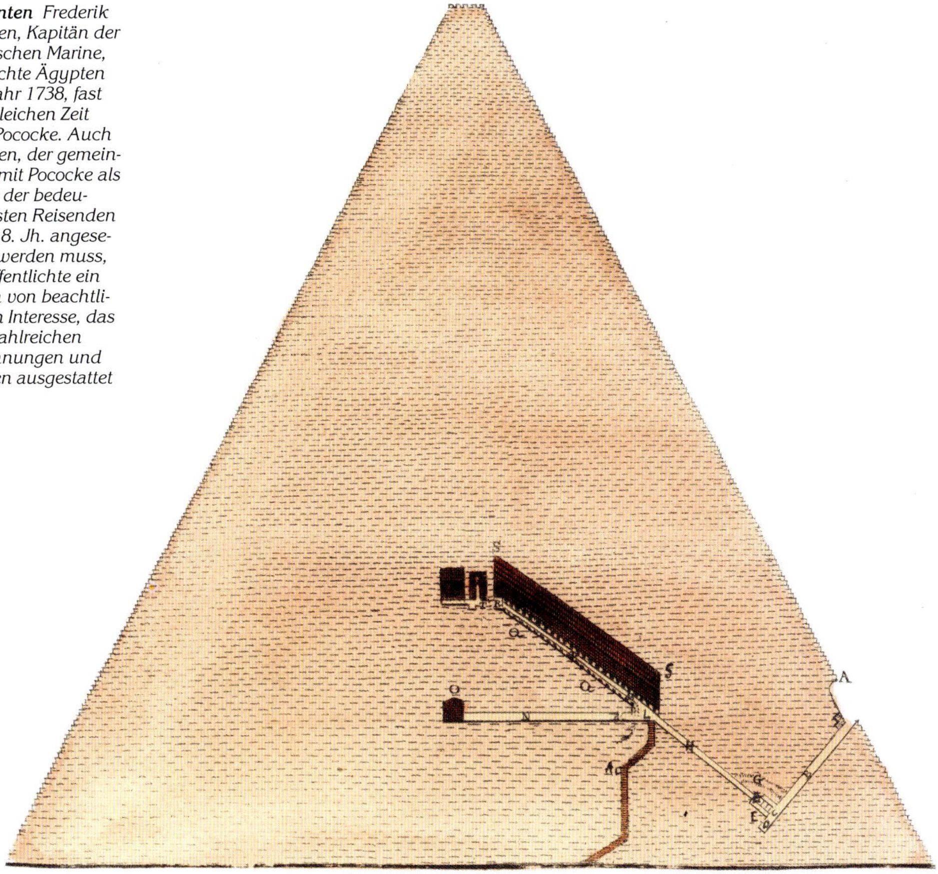

Monumente vor, die er in dem Werk *Pyramidographia* veröffentlichte; Benoît de Maillet zeichnete 1735 in seiner *Description de l'Égypte, contenant plusieurs remarques curieuses sur la Géographie ancienne...*, die eine umfassende und gründliche Beschreibung von Ägypten darstellt, einen bereits annähernd richtigen ersten Querschnitt der Cheops-Pyramide. Im Jahr 1738 wurde Frederik Ludwig Norden, ein Marineoffizier im Dienste von Christian VI., König von Dänemark, nach Ägypten gesandt, mit dem Auftrag, einen umfassenden Bericht über das Land zu erstellen: Er führte dabei präzise Forschungen an der Cheops-Pyramide durch, beschränkte sich aber nicht auf das Gebiet von Gizeh, von dem er einen ziemlich genauen Plan erstellte, sondern er befasste sich auch mit den Pyramiden von Sakkara, Dahschur und mit der Pyramide von Medum, die die Araber, wie er berichtet, die „Falsche Pyramide" nennen.

Auch der Pfarrer Richard Pococke, der sich von 1737 bis 1738, fast gleichzeitig mit Norden, in Ägypten aufhielt, beschrieb die Pyramiden mit großer Genauigkeit und erkannte dort zu Recht die antike Nekropole von Memphis, obgleich er die recht groteske Theorie aufstellte, dass die Ägypter die Pyramiden bauten, indem sie kleine Hügel mit Stein verkleideten. Er besuchte auch die Pyramiden von Sakkara, Medum und Dahschur, von denen er relativ präzise Zeichnungen anfertigte.

Die Ersten, die die Baudenkmäler des pharaonischen Ägyptens systematisch erforschten, waren jedoch die Wissenschaftler im Gefolge der Ägyptischen Expedition von Napoleon Bonaparte im Jahr 1798, zu denen auch der berühmte Dominique Vivant Denon gehörte. Bei den

24 oben *Die Pyramide von Medum ist präzise abgebildet auf dieser Zeichnung von Dominique Vivant Denon, der an der Ägyptischen Expedition unter Napoleon teilgenommen hatte und nach seiner Rückkehr das berühmte Werk* Voyage dans la Haute et la Basse Egypte *veröffentlichte.*

24-25 Mitte *Diese Ansicht der Pyramiden von Abusir und Sakkara (links) und von Gizeh (rechts) zeichnete Denon während des Nilhochwassers, als das Wasser des Flusses wie in der Antike bis an den Fuß des Hochplateaus von Gizeh heranreichte.*

24 unten *Die vollkommene Architektur der Großen Galerie, die zur Grabkammer der Cheops-Pyramide führt, ruft bei allen Besuchern größte Bewunderung hervor.*

Forschungen wurde den Pyramiden besondere Bedeutung beigemessen; sie wurden von jeder Seite aus genauestens vermessen, um so die Höhe und den Neigungswinkel berechnen zu können. Napoleon stellte die Rechnung auf, dass mit den Steinblöcken, mit denen die drei Pyramiden von Gizeh erbaut worden waren, rund um Frankreich eine 3,7 Meter hohe und 30 cm dicke Mauer hätte errichtet werden können. Zwanzig Jahre später gelang es Giovanni Battista Belzoni, dem aus Padua stammenden großen Forschungsreisenden, den Eingang der Chephren-Pyramide zu finden und am 2. März 1818 in das Innere des Bauwerks zu gelangen. Bereits in den vorangegangenen Jahren hatte er große Abenteuer auf seinen Reisen erlebt und aufregende Ent-

25 oben *Diese Zeichnung von Vivant Denon zeigt den Haupteingang der Cheops-Pyramide. Bis 1819 war sie die einzige Pyramide, in deren Inneres man gelangen konnte. Heute gelangt man über einen etwa 15 Meter tiefer gelegenen Eingang in die Pyramide, der von den ersten Grabräubern gegraben wurde.*

24-25 unten *Die Wissenschaftler im Gefolge der Expedition Napoleons, hier von Denon bei Vermessungsarbeiten an der Sphinx abgebildet, waren die Ersten, die die Baudenkmäler des antiken Ägyptens mit wissenschaftlicher Präzision zeichneten und beschrieben. Das Ergebnis ihrer umfangreichen Arbeiten wurde in der* Description de l'Egypte *veröffentlicht, die neun Bände mit Texten und elf Bände mit Abbildungen umfasst.*

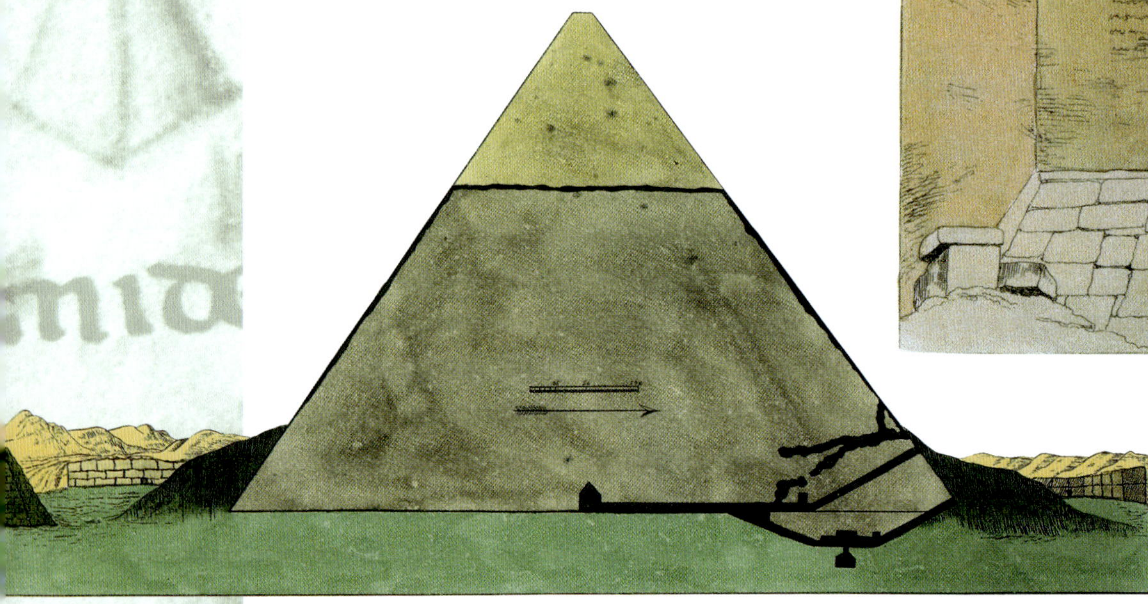

deckungen gemacht, zum Beispiel die Öffnung des Großen Tempels von Abu Simbel und die Entdeckung des Grabs von Sethos I. im Tal der Könige. Fast zur gleichen Zeit, von 1817 bis 1819, führte auch der Genueser Giovanni Battista Caviglia, ein Marinekapitän, wie Belzoni im Dienst des englischen Konsuls Henry Salt stehend, aufwendige Forschungen in der Cheops-Pyramide durch. Er legte die sogenannte „Königskammer“ frei und erforschte die unterste der fünf Entlastungskammern, die oberhalb der Grabkammer angelegt sind. Auch an der Sphinx führte er Grabungsarbeiten durch, wobei er sie zum Teil vom Sand befreite.
Im Jahr 1820 entdeckte der aus Belluno stammende Girolamo Segato den Eingang zur Stufenpyramide des Djoser in Sakkara, er erstellte eine Karte und einen Querschnitt von dem Bauwerk und

26 oben *Dem aus Padua stammenden Giovanni Battista Belzoni, der zu den größten Ägyptenforschern des 19. Jahrhunderts gezählt wird, gelangen sensationelle Entdeckungen, wie z.B. die Öffnung des Großen Tempels von Abu Simbel, die Entdeckung des Grabs von Sethos I. im Tal der Könige und die Entdeckung des Eingangs in die Chephren-Pyramide. (London, National Gallery)*

26 Mitte *Nach zahlreichen Versuchen gelang es Belzoni, sich einen Weg durch die Kalksteinblöcke der Pyramide zu bahnen und den zur Grabkammer führenden Gang zu erreichen.*

26 unten *Von Belzoni stammt auch der mit beachtlicher Präzision gezeichnete erste Querschnitt der Pyramide.*

26-27 *Giovanni Battista Belzoni widmete einige der Abbildungen, die sein berühmtes Werk* Narrative of the Operations and Recent Discoveries *illustrieren, der Chephren-Pyramide. Vor ihrer Entdeckung hatte man, auf Herodots Überlieferung basierend angenommen, sie hätte keine inneren Kammern. Das Bild zeigt Belzoni, als er am 2. März 1818 die Grabkammer der Chephren-Pyramide betrat.*

28 oben *Girolamo Segato, eine glücklose, aber geniale Persönlichkeit, war gleichzeitig Maler, Wissenschaftler und Naturforscher. Er bereiste Ägypten von 1820 bis 1821. Bekannt ist er für seine Forschungen an versteinerten Körperteilen. Ihm ist die Entdeckung des Eingangs der Pyramide des Djoser in Sakkara zu verdanken, die er gemeinsam mit dem preußischen Baron Von Minutoli erforschte.*

28 unten *Im Jahr 1837 gelang es den englischen Forschern Howard Vyse und John Perring, in die Mykerinos-Pyramide einzudringen, nachdem sie auch die Eingänge der drei dazugehörigen Nebenpyramiden an der Südseite der Pyramide entdeckt hatten.*
Im Inneren der Pyramide fanden sie den Königssarkophag, der auf dem Weg nach England bei einem Schiffbruch verlorenging.

fertigte dabei großartige Zeichnungen von Einzelheiten der unterirdischen Kammern an.
Mit großem Einsatz und viel Enthusiasmus erforschte auch der englische Oberst Richard William Howard Vyse die Pyramiden, er arbeitete von 1835 bis 1837 zusammen mit Caviglia und danach mit dem Ingenieur John Shea Perring, der alle damals bekannten Pyramiden gründlich erforschte und vermaß. Die Arbeiten von Vyse und Perring stellten einen entscheidenden Beitrag für die weitere Erforschung der Pyramiden von Gizeh dar. Ihnen gelang die Entdeckung des äußeren Zugangs zum unteren Gang der Chephren-Pyramide; außerdem erforschten sie die restlichen Entlastungskammern in der Cheops-Pyramide, wobei sie in der obersten dieser Kammern eine Königskartusche entdeckten, die zum ersten Mal eine gesicherte Zuweisung dieses Monuments zu einem Pharao ermöglichte, vorher beruhte sie nämlich lediglich auf Überlieferungen von Herodot. Vyse und Perring erforschten auch die Nebenpyramiden des Cheops und des Mykerinos. Am 29. Juli 1837 gelang es ihnen, den damals noch unbekannten Eingang zu der letztgenannten Pyramide zu entdecken. Nachdem sie in das Bauwerk hineingelangt waren, konnten sie bis zur Grabkammer vordringen, in der sie einen wundervollen, nischengegliederten Sarkophag aus Basalt vorfanden; in einer darüber liegenden Kammer hingegen fanden sie einen menschenförmigen Holzsarkophag aus späterer Zeit mit den Kartuschen des Königs. Vyse machte sich einen Monat später auf den Weg nach England, um den Holzsarg dem British Museum zu übergeben, der Basaltsarkophag wurde erst später nach England geschickt, ging aber leider verloren, als das Schiff vor der spanischen Küste an einem Punkt unterging, der wie es scheint, vor

28-29 *Segato fertigte Zeichnungen von den Grabkammern der Pyramide des Djoser an, die z. T. mit blauglasierten Fayencen und Scheintüren dekoriert sind. Diese ersten Abbildungen des Inneren der Pyramide wurden mit Unterstützung des Zeichners Domenico Valeriani im* Atlante Monumentale dell'Alto e Basso Egitto *veröffentlicht.*

29 unten *Von Segato stammt auch der erste Querschnitt der Pyramide des Djoser, der allerdings aufgrund der Komplexität der Anlage einige Ungenauigkeiten aufweist. Im Laufe seiner Forschungen entdeckte Segato auch die Überreste einer mumifizierten Leiche, wahrscheinlich sogar die des Djoser.*

k
m

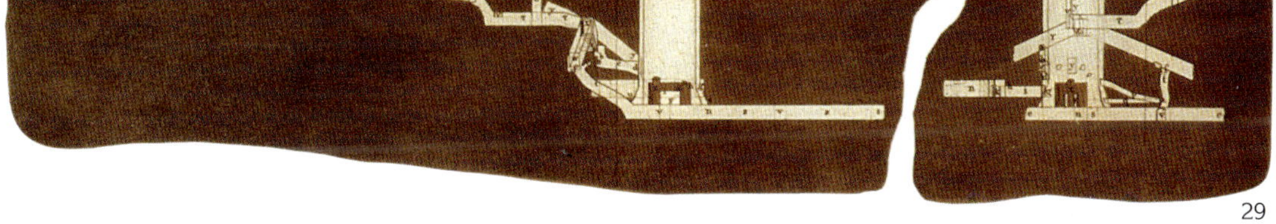

30 rechts Von Lepsius stammt die erste topographische Karte der Nekropole in Memphis, er widmete sich der Erforschung des Inneren der Pyramiden und erarbeitete eine Theorie über den Bau der Pyramiden. Danach wurden diese Bauwerke als Stufenpyramiden begonnen und danach durch Hinzufügen neuer Schichten vergrößert, weshalb ihre Größe mit der Regierungszeit in Zusammenhang stünde.
In Gizeh unternahm Lepsius erstmals eine Wiedergabe der Wandmalereien aus zahlreichen privaten Mastabas in den zwei großen Friedhöfen, die östlich und westlich der Cheops-Pyramide liegen. Die Abbildungen zeigen die außergewöhnlichen Farben und die Zartheit der Formen von einigen dieser Wandbilder, die Lepsius mit großer Präzision wiedergegeben hat.

30 links Der Ägyptologe Richard Lepsius arbeitete von 1842 bis1845 an der Spitze der preußischen Expedition in Ägypten, wobei er die Arbeiten Champollions erfolgreich weiterführte. Lepsius publizierte ein bedeutendes Werk über die Baudenkmäler in Ägypten, das zwölf Bände mit 894 großformatigen Tafeln umfasst, auf denen nicht nur Zeichnungen von zahlreichen Bauwerken abgebildet sind, sondern vor allem von Inschriften und Reliefs, die außergewöhnlich präzise wiedergegeben sind.

kurzem lokalisiert werden konnte. Richard Lepsius, der die von Champollion begonnenen Dechiffrierungsarbeiten fortsetzte, organisierte 1842 eine Expedition, die nilaufwärts bis nach Meroë vordrang. Drei Jahre lang erforschte er alle wichtigen pharaonischen Bauwerke. Die Ergebnisse wurden in dem auch heute noch fundamentalen Werk *Denkmäler aus Ägypten und Äthiopien* zusammengefasst. Sein Hauptaugenmerk lag auf den Pyramiden. Er fertigte die umfassendste Karte der Nekropole in Memphis bis nach Lischt an, die jemals erstellt wurde: Standorte von gut 64 Pyramiden sind hierauf eingezeichnet. Er entwickelte die Theorie, dass alle Pyramiden als Stufenpyramiden begonnen worden wären, deren Zwischenräume erst am Ende aufgefüllt worden wären, und dass ihre Größe im Verhältnis zu der Regierungszeit des Pharaos gestanden hätte. Auguste Mariette, der Gründer des Ägyptischen Museums von Kairo und der ersten Ägyptischen Altertümerverwaltung, widmete sich 1858 der Ausgrabung und der Erforschung der archäologischen Gebiete von Gizeh und von Sakkara sowie den großen Mastabas des Alten Reiches. Er veröffentlichte Werke, die auch heute noch von großer Bedeutung sind. Ihm sind unter anderem die Entdeckung des Serapeums in Sakkara mit den Gräbern der Heiligen Stiere und die, wie er glaubte, Entdeckung der Graban-

31 *Auguste Mariette (rechts), Gründer des Museums in Kairo, führte die Arbeit von Lepsius in Gizeh (ihm ist die Entdeckung des Taltempels von Chephren zu verdanken) und vor allem in Sakkara fort, wo er zahlreiche Mastabas aus dem Alten Reich freilegte und erforschte. Als Erster untersuchte er die Mastabat el-Faraun, die Grabanlage des Königs Schepseskaf, Sohn von Mykerinos und letzter König der 4. Dynastie, und das Serapeum, die Grabstätte der heiligen Apisstiere.*
Im nördlichen Bereich der Nekropole von Sakkara entdeckte und erforschte Mariette die Mastaba von Hesire, einem hohen Beamten der 3. Dynastie, deren prachtvolle Holztüre (links, heute im Museum von Kairo) eines der bedeutendsten Kunstwerke aus dieser Zeit ist.

32 *Die Große Galerie in der Cheops-Pyramide, hier auf dem berühmten Bild von Luigi Mayer, war Gegenstand eingehender Forschungen durch Petrie, der vor allem die Verschlussvorrichtungen untersuchte.*
Außerdem bemerkte Petrie, dass es einen Zusammenhang gibt zwischen der Pyramidenhöhe und dem Radius eines Kreises, dessen Umfang der Gesamtlänge der Basisseiten entspricht.

33 oben links *Sir William Matthew Flinders Petrie erforschte zahlreiche Fundstätten in ganz Ägypten und trug so grundlegend zur Entwicklung der Ägyptologie bei. Er arbeitete von 1880 bis 1882 an den Pyramiden der Nekropole von Memphis und führte die genauesten Vermessungen an diesen Bauwerken durch, die bis dahin gemacht worden waren, wobei er sich auf das Verfahren der Triangulation stützte und hochentwickelte Instrumente verwendete.*

33 oben rechts
Jacques de Morgan, der 1894 zum Generaldirektor der Altertümerverwaltung ernannt wurde, führte eine Reihe erfolgreicher Ausgrabungen in Dahschur an den Pyramiden des Mittleren Reiches durch, die er Sesostris III., Amenemhet II. und Amenemhet III. zuschrieb. Sein bedeutendster Fund war die Entdeckung der Grabanlagen der Prinzessinnen Chnumit und Iti, die einen prachtvollen Grabschmuck enthielten, der heute im Museum von Kairo aufbewahrt wird.

Medum, Mazghuna und auch auf Illahun aus. Neben einer städtischen Siedlung des antiken Ägyptens, die er Kahun nannte, entdeckte er in der Nähe der Pyramide des Sesostris II. die Grabanlage einer Prinzessin, deren fantastischer Grabschmuck schon bald darauf als „Schatz von Illahun" berühmt wurde.
1894 begann der Franzose Jacques de Morgan, Leiter der Altertümerverwaltung, im Gebiet von Dahschur mit den Ausgrabungen der Pyramiden des Mittleren Reiches. Er entdeckte in den ungeöffneten Grabanlagen der Prinzessinnen Chnumit und Iti, den sogenannten „Schatz von Dahschur";

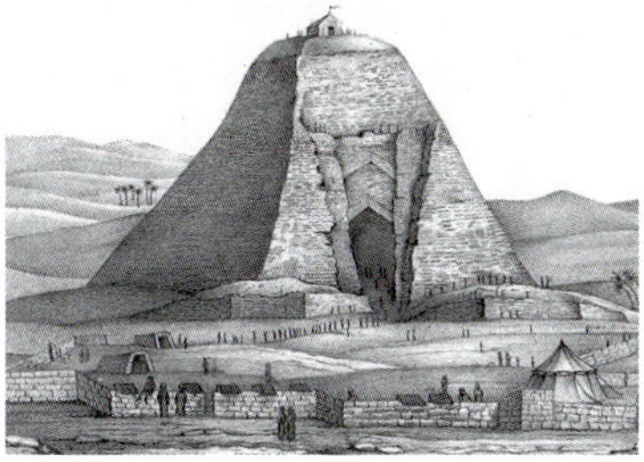

33 Mitte *Diese Gesamtansicht der Pyramiden von Gizeh veröffentlichte Petrie 1883 in seinem Buch* The Pyramids and Temples of Gizeh.

33 unten *So wurde die Pyramide von Hawara auf einem Stich von einem ihrer ersten Besucher dargestellt, dem Franzosen Jean Jacques Rifaud, der 1805 nach Ägypten kam.*

lage des Prinzen Chaemwese, Sohn Ramses II., zu verdanken. Besonders große Fortschritte bei den wissenschaftlichen Erkenntnissen über die Pyramiden konnten aber dank der Forschungen des englischen Ägyptologen William Matthew Flinders Petrie gemacht werden, der 1880 nach Ägypten kam. Petrie veröffentlichte eine unglaubliche Zahl von wissenschaftlichen Berichten sämtlicher archäologischer Fundstätten. Er erstellte eine umfassende, wissenschaftliche Studie über die Nekropole von Gizeh, die 1883 mit dem Titel *The Pyramids and Temples of Gizeh* erschien, danach weitete er seine Studien auf Hawara, gleichzeitig führte das Institut Français d'Archéologie Orientale unter der Leitung von Gustave Jéquier und J. E. Gautier eine Expedition nach Lischt durch, die zur Identifizierung der Pyramide von Sesostris I. führte. Zu Beginn unseres Jahrhunderts erforschte der Italiener Alessandro Barsanti den Pyramidenbezirk des Unas in Sakkara, er entdeckte den Totentempel dieses Königs und drei wichtige Grabanlagen aus Persischer Zeit; zwischen 1905 und 1912 entdeckte er bei seinen Arbeiten in Zawiet el-Arjan, zwischen Sakkara und Gizeh, einen riesigen, 21 Meter tiefen Graben, der den Überresten einer großen Pyramide aus der 4. Dynastie entsprach.

Pyramiden und Mastabas

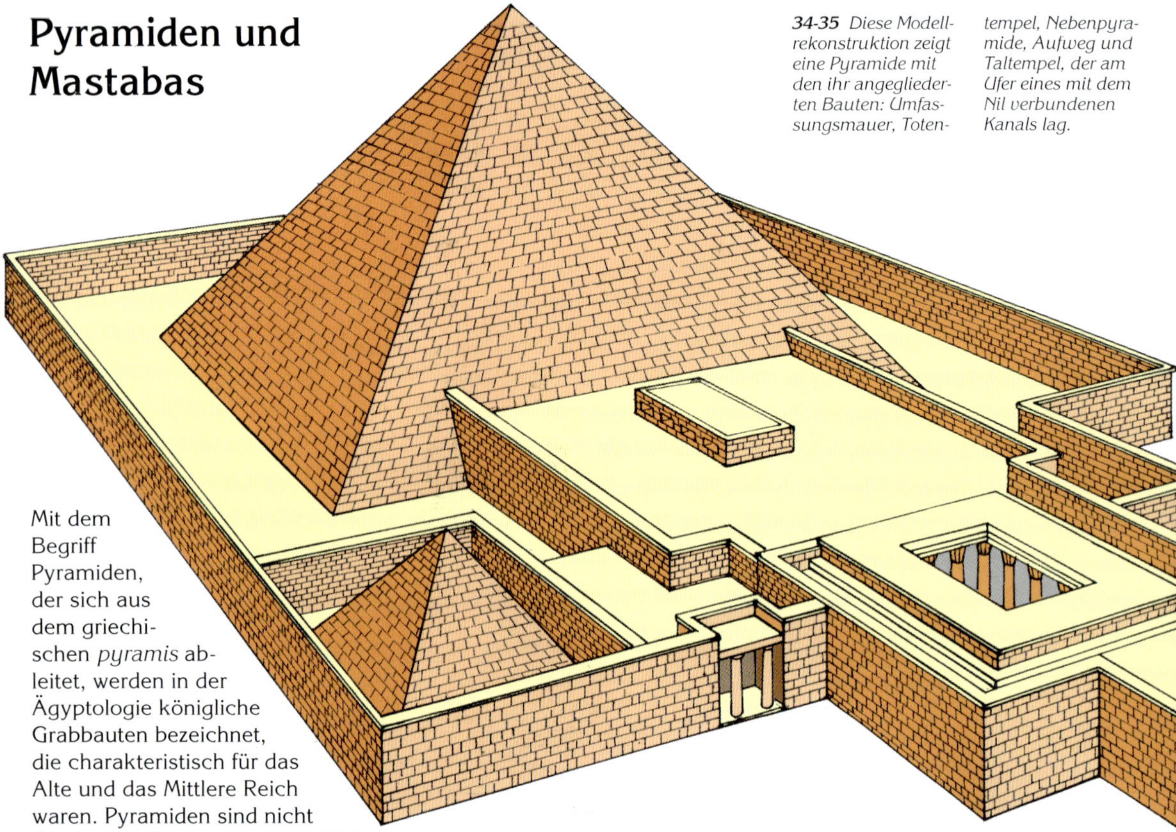

34-35 Diese Modellrekonstruktion zeigt eine Pyramide mit den ihr angegliederten Bauten: Umfassungsmauer, Totentempel, Nebenpyramide, Aufweg und Taltempel, der am Ufer eines mit dem Nil verbundenen Kanals lag.

Mit dem Begriff Pyramiden, der sich aus dem griechischen *pyramis* ableitet, werden in der Ägyptologie königliche Grabbauten bezeichnet, die charakteristisch für das Alte und das Mittlere Reich waren. Pyramiden sind nicht der Ausdruck einer ausschließlich ägyptischen Bauform, auch in anderen Kulturen entwickelte sich diese Bauart. Wodurch sich jedoch die ägyptischen Pyramiden unterscheiden, ist ihre Funktion als Königsgrab.

Bei den Pyramiden unterscheidet man zwischen Stufenpyramiden und echten Pyramiden. In beiden Fällen sind die Pyramiden zwar die Hauptbestandteile der sogenannten Grabbezirke, keineswegs aber ihre einzigen; in ihrer vollendeten, ab der 4. Dynastie sichtbaren Form, wiesen sie weitere Strukturen mit ganz bestimmten theologischen und symbolischen Bedeutungen auf: Den Totentempel, die Umfassungsmauer, den Aufweg, den Taltempel und eine kleinere Nebenpyramide. Ab dieser Zeit erhalten die Pyramiden auch einen durch einen Satz dargestellten Namen, dessen Subjekt dem Ägyptologen Gustave Lefèbvre zufolge der König selbst ist: „Horizont des Cheops", „Groß ist Chephren", „Göttlich ist Mykerinos", dies sind die Namen der drei Pyramiden von Gizeh. Die Pyramide, die materielle Wiedergabe der Sonnenstrahlen, entwickelt sich über drei Achsen: Die vertikale Achse verbindet die Erde mit dem Himmel und den Pharao mit seinem göttlichen Vater Re; die Nord-Süd-Achse oder irdische Achse liegt parallel zu dem von Ober- nach Unterägypten fließenden Nil und steht mit der Funktion des Königs in Zusammenhang; schließlich noch die Ost-West-Achse, oder Himmelsachse, die parallel zum Tageslauf der Sonne verläuft, die jeden Tag aufs Neue wiedergeboren wird. Die irdische Achse ist in der Pyramide durch den an der Nordseite liegenden Eingang und den in Richtung Süden verlaufenden absteigenden Gang verwirklicht, der zur Königskammer mit dem Sarkophag führt. Angezeigt wird diese Richtung manchmal von außen mit einer sogenannten Kultpyramide: Sie befindet sich in der Regel

35 oben *Der Aufweg der Chephren-Pyramide (im Hintergrund), der den Taltempel mit dem Totentempel verbindet, ist auch heute noch in einem außergewöhnlich guten Zustand. Rechts sieht man die Sphinx und die Cheops-Pyramide.*

35 unten *Der Taltempel des Chephren, errichtet aus perfekt behauenen, großen Granitblöcken, ist das schönste Beispiel für diese Art von Gebäuden, die dafür vorgesehen waren, die sterbliche Hülle des Königs vor seiner Bestattung aufzunehmen. Lange wurde darüber diskutiert, ob der Taltempel auch der Ort der Einbalsamierung war. Die jüngsten Erkenntnisse scheinen diese Annahmen aber nicht zu bestätigen.*

34 unten *Die Ruinen des Totentempels des Chephren können heute keine Vorstellung mehr von der Pracht geben, die dieses Gebäude früher gehabt haben musste. Es erstreckte sich auf einer Fläche, die dreimal so groß war wie die des Taltempels und war um einen weiten, rechteckigen Säulenhof herum angeordnet, der vor dem Allerheiligsten lag, dem Totenopfersaal. Die Totentempel waren für Kulthandlungen für den vergöttlichten König bestimmt, der die Verbindung zwischen dem Menschlichen und dem Göttlichen darstellte und so die Aufrechterhaltung der Weltordnung garantierte.*

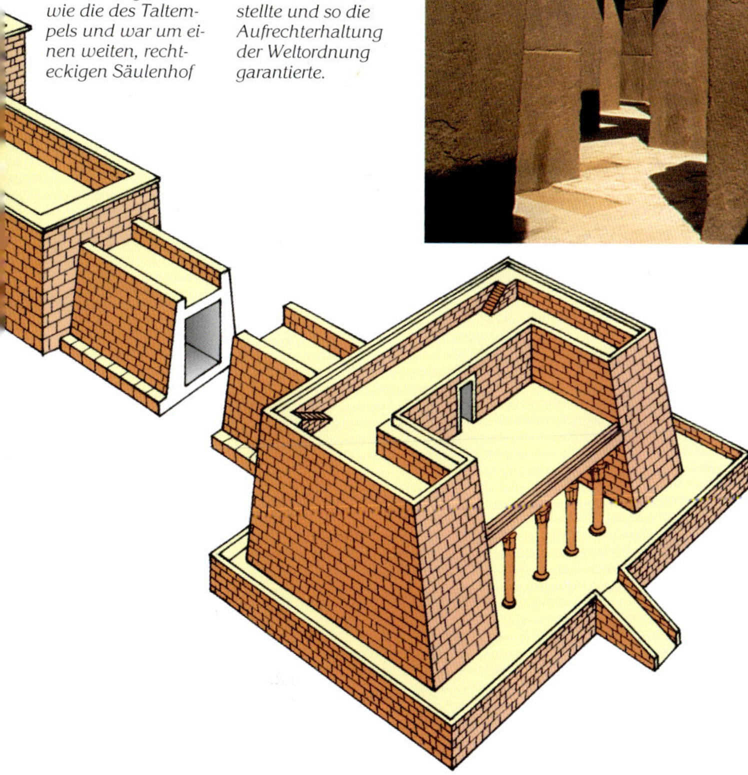

im Südosten und hatte gleichzeitig die Funktion eines Kenotaphs, eine Erinnerung an die abydenische Herkunft der frühdynastischen Könige. Die himmlische Ost-West-Achse ist mit der Vorstellung der Wiederauferstehung verbunden. In der Tat befindet sich an der Ostseite der Pyramide der Totentempel, in dem die Kulthandlungen für den verstorbenen Gottkönig abgehalten wurden, dem Garanten der Ordnung auf der Erde, da sich durch sein Königtum die Erde mit dem Himmel vereinigte. Vor dem Totentempel befand sich ein Hof für Opfergaben und eine Vorhalle, in der sich wahrscheinlich Würdenträger bei der Beisetzung des Königs versammelten. Diese drei Elemente, Pyramide, Totentempel und Nebenpyramide, waren von einer Umfassungsmauer umgeben, die diesen heiligen Bezirk eingrenzte.

Vom Taltempel aus zog sich der Aufweg hinauf bis zum Totentempel, er war die materielle Darstellung des Übergangs des Königs aus der Welt der Lebenden zum östlich gelegenen Pyramidengrab, so wie auch der Sarkophag in der Grabkammer wiederum an der östlichen Seite stand. Der Taltempel befand sich am Ufer eines mit dem Nil verbundenen Kanals und diente dazu, den verstorbenen König und die für den Königskult zuständigen Priester aufzunehmen; die Kaianlagen hingegen waren schon während der Bauphase selbst von Bedeutung. Man weiß nicht genau, wo die Einbalsamierung des verstorbenen Königs stattfand, aber es ist kaum vorstellbar, dass dieses langwierige Ritual im Taltempel vollzogen wurde. Sicher ist, dass der Leichnam des Königs in einem eigens dafür vorgesehen Gebäude, Reinigungszelt oder *Ibu* genannt, durch Waschung gereinigt wurde und dann im Haus der Regeneration oder *Wabet per nefer*, einbalsamiert wurde. Dann erst folgte die eigentliche Beisetzung des Königs.

Die Stufenpyramide

Die Stufenpyramide geht der echten Pyramide zeitlich voraus und spiegelt eine andere religiöse und theologische Auffassung wieder. Die Stufenpyramide symbolisiert weniger die Strahlen der Sonne als vielmehr eine riesige Treppe, die dem vergeistigten Körper des Pharaos den Aufstieg in den Himmel ermöglichen soll. Seine sterbliche Hülle befindet sich nicht in einer Grabkammer im Innern der Pyramide sondern in einem Schacht,

36 oben *Die Stufenpyramide des Djoser in Sakkara ist das erste bekannte Beispiel dieser Bauart in Ägypten. Die Stufenpyramide, ein Ergebnis der nachfolgenden Erweiterungen einer ursprünglichen Mastaba, symbolisierte eine riesige Treppe, die der Seele des Königs den Aufstieg zum Himmel erleichterte.*

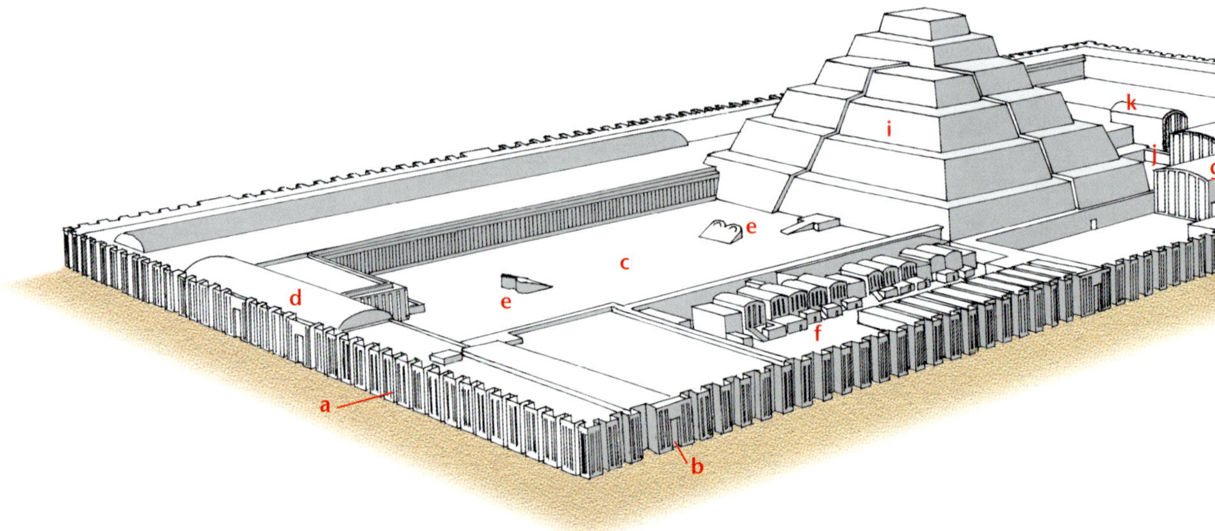

der von der Pyramide selbst überbaut war. Analog zur echten Pyramide verfügte auch die Stufenpyramide über ihr angegliederte Bauten, die den „Pyramidenbezirk“ bildeten, wie die Umfassungsmauer und den Totentempel. Den Aufweg und den Taltempel gab es noch nicht. Im südlichen Teil der Umfassungsmauer, die weitaus mächtiger war als die der echten Pyramiden der 4. Dynastie, fand man außerdem ein Nebengrab, dessen Bedeutung ungewiss ist, das aber entweder zur Bestattung der Eingeweide des Königs oder als Kenotaph dienen konnte, auf jeden Fall war es nach Süden und zur königlichen Erdachse hin ausgerichtet. Diese Sekundärgräber sollten sich später zu den Kultpyramiden entwickeln.

36 Mitte *Das typischste Beispiel einer Stufenpyramide ist die des Djoser in Sakkara. Dank der Restaurierungsarbeiten unter der Leitung des französischen Architekten Jean-Philippe Lauer sind auch heute noch alle Nebengebäude der Pyramide erkennbar, die zum großen Teil im Zusammenhang mit dem Sedfest (oder Heb-Sed) standen, das nach 30-jähriger Regierungszeit begangen wurde und mit der Vorstellung einer Machterneuerung des Königs verbunden war. Mit Hilfe dieser Anlagen konnte die Seele des Königs auch im Jenseits das Sedfest begehen und so seine göttliche Kraft erneuern.*

a. *Nischengegliederte Umfassungsmauer*
b. *Eingangstor*
c. *Großer Hof*
d. *Südmastaba*
e. *Wendemarken für den Kultlauf*
f. *Heb-Sed-Hof mit den dazugehörigen Kapellen*
g. *Südhaus*
h. *Nordhaus*
i. *Stufenpyramide*
j. *Serdab-Hof*
k. *Totentempel (nach Stadelmann, verändert)*

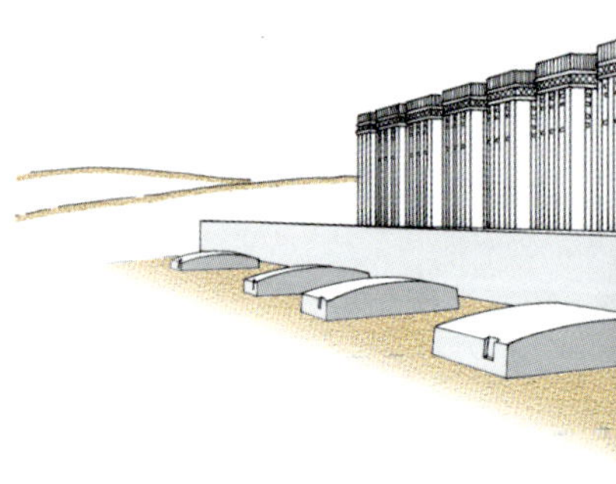

Die Mastabas

37 oben Die im südlichen Sektor der Nekropole von Sakkara liegende Mastabat el-Faraun, die Grabanlage des Königs Schepseskaf, Sohn des Mykerinos, ist ein wunderbares Beispiel einer Mastaba – was im Arabischen „Bank" bedeutet und sich auf das Aussehen dieser Art der Grabanlage bezieht – die zeitlich gesehen der Stufenpyramide vorausgeht.

Die Grabform der Mastaba ist sehr viel schlichter als die der Pyramide, sie besteht aus einem Schacht mit einem einfachen Oberbau.
Die Könige der Frühzeit ließen sich in komplexeren Mastabas aus ungebrannten Lehmziegeln bestatten, die sich im nördlichen Sakkara sowie in Abydos befanden und von einer mächtigen Mauer mit Palastfassade aus luftgetrockneten Ziegeln umgeben war, eine Vorwegnahme der Umfassungsmauer, die später bei den Stufenpyramiden in den Grabbezirken der 3. Dynastie zu beobachten ist. Diese Königsmastabas hatten einen rechteckigen Grundriss, deren längere Seite 40 bis 60 Meter und die kürzere etwa 20 Meter lang war. Der aus Nilschlammziegeln gebaute Oberbau war, wie die Ringmauer, mit einer Palastfassade verziert. Während der 2. Dynastie verschwindet diese Fassade, um Platz zu machen für einen glatten Überzug aus hellem Kalkverputz; an der Ostseite hingegen erscheinen nun Nischen, die die Idee des Totentempels vorwegzunehmen scheinen, wie er sich in der 3. Dynastie entwickelte. Im Unterschied zu den Pyramiden, die den Königen vorbehalten blieben, dienten Mastabas auch der Beisetzung hochrangiger Mitglieder der Familie des Pharaos oder des Hofstaates.
Die Mastaba bestand im Wesentlichen aus zwei Teilen. Der unterirdische Teil mit der Sargkammer, neben der sich weitere Kammern befanden, die zur Aufnahme der Grabbeigaben dienten, wurde nach der Beisetzung des Leichnams sorgfältig verschlossen. Im Oberbau befanden sich die Kultkapelle für die Opfergaben und andere Räume, die als Magazine dienten. In den ersten Mastabas vollzog sich die Bestattung des Leichnams und der Grabbeigaben vor dem Bau der Decke. Ab der Hälfte der 1. Dynastie tauchen in den Mastabas Zugänge auf, wodurch es möglich wurde, den Verstorbenen erst nach Vollendung des Grabes beizusetzen.

37 Mitte Die Mastaba, hier dargestellt in einem Modellquerschnitt, umfasste in ihrer einfachsten Form einen unterirdischen Teil, der aus einem Schacht (**A**) und der Sarkophagkammer (**B**) bestand, außerdem einen rechteckigen Oberbau, in dem sich die Opferkapelle (**C**) und der Serdab (**D**) befanden, einem abgeschlossenen Raum, in dem eine Statue des Verstorbenen (**E**) war, die auf magische Weise durch eine kleine Öffnung mit der Außenwelt in Verbindung treten konnte.

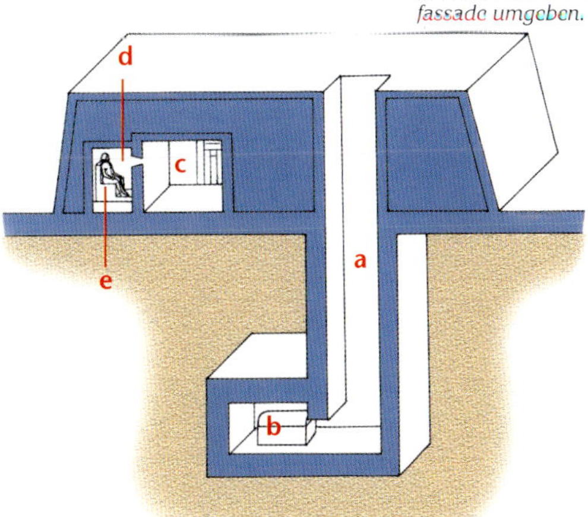

37 unten Rekonstruktion einer königlichen Mastaba aus der 1. Dynastie auf der Basis der bei Ausgrabungen in der Nekropole des Alten Reiches im nördlichen Bereich von Sakkara erhaltenen Daten. Die Mastabas aus dieser Zeit hatten eine komplexe Struktur und waren von einer Mauer aus ungebrannten Ziegeln in Form einer Palastfassade umgeben.

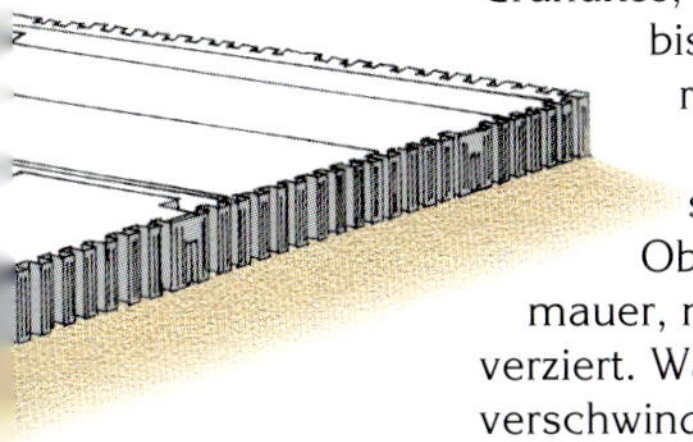

Private Mastabas

38 links *Die Scheintüren, Nachbildungen von Türen mit Pfosten und Architraven, in die im Allgemeinen der Name des Verstorbenen eingeschnitten war, stellen eine der am meisten verwendeten und typischsten Verzierungen in den Mastabas des Alten Reiches dar. Durch diese magische Vorrichtung konnte der Verstorbene mit der Welt der Lebenden in Kontakt bleiben.*

38 Mitte *Im Gräberfeld von Gizeh befinden sich auch zahlreiche private Grabanlagen, die hohen Beamten zuzuordnen sind, oder Personen, die der königlichen Familie sehr nahe standen. Das Vorrecht auf eine Bestattung in der Nähe des Königsgrabes galt als ein besonderes Privileg, denn es ermöglichte an der Unsterblichkeit des Königs teilzuhaben.*

In den privaten Mastabas werden ab der 4. Dynastie die unterirdischen Anlagen durch eine einfache Grabkammer ersetzt. Der aus Steinblöcken errichtete Oberbau wird immer komplexer: Zahlreiche Räume konnten sich darin befinden (in der Mastaba von Mereruka in Sakkara sind es 32), die mit Reliefdarstellungen und Scheintüren verziert waren. Die in den meist mehrfarbigen Flachreliefs behandelten Themen beziehen sich auf die Bestattungsrituale (Darbietung der Totenopfer, Szenen aus dem Begräbnisfest, usw.), auf die Landwirtschaft (Ernte, Feldarbeit, Leben der Tiere), auf die Schifffahrt, oder stellen Arbeiten der Handwerker und Künstler dar (Bearbeitung von Gold und Metallen, Schreinerarbeiten, usw.) sowie die Jagd in der Wüste und die Fischerei in den Sümpfen. Der Verstorbene ist in der Regel zusammen mit seiner Frau, gegebenenfalls auch mit seinen Kindern abgebildet, während er all diese Arbeiten beaufsichtigt.

38 rechts *Die Wände der Kapellen in den privaten Mastabas sind im Allgemeinen mit mehrfarbigen Flachreliefs dekoriert, die Momente des alltäglichen Lebens aufgreifen oder sich auf die irdischen Aufgaben des Verstorbenen beziehen. Zu den eher ungewöhnlichen Darstellungen gehört die Mästung der Hyäne (oben, Grab des Mereruka, Sakkara), dagegen kommen Darstellungen aus der Schifffahrt auf dem Nil (Mitte oben, Grab des Mereruka, Sakkara) oder von Wasserspielen häufiger vor. Zu den häufigsten Themen gehört die Schlachtung der Opfertiere (Mitte, unten, Grab des Mereruka, Sakkara; unten, Grab des Nianchchnum und des Chnumhotep, Sakkara).*

Ein grundlegendes Element der inneren Aufteilung einer Mastaba ist die meist nach Westen ausgerichtete Scheintür, vor der sich im Hauptopfersaal der Opferaltar befindet. Auf der Scheintür, in die Opferformeln eingeschnitten sind, ist Name und Titel des Verstorbenen abgebildet, der vor einem Tisch für die Opferfeste sitzt. Möglicherweise war die Scheintür in Entsprechung zu der darunterliegenden Grabkammer gebaut worden, so dass die Seele des Verstorbenen von dort heraustreten konnte, um an den ihm gewidmeten Opfergaben teilzuhaben. Analog dazu gibt es ein weiteres Element, das Serdab, das dazu diente die Welt der Lebenden mit der Welt der Verstorbenen zu verbinden. Das Serdab, der Begriff kommt aus dem Arabischen und bedeutet „Keller“, war ein unzugänglicher Raum, von dem aus eine lebensgroße Statue des Toten auf magische Weise durch ein schlitzartiges Fenster mit der Außenwelt in Verbindung treten konnte.

39 oben Diese Fotografie zeigt die Pyramiden des Chephren (rechts) und die des Cheops (links) von Westen aus. Vor der Cheops-Pyramide erkennt man die Mastabas des Westfriedhofs. Dieser geometrisch exakten Anordnung der Gräber auf mehreren parallel liegenden Reihen lag mit Sicherheit ein festgelegtes Schema zugrunde.

Private Nekropolen

Die privaten Mastabas der Würdenträger sowie der Verwandten des Königs wurden in der Regel in der Nähe der Pyramiden errichtet, wo sich so große Nekropolen bildeten. Die Organisation der Beisetzungen vollzog sich nach einem strengen Plan der Priester, die sorgfältig die zur Verfügung stehenden Flächen verwalteten, die Gräber gleichmäßig anordneten

39 unten Die Pyramiden von Gizeh, hier von Nordwesten aus gesehen, wurden auf einem Kalksteinplateau am Rand der Wüste errichtet, das sich oberhalb der Fruchtebene des Nils befindet; während des Hochwassers kam das Wasser fast bis an seine Ausläufer heran, erreichte aber nicht die Nekropole.
Über ein mit dem Nil verbundenes Kanalsystem konnte man sowohl die Taltempel erreichen, wo sich die Kaimauern befanden, als auch die Landestellen für die großen Lastkähne, mit denen die für die Verkleidung der Pyramide notwendigen Platten aus weißem Tura-Kalkstein transportiert wurden. Die Steinbrüche, aus denen dieses besondere Material kam, waren nur wenige Kilometer entfernt, allerdings auf dem gegenüberliegenden Ufer des Nils. Auf diese Weise konnten die Lastkähne so nahe wie möglich an die Bauerampen heran gebracht werden, die die Häfen mit den Baustellen verbanden. Auf der Fotografie erkennt man links die Cheops-Pyramide mit dem Westfriedhof, in der Mitte die Chephren-Pyramide und rechts die kleinere Mykerinos-Pyramide.

und zwischen ihnen richtige Straßen laufen ließen, die im rechten Winkel aufeinander trafen, wie es in den Nekropolen östlich und westlich der Cheops-Pyramide in Gizeh zu beobachten ist. Ein Grab in der Nähe der Pyramide des Königs zu bauen, war eine große Gunst, die der König als größtes Privileg gewährte, denn damit konnten die Verstorbenen an der in alle Ewigkeit bestehenden göttlichen Auferstehungsmacht des verstorbenen Pharaos teilhaben, der nun den himmlischen Thron seines Vaters Re teilte.

Der Bau einer Pyramide

40-41 *Im Grab des Wesirs Rechmire (TT 100) sind die Zubereitungsphasen und der Transport der ungebrannten Nilschlammziegel dargestellt, die in der ägyptischen Architektur das am häufigsten verwendete Baumaterial sind.*

40 oben *Die Königselle, hier in einer Nachbildung aus Holz, war die Maßeinheit des antiken Ägyptens und entsprach 0,524 Metern. Die Elle wiederum war in Handbreiten und Finger unterteilt. Alle Größen der ägyptischen Bauwerke wurden also auf der Basis dieser Einheiten berechnet. (Turin, Ägyptisches Museum)*

Bei all den zahlreichen Reliefdarstellungen über das alltägliche Leben im Alten Reich gibt es keinerlei Hinweise auf den Bau einer Pyramide, der wohl als ein absolut einzigartiges Ereignis angesehen wurde, welches nicht wiedergegeben werden konnte. Es ist daher kein einziges Dokument überliefert, aus dem die angewandten Bautechniken ersichtlich werden, und so kann man darüber nur Vermutungen anstellen, die jedoch auf objektiven Daten und vor Ort gesammelten Indizien basieren. Die Gemälde und Flachreliefs in einigen Gräbern, vor allem aus dem Neuen Reich, geben gesicherte Informationen darüber, wie die luftgetrockneten Nilschlammziegel hergestellt wurden, wie große Statuen behauen wurden, wie große Steinblöcke mit Hilfe von schrägen Flächen bewegt wurden. Man

41 oben Auf einem Relief in der Mastaba des Kagemni in Sakkara ist dargestellt, wie schwere Gegenstände mit Hilfe eines Holzschlittens, auf dem sie befestigt waren, von vielen Menschen fortbewegt wurden.

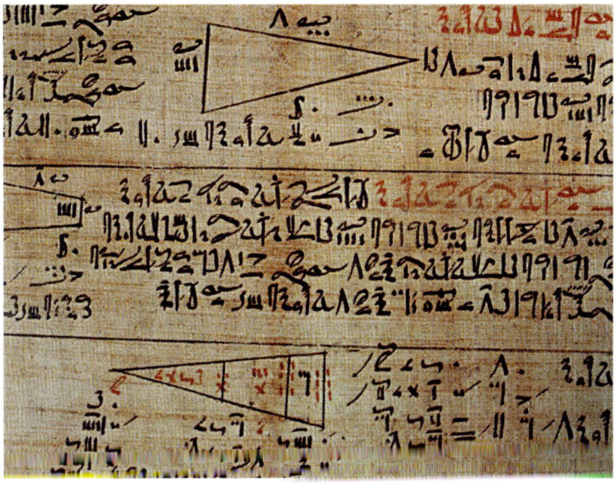

41 Mitte Das berühmte Papyrus-Rhind, genannt nach dem Reisenden, der es erwarb, enthält eine Reihe arithmetischer und geometrischer Aufgaben und gibt wertvolle Hinweise auf die wissenschaftlichen Kenntnisse der Ägypter.

41 unten Das Senklot wurde zur exakten Bestimmung der Senkrechten bei der Anordnung eines Steinblocks oder beim Bau einer Mauer verwendet.

40 links Dies sind einige der Instrumente, mit denen die Arbeiter im Ägypten der Antike arbeiteten. Oben sieht man ein Werkzeug aus Kupfer, das in der Cheops-Pyramide gefunden wurde (London, British Museum). Der Winkel mit Senklot wurde verwendet, um die waagrechte Lage der Felsblöcke oder Mauern zu bestimmen (Kairo, Ägyptisches Museum). Unten ein Holzschlägel und ein Kupfermeißel, mit dem die Felsblöcke behauen und geformt wurden. (Turin, Ägyptisches Museum)

nimmt an, dass sich diese Techniken nicht allzu sehr von denen des Alten Reichs unterschieden. Außerdem wurden zahlreiche Werkzeuge gefunden wie Hämmer und Schlägel aus Holz, Bronze- oder Kupfermeißel, Steinhacken mit Holzgriff, Messinstrumente, die dazu beitragen, uns eine Vorstellung davon zu geben, wie die Baumeister der Antike arbeiteten, die offensichtlich auch über ein großes mathematisches und geometrisches Wissen verfügten. Bezeugt wird dies neben der deutlich sichtbaren Präzision der Bauwerke auch durch schriftliche Quellen. Im British Museum befindet sich das berühmte, aus der Zweiten Zwischenzeit stammende Papyrus Rhind, auf dem eine Reihe von arithmetischen oder geometrischen Aufgaben dargelegt sind. Das Studium dieses Papyrus hat unter anderem deutlich gemacht, dass die Ägypter die Aussage des pythagoreischen Lehrsatzes kannten und auch in der Praxis anwandten.

Die Vermessungen basierten auf einer Maßeinheit, die „Königselle" genannt wurde und 0,524 m betrug; eine Königselle war in sieben „Handbreiten" (eine Handbreite entsprach etwa 7,5 cm) unterteilt, und diese wiederum in vier „Finger" von etwa 1,87 cm. Um den Neigungswinkel einer Geraden auszudrücken, wurde das *seqed* zu Grunde gelegt, das als der in Handbreiten und Fingern ausgedrückte horizontale Abstand der Schrägen definiert war, wenn die Höhe einer Königselle entsprach.
Die Architekten setzten beim Bau der Pyramiden einfache, aber sehr wirkungsvolle Instrumente ein, um die Ausrichtung und die Neigungswinkel zu bestimmen. Dazu gehörte ein Winkeldreieck, ein aus einem kurzen Faden mit Bleilot bestehendem Winkelarm, *merchet* genannt, sowie das *bai*, ein Instrument, das aus einer Palmrippe mit einem V-förmigen Schlitz am dickeren Ende bestand, durch den man ein Objekt anpeilen konnte.
Der einzige überlieferte Bericht über die beim Bau der Pyramiden angewandten Methoden stammt von Herodot (Historiae, II, 124-135), darin befinden sich neben einer ganzen Reihe von wundersamen Behauptungen sicherlich aber auch wahre Darstellungen, die eine Betrachtung wert sind. Herodot zufolge sollen 100 000 Menschen über 20 Jahre lang an dem Bau der Cheops-Pyramide gearbeitet haben. Zehn Jahre sollen für die Vorbereitung des Bodens, der Hafenanlagen, der Rampen und der unterirdischen Kammern vorausgegangen sein.
Man kann davon ausgehen, dass Herodots Behauptungen in Bezug auf die zeitlichen Angaben glaubwürdig sind, bei der Zahl der am Bau beteiligten Menschen hat er wohl viel zu hoch gegriffen. Petries Schätzungen zufolge musste sich

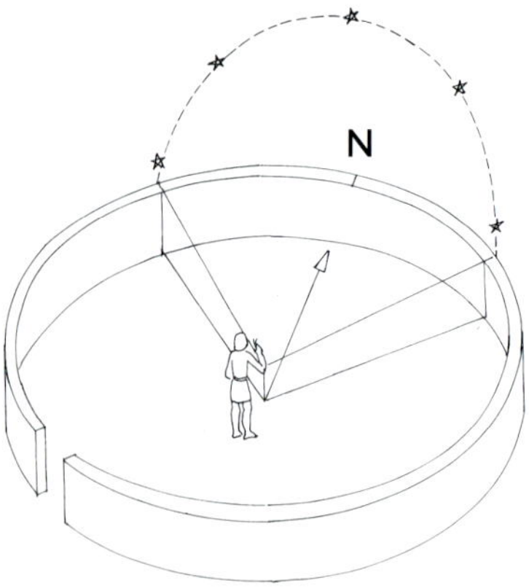

die Zahl um die Fünf- bis Sechstausend bewegen, andere Autoren gehen von höheren Zahlen aus, 15 000 bis 17 000 bei G. Goyon und noch wieder andere sprechen sogar von 30 000. Es ist unmöglich auf Details bei den Vorgehensweisen und Techniken des Pyramidenbaus einzugehen, auch die zahlreichen Hypothesen können hier nicht untersucht werden, daher beschränken wir uns darauf, die Hauptphasen des Baus zu beschreiben und die zwei bedeutendsten Theorien bezüglich der Errichtung der Pyramiden zu umreißen. Nachdem der Ort festgelegt und unter Berücksichtigung der verschiedenen grundlegenden Parameter (Basislänge, vorgesehene Höhe, Neigungswinkel der Seiten) ein Plan erstellt worden war, und nachdem unter Zuhilfenahme des Instrumentes *bai* die Orientierung des Bauwerks bestimmt worden war – wobei Faktoren wie die Ausrichtung zu anderen Pyramiden oder zu Stätten, die als heilig an-

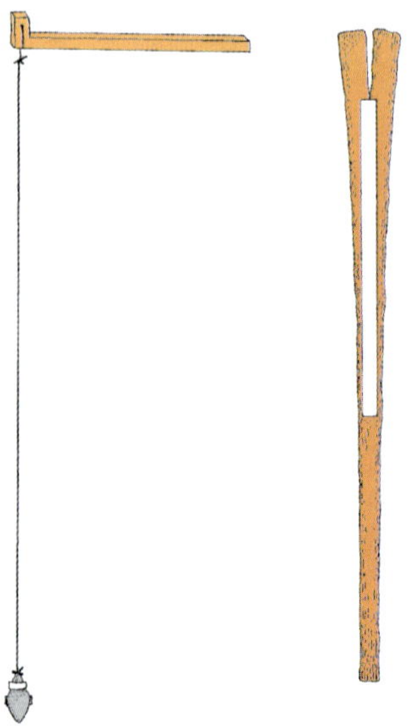

42 links *Nachbildung von zwei Instrumenten, das merchet und das bai (unten), die schon von den Baumeistern im Alten Reich verwendet wurden, um den wahren Norden genau zu bestimmen, indem sie die Position eines bestimmten Sterns bei seinem Aufgang und seinem Untergang mit Hilfe eines künstlichen Horizonts aus einer kreisbogenförmigen Mauer anvisierten.*

42 unten *Diese schematische Darstellung verdeutlicht die Theorie der frontal angelehnten Rampe zur Errichtung der Pyramide nach Lauer. Die Rampe wurde immer schmäler und länger, je höher die Pyramide wurde.*

42-43 *Dieses von Wilkinson gezeichnete Relief befindet sich im Grab des Dschehutj-Hotep, einem hohen Beamten des Mittleren Reiches, in der Nekropole von el-Berscheh in Mittelägypten, und zeigt den Transport einer Kolossalstatue mit Hilfe eines Holzschlittens, der von 172 Männern gezogen wird. Die Reibung der Kufen wurde durch eine Mischung aus Wasser und Schlamm verringert. Unter optimalen Bedingungen verringert sich mit diesem System das Gewicht des zu transportierenden Gegenstandes um etwa ein Zehntel.*

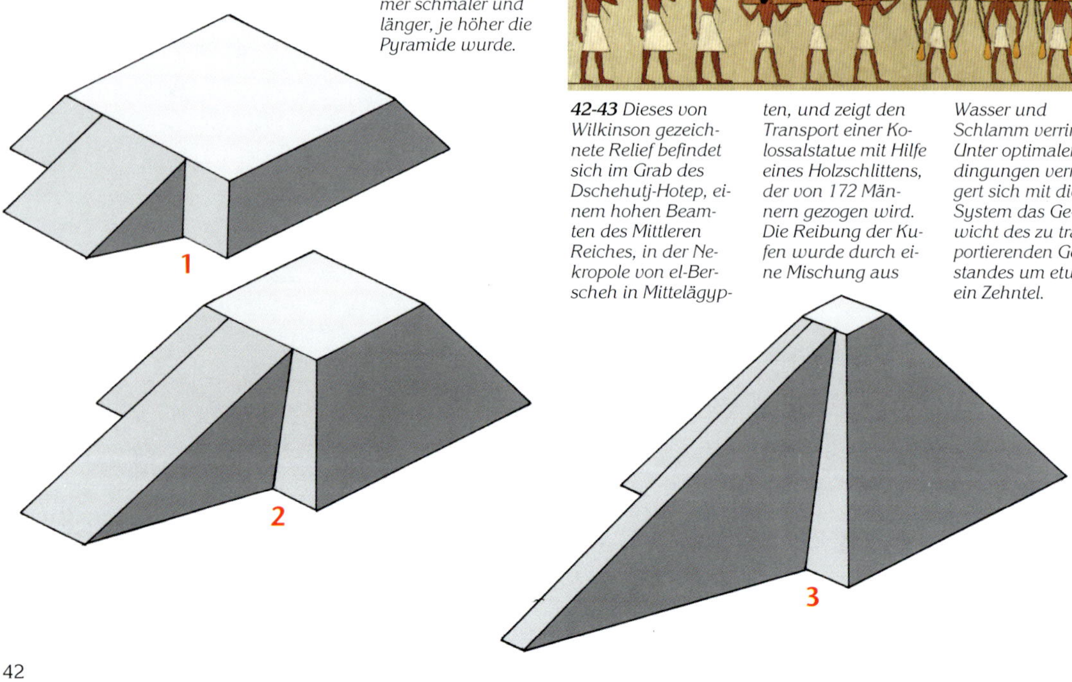

gesehen waren mit einbezogen wurden – ging man über zur Vorbereitung des Geländes, seiner Nivellierung. Parallel dazu errichteten andere Arbeitsgruppen einen richtigen „Pyramidenhafen“ an einem Kanal, der eigens vom Nil abgeleitet worden war, um als Kommunikationsweg zu den Nekropolen zu dienen. Die Pyramidenbaustelle wurde von Anfang an durch eine oder mehrere Rampen mit den Kaianlagen des Hafens verbunden, über die die Schlitten mit den herbeigeschifften Blöcken leicht zu dem Bauwerk transportiert werden konnten. Gleichzeitig waren bereits Steinbrecher in den großen Kalksteinbrüchen von Tura bei der Arbeit. Tura lag am gegenüberliegenden Ufer des Nils zwischen den heutigen Kairoer Stadtvierteln Maadi und Helwan, er war berühmt für die hohe Qualität seines weißen Kalksteins, mit dem fast alle Pyramiden verkleidet waren. Am Boden wurden alle genauen Positionen der Seiten und der Ecken der Pyramide markiert, nachdem mit großer Präzision der wahre Norden bestimmt worden war. Dies geschah durch die Beobachtung des Großen Bären, den die Ägypter *mesechtiu* nannten, und der Konstellation des *sah*, der dem Orion entsprach. Im Fall der Cheops-Pyramide war die Ausrichtung nach Norden mit einer Abweichung von nur 3'6'' bestimmt worden.

Dies war der Zeitpunkt der Gründungsfeierlichkeiten: Nachdem der König an den Eckpunkten Holzpflöcke in den Boden getrieben hatte, führte er das seit der 2. Dynastie bezeugte Gründungsritual durch, das darin bestand, ein Seil zwischen die Eckpfeiler zu spannen. Nach der Reinigung der zukünftigen Kultstätte grub der König Amulette und andere Gründungsbeigaben in einen kleinen Graben ein (dépôt de fondation) und ließ dann den ersten Steinblock setzen. Danach begannen

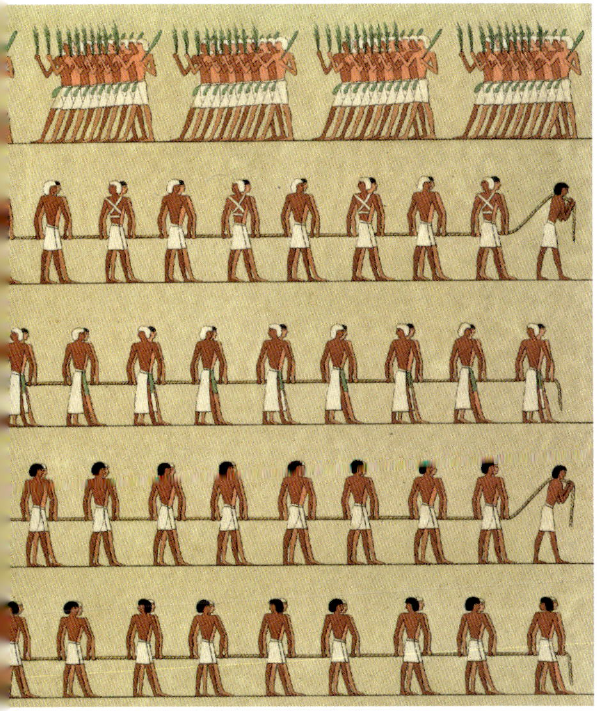

43 unten links
Schematische Zeichnung eines Schaukelschlittens, eines der Geräte, die vielleicht verwendet wurden, um die Felsblöcke anzuheben. Die Meinungsverschiedenheiten darüber, auf welche Weise und mit welchen Hilfsmitteln die Blöcke in die Höhe gebracht wurden, dauern bis heute an.

43 unten rechts
Dieser Gegenstand aus dem Neuen Reich wurde als verkleinertes Modell eines Schaukelschlittens interpretiert. Ähnliche Modelle sind allerdings nie in Gräbern des Alten Reiches gefunden wurden, und es bestehen zahlreiche Zweifel über die tatsächliche Funktion dieser Maschinen. (Kairo, Ägyptisches Museum)

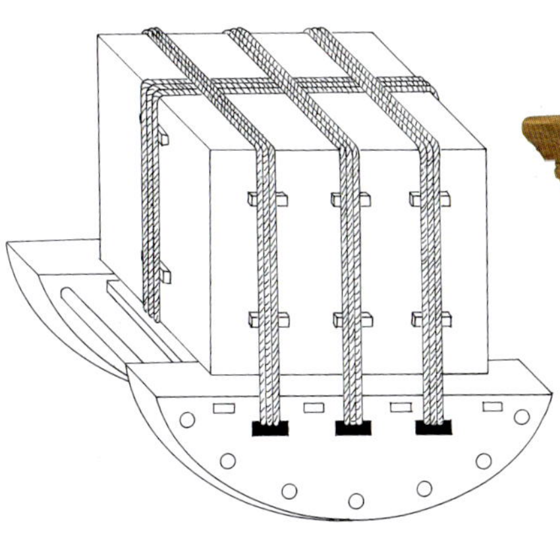

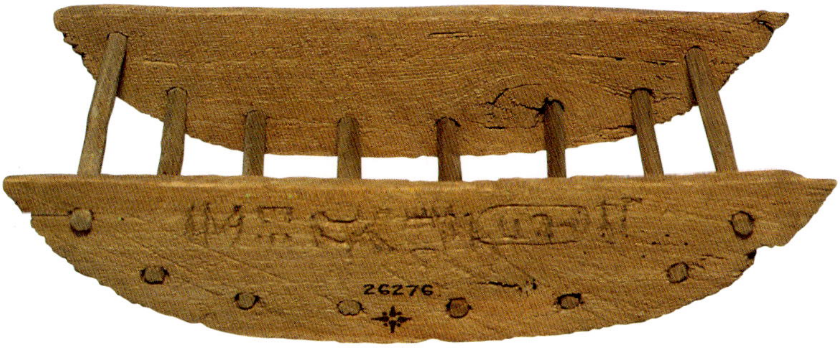

die eigentlichen Bauarbeiten, die von verschiedenen Arbeitergruppen durchgeführt wurden, deren Namen man auf einigen Blöcken der Cheops-Pyramide eingemeißelt fand. Sie bereiteten den Kern der Pyramide vor, legten die Ecksteine und die Verkleidungsblöcke, bauten die Grabkammern und die Rampen, die es ermöglichten, die Kalksteinblöcke bis auf den Gipfel der Pyramide zu transportieren.
Die unzähligen Theorien über die Bauweise dieser Rampen lassen sich in zwei grundlegende Gruppen einteilen: Zum einen die Theorie, die von einer geraden, im rechten Winkel auf eine der Seiten der Pyramide treffende Rampe ausgeht, zum anderen die auf einer spiralförmig um die Pyramide herum gebauten Rampe basierende Theorie. Jede ist in unzähligen Varianten durchgespielt und mit guten Argumenten gestützt worden.
Erst kürzlich wurde noch eine weitere Theorie vorgeschlagen, wonach anfangs mehrere kleine, rings um die Pyramide herum angeordnete Rampen eingesetzt wurden und später in der Bauphase der Übergang zu einer einzigen geraden Rampe stattfand, die ihren Halt an einer Seite der Pyramide fand. Es ist noch nicht einmal bekannt, aus welchem Material die Rampen gebaut waren, auch wenn es aus mehreren Gründen wahrscheinlich ist, dass ungebrannte Nilschlammziegel verwendet wurden, die durch Palmstämme verstärkt wurden. Mit Sicherheit weiß man aber anhand von Reliefs aus Gräbern jener Zeit, dass die Blöcke, die die große Baumasse der Pyramide ausmachten, mit Hilfe von Holzschlitten über die Rampen nach oben befördert wurden, deren Kufen geschmiert wurden, um den Reibungswiderstand zu verringern. Bei dem Versuch, zu erklären, auf welche Weise die Blöcke angehoben wurden, vermutete man neben der Verwendung einfacher Hebel auch, dass maschinenartige Hebelsysteme eingesetzt wurden – von denen auch Herodot sprach (Historiae, II, 125) –, so etwa das „Croonsche Hebeverfahren durch Aufhängung“ oder der Rocker, eine Art Schaukelschlitten, von dem in Gräbern des Neuen Reiches einige Modelle gefunden wurden. Wenn die großen Kalksteinblöcke aufgebaut waren, wurde das Kernmauerwerk mit einer Verkleidung aus sorgfältig gearbeiteten Blöcken aus Tura-Kalkstein überzogen, die heute leider nur noch im oberen Bereich der Chephren-Pyramide sichtbar ist. Auf der Spitze der Pyramide wurde schließlich noch ein Schlussstein aus Granit oder Basalt, das sogenannte Pyramidion, aufgesetzt. Berechnungen haben ergeben, dass der Schlussstein der Cheops-Pyramide etwa sieben Tonnen gewogen haben musste.

44 oben *Dieses Relief aus dem Grab des Rechmire (Theben, TT 100) zeigt, wie die luftgetrockneten Nilschlammziegel mit Hilfe von kleinen Holzformen hergestellt wurden, eine Technik, die in Ägypten bis heute angewandt wird.*

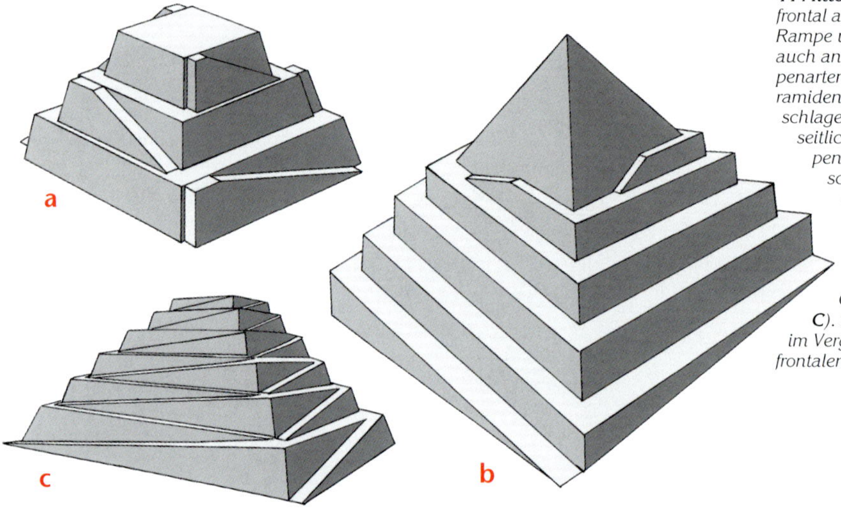

44 Mitte *Neben der frontal angelehnten Rampe wurden auch andere Rampenarten für den Pyramidenbau vorgeschlagen, wie die seitlichen Rampen nach Hölscher (**A**) oder die spiralig umlaufende Rampe nach Goyon (**B**, **C**). Diese bietet im Vergleich zur frontalen den Vorteil, dass sie kleiner ist, hat aber den Nachteil, dass die Blöcke um eine Ecke herum transportiert werden müssen. Das Problem bei der Verwendung von Rampen lag jedoch darin, dass es sich dabei um riesige Bauten handelte, deren Baumasse kaum geringer war als die der Pyramide, und dass sie in jedem Fall nach Beendigung der Bauarbeiten abgetragen werden mussten.*

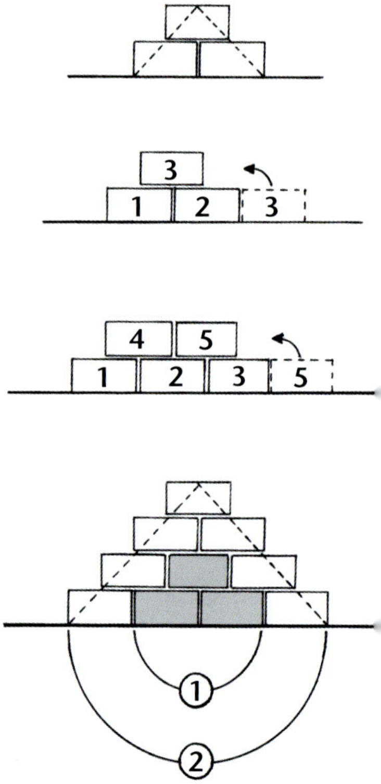

Die Pyramidenstadt und ihre Arbeiter

Die Präzision, mit der die Pyramiden erbaut worden sind, lässt vermuten, dass neben den Astronomen, Landvermessern, Architekten und Baumeistern auch geschulte Arbeiter an den Bauarbeiten beteiligt waren. Im Gegensatz zu der Auffassung Herodots waren weniger Sklaven als vielmehr Bauern als Hilfsarbeiterschaft eingesetzt. Wahrscheinlich waren die Arbeiter zu diesem Dienst verpflichtet. Die Lebensbedingungen auf der Pyramidenbaustelle waren sicherlich hart, schon allein aufgrund der ungeheuren Steinmassen, die dort bewegt wurden, aber die Arbeiter bekamen dreimal täglich zu essen und hatten alle zehn Tage einen Tag frei.

Man weiß noch sehr wenig über das soziale Leben dieser Gemeinschaft aus Arbeitern, die in nahe gelegenen Siedlungen gewohnt haben mussten, den sogenannten Pyramidenstädten. 2,4 Kilometer östlich von der Cheops-Pyramide und von der wenige hundert Meter südlich der Pyramide gelegenen Nekropole wurde erst in jüngster Zeit die Basaltmauer einer solchen Pyramidenstadt entdeckt.

Die Erforschung der entdeckten Gräber, zur Zeit handelt es sich dabei etwa um 60, die fast durchgängig zu Baumeistern und höher gestellten Personen gehörten, wird mit Sicherheit ein neues Licht auf den noch wenig bekannten Bereich der Arbeitsorganisation werfen.

45 links *Auf den Wandmalereien im Grab des Rechmire (Neues Reich, 19. Dynastie) ist dargestellt, wie die großen Statuen behauen wurden. Die Technik dürfte sich von der im Alten Reich angewandten nicht allzu sehr unterscheiden.*

45 rechts *Dieses in Gizeh entdeckte Kupferwerkzeug wurde wahrscheinlich zur Zeit der 4. Dynastie verwendet, um den Kalksteinfelsen zu durchbohren. (London, Petrie Museum)*

44 unten rechts *Nach Crozat wurden beim Bau der Pyramide äußere Schichten über einen inneren Kern gebaut. Bei dieser Vorgehensweise würde sich die Funktion der für den Bau der verschiedenen Schichten verwendeten Blöcke ändern, denn die Außenblöcke würden so zu Stützblöcken. Dies würde erklären, wieso Herodot denselben Steinblock mit verschiedenen Namen bezeichnet:* bomides *und* krossai *(vgl. Historiae, II, 125). Die Verwendung von auf den Stufen stehenden Hebeln oder Maschinen mit „kurzen Hölzern“, von denen Herodot spricht, würde es ermöglichen, die Kalksteinblöcke mit einem mittleren Gewicht von 2,5 Tonnen anzuheben und zu verlegen. Dies wäre ein praktisches und vor allem kostengünstiges Verfahren gewesen, da sich der Bau einer äußeren Rampe erübrigt hätte.*

Die Pyramiden und die Nekropolen von Gizeh

PLAN DES GRÄBERFELDES VON GIZEH

a. *Cheops-Pyramide*
b. *Königinnenpyramiden*
c. *Westfriedhof*
d. *Ostfriedhof*
e. *Überreste des Totentempels des Cheops*
f. *Bootsgruben für die Sonnenschiffe*
f1. *Museumsbau für das Sonnenschiff*
g. *Chephren-Pyramide*
h. *Totentempel des Chephren*
i. *Aufweg*
j. *Sphinx*
k. *Taltempel*
l. *Sphinx-Tempel*
m. *Grabdenkmal der Königin Chentkaues*
n. *Mykerinos-Pyramide*
o. *Totentempel des Mykerinos*
p. *Überreste des Aufwegs*
q. *Überreste des Taltempels*

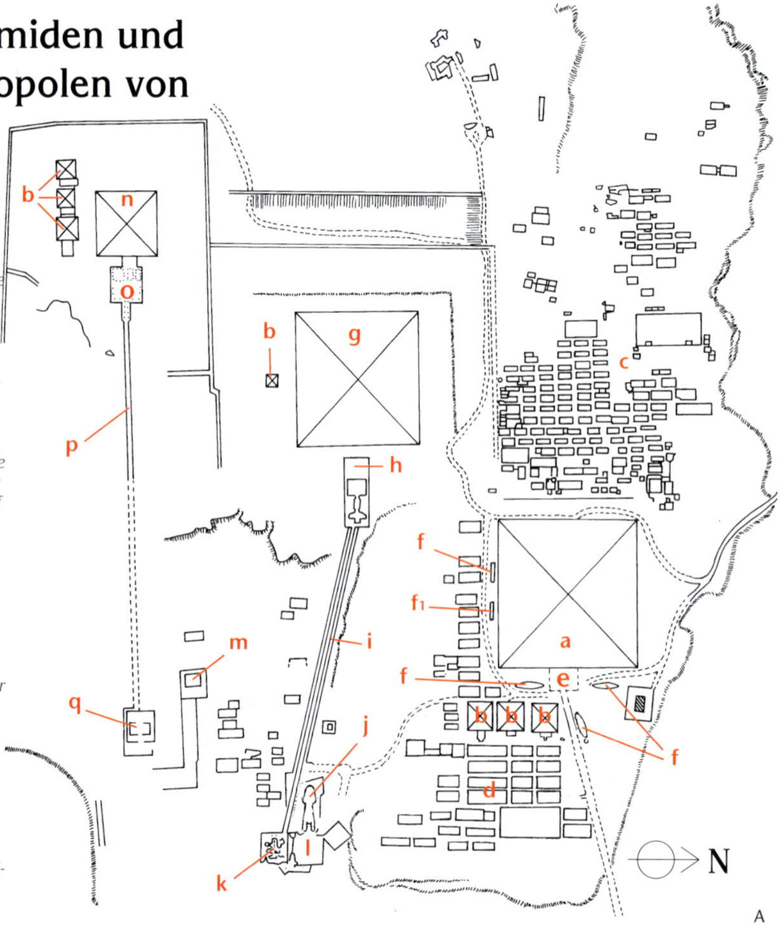

A

REKONSTRUKTION DES GRÄBERFELDES VON GIZEH, ENDE DER 4. DYNASTIE (NACH STADELMANN, VERÄNDERT)

a. *Cheops-Pyramide*
b. *Königinnenpyramiden*
c. *Westfriedhof*
d. *Ostfriedhof*
e. *Überreste des Totentempels des Cheops*
f. *Bootsgruben für die Sonnenschiffe*
g. *Aufweg*
h. *Taltempel des Cheops*
i. *Palast des Cheops und Pyramidenstadt*
j. *Chephren-Pyramide*
k. *Totentempel des Chephren*
l. *Sphinx*
m. *Taltempel des Chephren*
n. *Sphinx-Tempel*
o. *Grabdenkmal der Königin Chentkaues*
p. *Mykerinos-Pyramide*
q. *Totentempel des Mykerinos*
r. *Taltempel des Mykerinos*
s. *Hafenanlagen*
t. *Wohngebäude*
u. *Feld der Arbeiter*

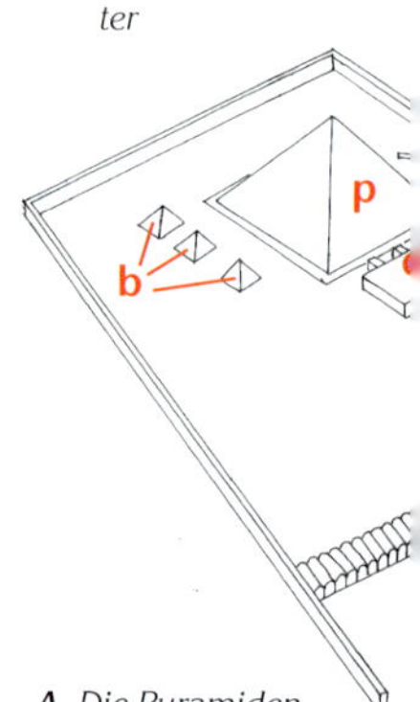

Wenige Kilometer südlich von Kairo erhebt sich ein Steilhang aus Kalkstein. Jenseits davon beginnt ein sandiges, wüstenhaftes Hochplateau, das von den gigantischen und unverwechselbaren Umrissen der letzten heute noch existierenden Monumente jenes Verzeichnisses beherrscht wird, das Philon von Byzanz auf Anregung des griechischen Gelehrten Kallimachos im 3. Jh. v. Chr. erstellte, und das unter dem Namen „Die sieben Weltwunder der Antike" berühmt wurde: Die Große Pyramide des Cheops mit den Pyramiden des Chephren und des Mykerinos sowie der großen Sphinx.
Die alten Ägypter nannten diesen Ort, über den noch heute ein Hauch von Zauber und Geheimnis schwebt, wo alle Geräusche und Stimmen aus der Stadt plötzlich einer großen Stille Platz machen, *Imentet,* „der Westen", oder auch *Cher neter,* „die Nekropole". Zweitausend Jahre später übernahm dieser Platz den Namen eines na-

B

A Die Pyramiden von Gizeh von Süden aus gesehen. Im Vordergrund erkennt man die Königinnenpyramiden und die Pyramide des Mykerinos.

B Die Cheops-Pyramide von Südosten aus gesehen mit dem Museumsbau für das Sonnenschiff, den Königinnenpyramiden und dem Ostfriedhof. Im Vordergrund sieht man die Sphinx und den Taltempel des Chephren.

hegelegenen Dorfes, das heute ein bevölkerungsreiches Viertel von Kairo ist, Gizeh.
Gizeh war die nördlichste Nekropole des Gebietes von Memphis und wurde in der Zeit der 4. Dynastie, als die großen Pyramiden gebaut wurden, auch zur bedeutendsten. Hier sind auch schon Grabstätten aus den ersten drei Dynastien bezeugt. Aufgrund der berühmten und eindrucksvollen Pyramiden wurde dieser Ort zum Wahrzeichen Ägyptens schlechthin; zusammen mit dem Tal der Könige ist Gizeh das begehrteste Ziel von Touristen aus aller Welt. Die Pyramiden und die Sphinx sind zwar in Gizeh die berühmtesten Bauwerke, dennoch sollte nicht vergessen werden, dass sich hier auch eine riesige private Nekropole erstreckt, die hauptsächlich aus Grabanlagen von Würdenträgern der 4. Dynastie besteht, deren Wandmalereien von höchstem künstlerischen Interesse sind.

C *In einigen Gräbern in Gizeh fand man Skulpturen, die die Gesichtszüge des Verstorbenen trugen. Man nimmt an, dass sie als „Reserveköpfe" bei dem von den Ägyptern gefürchteten Verlust des Kopfes dienen sollten. Dieser Kopf stellt ein Mitglied der Familie des Chephren dar. (Kairo, Ägyptisches Museum)*

D *In Gizeh wurden viele kleine bemalte Kalkstein-Statuen vor allem aus der 5. Dynastie gefunden, die Momente des Alltags aufgreifen. Diese Abbildung zeigt eine Frau, die Gerste für die Herstellung von Bier vorbereitet. (Kairo, Ägyptisches Museum)*

C

D

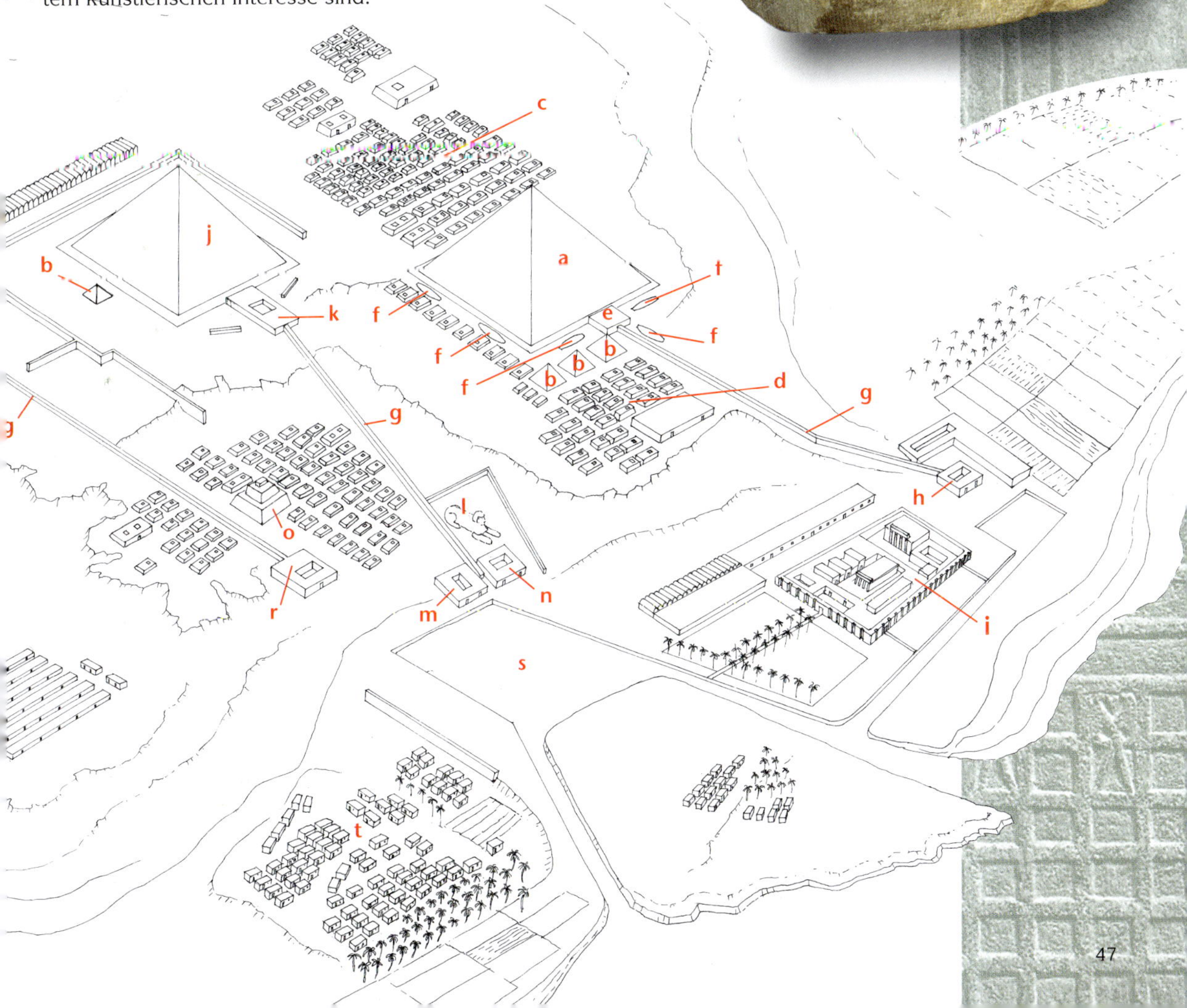

Die Cheops-Pyramide (Chufu)

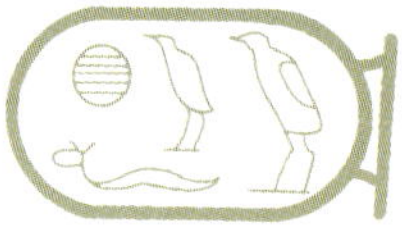

Name in der Antike: „Horizont des Cheops“
Ursprüngliche Höhe: 146,6 m
Heutige Höhe: 138,75 m
Basislänge: 230,37 m
Neigungswinkel: 51°50’40’’
Geschätztes Volumen:
2 521 000 Kubikmeter

A

Dieses auch als „Große Pyramide“ bekannte Bauwerk wurde von König Chufu, dem Sohn Snofrus erbaut, der durch Herodot unter seinem griechischen Namen als Cheops bekannt ist; seine Regierungszeit betrug etwa 23 Jahre. Schon in der Antike bewunderte man dieses erstaunliche Bauwerk. Für den Bau wurden 2 300 000 Kalksteinblöcke mit einem Durchschnittsgewicht von zweieinhalb Tonnen verwendet, die ursprünglich auf 210 Lagen angeordnet waren. Die mittlere Höhe eines Blocks beträgt etwa 50 cm, es gibt auch Steinblöcke, die bis zu 150 cm hoch sind, sonderbarerweise sie sind gerade auf den obersten Lagen zu finden.
An der nördlichen Seite fällt ein großer, in den Baukörper geschlagener Stollen auf. Der darüberliegende ursprüngliche Eingang, befindet sich auf der dreizehnten Lage, in einer Höhe von etwa 15 Meter. Der Eingang führt zu einem 1,20 Meter hohen, absteigenden Gang, der sich nach 18 Metern gabelt: Der obere Teil führt weiter in den aufsteigenden Gang, der an

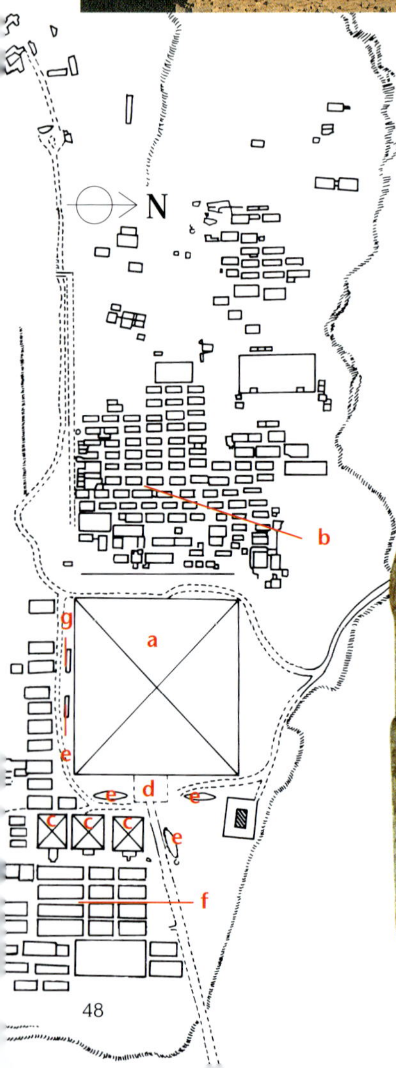

Plan der Pyramiden-Anlage des Cheops

a. *Cheops-Pyramide*
b. *Westfriedhof*
c. *Königinnenpyramiden*
d. *Totentempel*
e. *Bootsgruben der Sonnenschiffe*
f. *Ostfriedhof*
g. *Museumsbau für das Sonnenschiff*

B

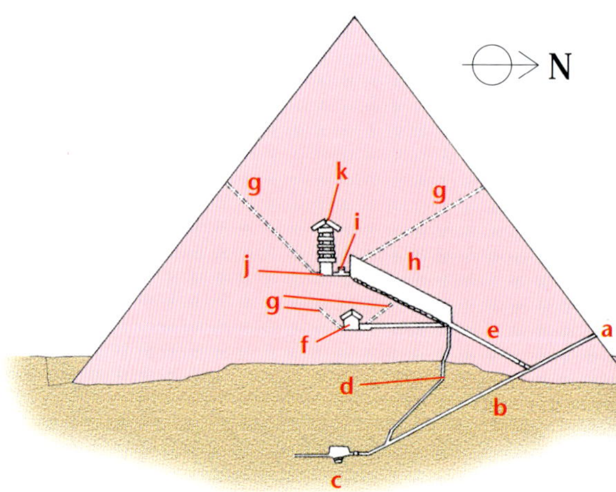

A *Die Spitze der Cheops-Pyramide wirkt ohne ihr Pyramidion wie ein kleiner quadratischer Platz aus Steinblöcken, auf denen die Namen vieler Reisender eingeschnitten sind.*

B *Diese 7,5 cm hohe Sitzfigur aus Elfenbein ist die einzige bisher bekannte Darstellung des Cheops, sie stammt aus Abydos. (Kairo, Ägyptisches Museum)*

D

C

C *Die Fotografie zeigt die Cheops-Pyramide von Südwesten aus gesehen. Im Vordergrund erkennt man die geradlinig angeordneten Mastabas der westlichen Nekropole; rechts, an der Südseite der Pyramide ist der bootsförmige Museumsbau für das Sonnenschiff zu sehen, hinter dem sich die drei Königinnenpyramiden und der Ostfriedhof befinden. Im Hintergrund sieht man am Fuße des Hochplateaus den grünen Bereich des Golf Clubs und die südlichen Stadtviertel von Kairo.*

D *Vor der südlichsten der drei Nebenpyramiden der Cheops-Pyramide, die der Königin Henutsen zugeschrieben wird, befindet sich ein kleiner, der Isis geweihter Tempel.*

E *Der ursprüngliche Eingang der Cheops-Pyramide mit einem doppelten Gewölbe, befindet sich auf einer Höhe von etwa 15 Meter; weiter unten liegt der Eingang, den der Kalif El-Mamun im 9. Jh. in die Pyramidenwand getrieben hat, und über den heute die Touristen in das Bauwerk gelangen.*

Querschnitt der Cheops-Pyramide

- **a.** *Eingang*
- **b.** *Absteigender Gang*
- **c.** *Felsenkammer*
- **d.** *Arbeitsschacht*
- **e.** *Aufsteigender Gang*
- **f.** *Königinnenkammer*
- **g.** *Luftschächte*
- **h.** *Große Galerie*
- **i.** *Vorraum*
- **j.** *Königskammer*
- **k.** *Entlastungskammern*

E

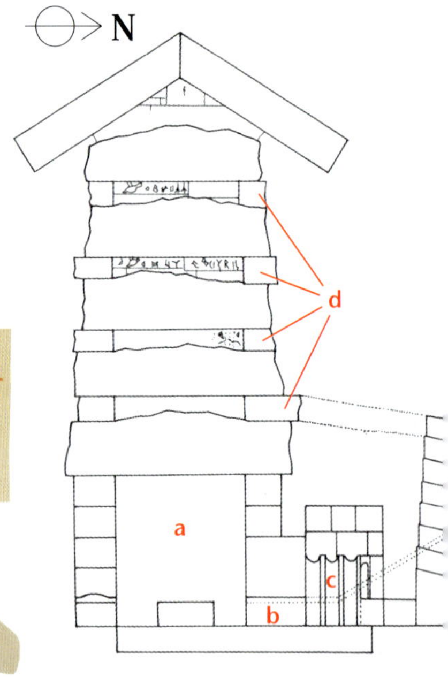

A

50 oben links *Auf den Wänden der obersten Entlastungskammer, die Vyse und Perring 1837 entdeckten, fand man Inschriften mit der Kartusche des Chufu, dem eigentlichen Namen des Königs, den erst die Griechen Cheops nannten, sowie das Jahr seines Regierungsbeginns. Hierbei handelt es sich um die einzigen bisher bekannten Inschriften in der ganzen Pyramide.*
(Aus „Denkmäler aus Ägypten und Äthiopien“, Richard Lepsius)

50 oben rechts *Oberhalb der Königskammer **A** mit dem davor liegenden Vorraum **B**, in dem eine Verschlussvorrichtung aus drei granitenen Fallsteinen **C** vorhanden war, befinden sich die sogenannten „Entlastungskammern“ **D**, ein System aus übereinander liegenden Hohlräumen, das wahrscheinlich dazu diente, den Druck auf die Decke der Königskammer zu verringern.*

B

dieser Stelle von drei großen granitenen Fallsteinen versperrt war, der untere Teil endet nach weiteren 91 Metern in einer unterirdischen Felsenkammer, die unvollendet blieb. Vielleicht aufgrund von technischen Problemen, vielleicht aber auch aus rituellen Gründen. Die Kammer symbolisierte den Wohnsitz von *sokar*, dem Herrn über den Eingang zur Unterwelt.
Der heutige Eingang befindet sich auf der Höhe der Grundfläche und trifft dann dort wieder auf den ursprünglichen Gang, wo dieser sich auf der anderen Seite der Granitsperre mit dem aufsteigenden Gang verlängert, der nach 38 Me-

C

A Nicht weit entfernt von der südöstlichen Ecke der Cheops-Pyramide befindet sich die Grabanlage des Seschemnefer, einem hohen Würdenträger, der am Ende der 4. Dynastie lebte; vor der Kapelle liegt ein Vestibül mit zwei Säulen.

B Die Cheops-Pyramide von Nordwesten aus gesehen. Im Vordergrund sieht man auch einige der Privatgräber der westlichen Nekropole.

C Die Große Galerie ist 47 Meter lang und 8,48 Meter hoch. Ihr Kraggewölbe, eine Bauform, die hier zum letzten Mal eingesetzt wurde, gilt als Meisterwerk der Architektur des Alten Reiches. Die genaue Bedeutung dieser Anordnung ist noch nicht eindeutig geklärt.

Räumliche Darstellung der Cheops-Pyramide

- a. Eingang
- b. Absteigender Gang
- c. Felsenkammer
- d. Arbeitsschacht
- e. Aufsteigender Gang
- f. Königinnenkammer
- g. Luftschächte
- h. Große Galerie
- i. Vorraum
- j. Königskammer
- k. Entlastungskammern

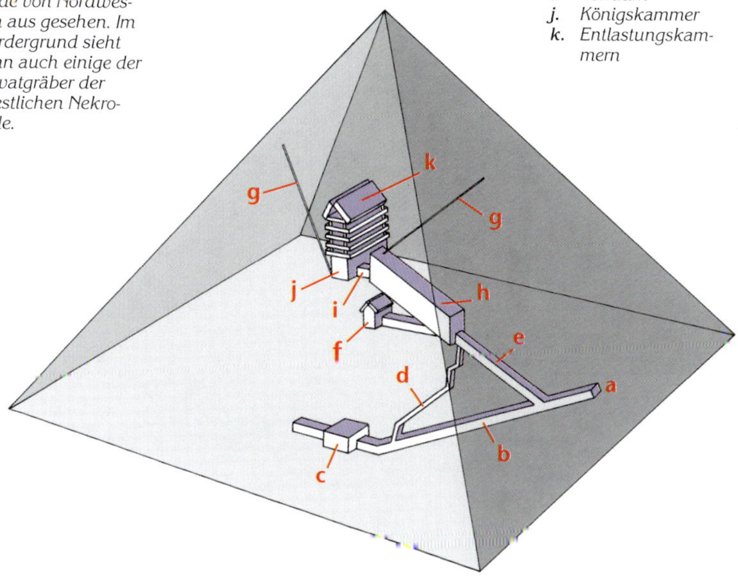

tern zur Großen Galerie führt. Am Beginn der Großen Galerie zweigen zwei Öffnungen ab, die eine stellt eine zweite horizontale Galerie dar, die zur sogenannten „Königinnenkammer" führt, die andere einen 60 Meter langen gewundenen Stollen, der mit dem absteigenden Gang verbunden ist. Man hat angenommen, dass dieser Stollen dafür geplant war, dass die Arbeiter nach dem Versperren der Grabkammer mit den Verschlussblöcken wieder nach draußen gelangen konnten.
Die Große Galerie ist eines der architektonischen Meisterwerke des antiken Ägyptens. Sie ist 47 Meter lang und 8,48 Meter hoch, die Steinblöcke ihrer vorspringenden Seitenwände sind so präzise übereinander gebaut, dass jede Lage etwa sechs Zentimeter über die darunter liegende herausragt. Die Galerie endet in einem Vorraum, der ursprünglich einmal mit weiteren Fallsteinen verschlossen war, er führt in die sogenannte Königskammer: Diese Grabkammer misst in der Länge 10,45 m, in der Breite 5,20 m und ist 5,80 m hoch, an der westlichen Wand befindet sich der Sarkophag, der weder Verzierungen noch Inschriften aufzeigt. Die Decke besteht aus neun Granittafeln, deren Gesamtgewicht auf 400 Tonnen geschätzt wurde, darüber befindet sich ein komplexes System aus fünf übereinander gebauten Hohlräumen, sogenannte Entlastungskammern. Diese Kammern dienten dazu, das Gewicht des auf der Decke der Sarkophagkammer ruhenden Mauerwerks zu verringern. In der obersten dieser Entlastungskammern fanden Vyse und Perring die einzige Inschrift der Pyramide: die Königskartusche von Cheops. Von der Nord- und von der Südseite der Grabkammer aus treten zwei sehr enge, gerade Stollen mit einem Durchmesser von 20 x 20 cm in einer Höhe von 71 und 53 Meter an den äußeren Seitenwänden der Pyramide heraus, die fälschlicherweise als „Belüftungsstollen" bezeichnet werden. Erst in jüngster Zeit haben Forschungen, die vom Deutschen Archäologischen Institut durchgeführt wurden, ergeben, dass sie allein eine rituelle Bedeutung hatten: Sie sollten den direkten Aufstieg der Seele des verstorbenen Königs erleichtern. Auch die Anordnung der drei übereinander gebauten Kammern (Felsenkammer, Köni-

D

D In der aus Granitblöcken gebauten Königskammer fand man nur einen monolithischen Sarkophag aus rotem Granit. Der an der westlichen Wand stehende Sarkophag ist 2,24 Meter lang und 0,96 Meter breit. Wegen seiner Größe geht man davon aus, dass er während der Bauphase in die Kammer gebracht wurde.

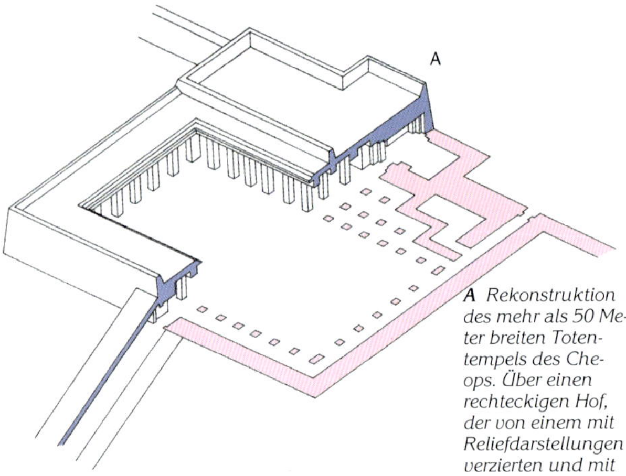

A *Rekonstruktion des mehr als 50 Meter breiten Totentempels des Cheops. Über einen rechteckigen Hof, der von einem mit Reliefdarstellungen verzierten und mit viereckigen Granitsäulen gestützten Portikus umgeben war, gelangte man in das Sanktuar (nach Stadelmann).*

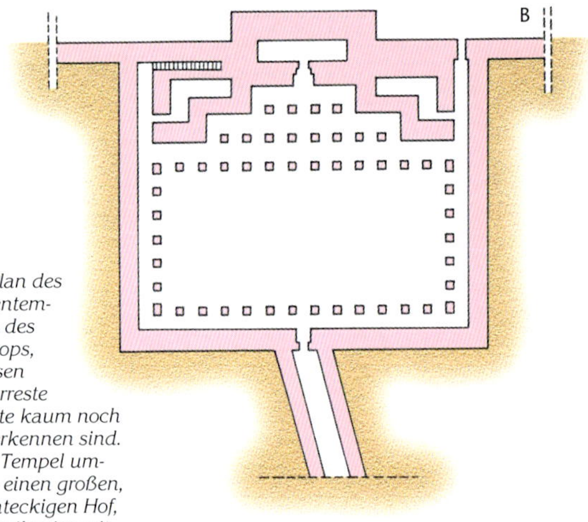

B *Plan des Totentempels des Cheops, dessen Überreste heute kaum noch zu erkennen sind. Der Tempel umgab einen großen, rechteckigen Hof, der teilweise mit Basaltplatten überdeckt war.*

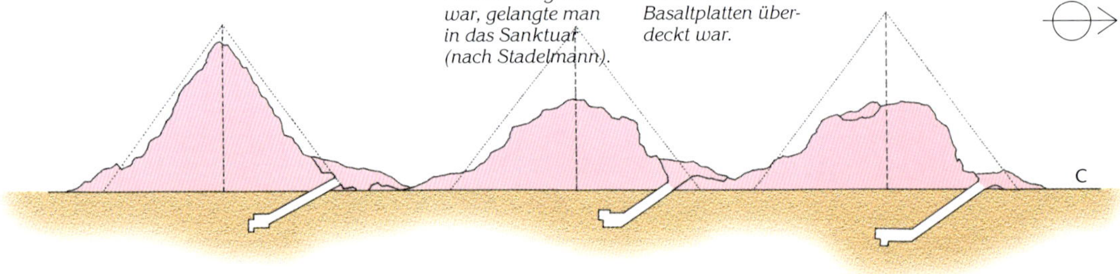

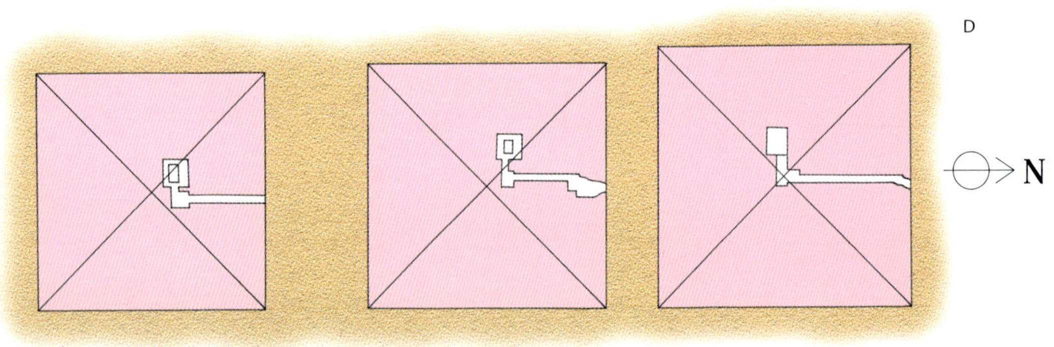

C *und* ***D*** *Querschnitt und Plan der drei Nebenpyramiden im Osten der Cheops-Pyramide, die von den Archäologen mit den Kennungen G1c, G1b und G1a versehen wurden. Sie werden der Königin Henutsen, Halbschwester des Cheops, der Meritetis und der Hetepheres, Mutter des Cheops, zugeschrieben. Nicht weit von der Pyramide entfernt befindet sich das Schachtgrab der Königin.*

E *An der Ostseite der Pyramide der Königin Henutsen steht ein der Isis, „Herrin der Pyramiden", geweihter Tempel, der während der 21. Dynastie vielleicht auf einer schon vorher bestehenden Kultstätte aus der 18. Dynastie gebaut wurde, die ihrerseits wiederum auf dem Gelände der Totenkapelle der Henutsen stand. Der Isis-Tempel wurde während der 26. Dynastie um eine Reihe von Kapellen erweitert, als das Gräberfeld von Gizeh seine Funktion als Nekropole zurück erlangte.*

ginnenkammer und Königskammer) scheint auf rituellen Erfordernissen zu beruhen.
Auf der Ostseite der Pyramide befinden sich zwei große Bootsgruben für die Königsbarken, und drei Königinnenpyramiden: Die südliche ist der Königin Henutsen, Tochter von Snofru und Halbschwester des Cheops, zuzuordnen, die mittlere der Meritetis und die nördlich gelegene der Königin Hetepheres, Mutter des Königs, in deren nahe gelegenen Schachtgrab, das die Expedition der Harvard University und des Boston Museum of Fine Arts unter der Leitung von G. A. Reisner im Jahr 1925 entdeckte, sich ein wundervoller Grabschmuck befand.
Von dem Totentempel sind nur wenige Fundamente übriggeblieben; sein Grundriss muss rechteckig gewesen sein mit einer Breite von 52,50 Meter. Vom Totentempel aus führte der 810 Meter lange Aufweg, der auf seinem Weg einen starken Richtungswechsel aufweist, zum Taltempel. Bei Ausgrabungen unter der Leitung von Zahi Hawass wurden 1990 die Fundamente und das Basaltpflaster des Taltempels 125 Meter von dem Punkt entfernt entdeckt, an dem sich der Aufweg nach Nordosten neigt.

F

F Im Jahr 1925 entdeckte der amerikanische Archäologe Reisner im Grab der Hetepheres, der Frau des Snofru und Mutter des Cheops, einen prachtvollen Grabschmuck, der heute im Museum von Kairo ausgestellt ist. Zu den zahlreichen Gegenständen gehörte auch dieser mit feinen Schnitzereien verzierte Holzstuhl.

G

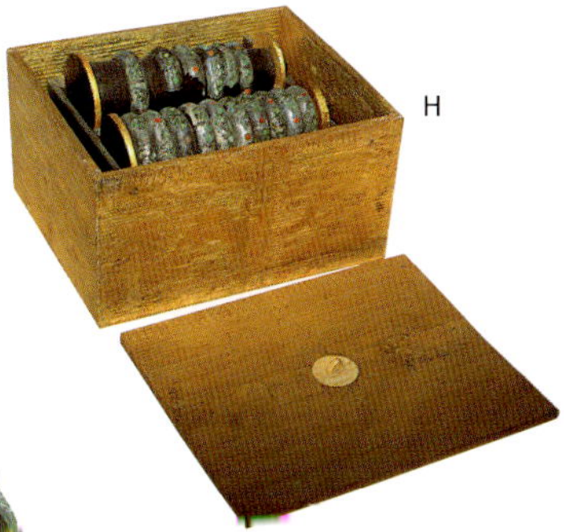

H

***G** und **H** Eines der bemerkenswertesten Gegenstände des Grabschmucks war diese mit Blattgold überzogene Sänfte, das bevorzugte Transportmittel der hohen Würdenträger. Auch eine kleine vergoldete Holzschachtel kam zum Vorschein, die zahlreiche Ringe enthielt.*

I

***I** Der Grabschmuck der Hetepheres enthielt auch drei Gegenstände aus massivem Gold, zu denen auch dieses krugähnliche Gefäß mit langer Tülle gehörte.*

J

***J** Auch dieses gut erhaltene Bett mit Kopfstütze (die Ägypter benutzten keine Kissen, sondern einfache, harte Stützen aus Holz oder anderen Materialien) gehörte zum Grabschmuck der Hetepheres.*

Das Sonnenschiff

A Gesamtansicht des Sonnenschiffes im Inneren des eigens dafür errichteten Museums. Mehr als zehn Jahre Arbeit waren nötig, um dieses gigantische Puzzle aus 1224 Teilen wieder zusammenzufügen.

B Das Museum für das Sonnenschiff an der Südseite der Cheops-Pyramide befindet sich genau über der Bootsgrube, in der das Schiff entdeckt wurde. Etwas weiter rechts befindet sich die intakte Bootsgrube eines zweiten Schiffes.

C Das Sonnenschiff des Cheops ist 43,4 Meter lang und 5,6 Meter breit: Metallteile waren beim Bau des Bootes nicht vorgesehen, nur Seile und Holzdübel.

D Auch an der Ostseite der Pyramide befinden sich drei große Bootsgruben: Es ist nicht genau bekannt, ob sie für echte Boote vorgesehen waren oder ob sie selbst Abbilder von Booten waren.

A

B

C

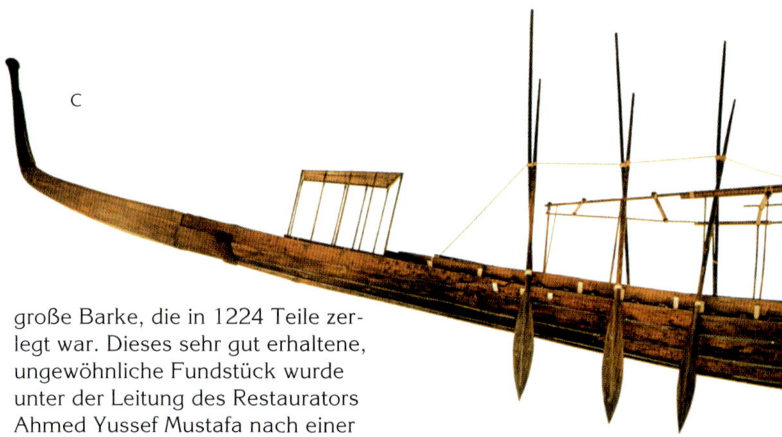

D

Barken dienten nicht nur der Fortbewegung oder der Fischerei und der Jagd, sie hatten auch und vor allem eine symbolische Bedeutung, denn sie waren das Fortbewegungsmittel der Götter. Gott Amun fuhr während der großen Prozessionen auf seiner Heiligen Barke und der Sonnengott Re überquerte jeden Tag auf seiner „Millionenjahrbarke“ den Himmelsozean, um das Gleichgewicht der Jahreszeiten und das sich auf ewig wiederholende Aufeinanderfolgen von Tag und Nacht zum Wohle der Menschheit sicherzustellen. Der Pharao, Sohn des Re, folgte dessen himmlischen Weg, und benötigte daher ebenfalls eine Barke, um über den Himmel zu fahren. Die Bootsgruben, die an der Ostseite der Pyramide gefunden wurden, bezeugen das Vorhandensein solcher Boote schon in der Antike. Im Mai 1954 entdeckten der junge ägyptische Architekt und Archäologe Kamal el-Mallakh und Zaki Nur bei Säuberungsarbeiten an der Südseite zwei neue, hermetisch versiegelte rechteckige Gruben, die von etwa vierzig riesigen Kalksteinblöcken mit einem Gewicht von jeweils 17 bis 20 Tonnen verschlossen waren. Die nördlicher gelegene Grube wurde geöffnet: In ihrem Inneren fand man eine große Barke, die in 1224 Teile zerlegt war. Dieses sehr gut erhaltene, ungewöhnliche Fundstück wurde unter der Leitung des Restaurators Ahmed Yussef Mustafa nach einer mehr als zehn Jahre dauernden Restaurierung im Jahr 1968 wieder vollständig zusammengesetzt. Am Ende dieser langen Arbeit erstrahlte die königliche Barke, deren Beplankung ohne die Verwendung von Nägeln oder sonstigen Metallteilen verbunden war, in seiner ganzen Anmut, so wie es 4500 Jahre zuvor geplant und gebaut worden war: Die Form der Barke, mit stark erhöhtem Bug und Heck, schien den Papyrusbooten nachgebildet zu sein. Die Gesamtlänge der aus Libanonzeder gebauten Königsbarke betrug 43,4 Meter, die Breite 5,6 Meter und ihr Tiefgang nur 1,5 Meter, dies machte sie nur für die Schifffahrt auf dem Fluss tauglich. Auf dem Boot be-

E Dieses Bild ist mit Hilfe einer Mikrosonde aufgenommen worden, die durch ein Loch oberhalb der Bootsgrube eingeführt wurde, es beweist die Existenz eines ähnlichen Schiffes wie jenes, das 1954 freigelegt wurde. Es ist der Zusammenarbeit zwischen der Ägyptischen Altertümerverwaltung und der National Geographic Society zu verdanken, dass es möglich wurde, ein Bild der Bootsgrube zu erhalten, ohne diese zu öffnen.

E

F

G

F In Inneren dieser Grube, die mit jeweils 17 bis 20 Tonnen schweren Kalksteinblöcken verschlossen war, befand sich das zerlegte Sonnenschiff.

G Nachtaufnahme der Arbeitsstätte, die 1987 oberhalb der Bootsgrube eingerichtet wurde, in der sich das zweite, intakte Sonnenschiff des Cheops befindet.

fanden sich zwei Kioske, ein etwa neun Meter langer in der Mitte, und ein kleinerer, der wahrscheinlich die Kapitänskajüte war, im vorderen Teil. Für die Fortbewegung sorgten zehn Paar Ruder und für die Lenkung zwei große Steuerruder am Heck; auf einen Mastbaum gibt es allerdings keinen Hinweis, somit war die Möglichkeit ausgeschlossen, ein Segel zu hissen. Die restaurierte Barke ist heute in einem wenige Meter von ihrem Fundort entfernten, eigens erbauten Museum ausgestellt. Die Ägyptische Altertümerverwaltung beschloss, die zweite Grube nicht zu öffnen; ihr Inneres wurde 1987 mit einer speziellen Fotosonde fotografiert, die in Zusammenarbeit mit der National Geographic Society entwickelt wurde. Die Aufnahmen brachten zum Vorschein, dass sich im Inneren ein ähnliches Boot befindet wie in der ersten Grube. Über die Bedeutung der Barke des Cheops wurde lange diskutiert, ob sie einmal oder mehrmals auf dem Fluss gefahren war, ob es die Barke oder eine der Barken war, die Cheops während seiner Herrschaft benutzte, ob sie dazu bestimmt war, den Leichnam des verstorbenen Pharao zu seiner letzten Ruhestätte zu bringen oder eine rein symbolische oder rituelle Bedeutung hatte. Im letzten Fall wäre die Barke ein Teil der Grabbeigaben gewesen, genau wie unzählige andere Gegenstände, die zusammen mit dem König im Inneren der Pyramide bestattet wurden, um ihm auf seiner Reise ins Jenseits zur Verfügung zu stehen. Nach einem weiteren Versuch der Deutung, soll es sich um ein „Sonnenschiff" handeln, eine Nachbildung der Barke des Gottes Re. Es ist schwierig, eine eindeutige Antwort auf diese Fragen zu finden, denn es gibt nicht genügend Beweise, die es ermöglichen, den Bereich der Hypothesen zu verlassen. Den Pyramidentexten zufolge kann es allerdings keinen Zweifel geben: Am Ende seines irdischen Lebens bestieg die Seele des Pharaos das Sonnenschiff, um mit seinem Vater Re eins zu werden und ewig den Ozean der Zeiten zu überqueren.

Die Pyramiden von Gizeh

von Zahi Hawass

A In der Nähe der südöstlichen Ecke der Cheops-Pyramide brachten jüngste Ausgrabungen die Strukturen einer Kultpyramide zum Vorschein, deren innere Kammern „T"-förmig angeordnet sind und einen absteigenden Gang umfassen, der in einer rechteckigen Kammer ausläuft. Man weiß noch nichts Genaues über die Funktion der Kultpyramiden, aber es ist möglich, dass diese Gebäude während der Heb-Sed-Feierlichkeiten eine Rolle spielten.

A

Die Pyramiden von Gizeh, gebaut aus großen lokalen Kalksteinblöcken und verkleidet mit dem kostbaren weißen Tura-Kalkstein, stellen das bedeutendste Beispiel dieser Bauart dar. Die Bauherren der 4. Dynastie versetzen uns in Erstaunen mit den gigantischen Steinmengen, die sie für den Bau dieser größten Pyramiden und der weiträumigen Anlagen außerhalb der Pyramidenmauern verwendeten. Man kann sich nur schwer vorstellen, wie viele Arbeiter notwendig waren, um ein Bauvorhaben dieser Größenordnung zu verwirklichen. Die Pyramide des Cheops, genannt Achet-Chufu oder „Horizont des Cheops", ist das Herz des Gräberfeldes. Das Deutsche Archäologische Institut von Kairo hat in Zusammenarbeit mit den Behörden der Ägyptischen Altertümerverwaltung in Gizeh ein Belüftungssystem zur Erhaltung der Pyramide verwirklicht. Bei diesen Arbeiten führten wir einen Roboter durch den sogenannten Entlüftungsschacht der zweiten Kammer ein. Dieser drang 65 Meter weit in die Pyramide ein und wurde durch etwas gestoppt, was eine Tür mit zwei Kupferklinken zu sein scheint. Wir wissen noch nicht genau, ob es sich um eine Tür oder um einen Fallstein handelt. Weitere Untersuchungen sind hier notwendig.

Die Entdeckung des Aufweges und des Taltempels des Cheops

Während der Bauarbeiten eines neuen Abwassernetzes des am Fuß des Plateaus gelegenen Dorfes Nazlet es-Samman, entdeckten wir die Fortführung des Aufwegs des Cheops, dessen Basaltpflaster zum Teil noch erhalten ist, und Überreste des Taltempels. Die Gesamtlänge des Aufwegs von der Ostseite der Großen Pyramide bis zum Taltempel beträgt mehr als 810 Meter. Der Winkel des Aufwegs wich in der Nähe des Abhangs bereits leicht ab und knickt aber noch stärker ab, je mehr er sich dem unteren Tempel nähert. In der Fundstätte des Taltempes fanden wir über eine Länge von 56 Metern ein schwarz-grünes Basaltpflaster, das sich 14 Meter über dem Meeresspiegel befindet, also etwa 4,5 Meter unter dem heutigen Bodenniveau dieses Gebietes.
Am Rand des Pflasters entdeckten wir Teile einer bis zu acht Meter breiten Ziegelmauer. Die Anordnung der Basaltblöcke lässt vermuten, dass es sich bei diesem monumentalen Bau um die Überreste des Taltempels handelt. Östlich der Großen Pyramide stehen die drei Königinnenpyramiden: Die nördliche ist die der Mutter des Cheops, Hetepheres, dann folgt die der Königin Meritetes und schließlich die der Henutsen.

Die Entdeckung der Kultpyramide des Cheops

An der südwestlichen Ecke der Pyramide entdeckten wir eine Kultpyramide; wir hätten nie erwartet, hier noch eine Pyramide zu finden, denn das Gebiet galt nach den Ausgrabungen von Petrie im Jahr 1881 und den nachfolgenden Arbeiten im Jahr 1940 als archäologisch erschöpft. Die Kultpyramide hat einen T-förmigen Grundriss, ähnlich der Nebenpyramide des Chephren, die sich im Süden der zweitgrößten Pyramide von Gizeh befindet. Der Oberbau dieser Pyramide besteht nur aus etwa drei Lagen Kalkstein an einer Seite der Grabkammer. In der Grabkammer befanden sich nur zwei große Steinblöcke, einer von mittlerer Größe und ein kleinerer, außerdem war eine Vertiefung in den Boden geschnitten. Die Decke der Grabkammer scheint über die südliche und nördliche Mauer gewölbt gewesen zu sein. Südlich der Königinnenpyramiden mit den Kennzeichnungen G1a und G1b befinden sich Gruben, die für Schiffe vorgesehen waren. Die Bootsgrube südlich von G1b liegt in nächster Nähe zu G1d, der erst kürzlich entdeckten Pyramide. Aufgrund der räumlichen Nähe könnte man annehmen, dass dieses Schiff zur Kultpyramide gehörte. Das Problem bei dieser Überlegung ist, dass G1a eine Bootsgrube im Süden hat, und diese Bootsgrube südlich von G1b liegt, und dass an der Südseite von G1c (der südlichsten Pyramide) nichts gefunden wurde.

An der Ostseite der Cheops-Pyramide befindet sich die sogenannte Trialpassage. Dieser Schacht war als unterirdischer Bauteil der Kultpyramide des Cheops vorgesehen. Er wurde aufgegeben, weil der darüberliegende Tempel vergrößert wurde. Daraufhin wurde die Kultpyramide verlegt und an der südöstlichen Ecke der Cheops-Pyramide gebaut. Das Problem dabei ist, dass das Innere der Trialpassage ein genaues Modell der Korridore der Großen Pyramide ist, wenn auch verkürzt, und dass die Struktur unterhalb der neuen Kultpyramide dagegen einen T-förmigen Grundriss hat. Ich denke nicht, dass dies von Bedeutung ist, denn die Zeit unter Cheops war der Anstoß zu einer Fortentwicklung der architektonischen Elemente der Pyramiden des Alten Reichs und stellt eine experimentelle Übergangsphase dar. Es scheint also, als ob Platzmangel und Zeitdruck den T-förmigen Grundriss anstelle einer weiteren Trialpassage notwendig gemacht haben. Die Bedeutung der Kultpyramide ist nicht bekannt, seit langem diskutieren die Fachleute darüber. Zu den am häufigsten genannten Verwendungen der Kultpyramide gehören: Kenotaphe für Feierlichkeiten im Zusammenhang mit dem Sedfest, Beisetzung der Plazenta, Grabstätte für die Eingeweide, Sonnensymbole, zeitweise Lagerung des Leichnams und Grabstätte der Kronen. Die Südmastaba im Grabkomplex des Djoser ist der Prototyp der Kultpyramiden des Alten Reiches. Die Reliefs auf den Tafeln im Südgrab des Djoser stellen den König mit der Weißen Krone auf dem Haupt dar, während er mit der Geisel in der Hand läuft; diese Szenen des Südgrabes können als eine Darstellung des Sedfestes angesehen werden.

Ich möchte daher eine neue Theorie über die Funktion der Kultpyramide formulieren, nämlich dass diese als Umkleidekammer bei den Hebsed-Festlichkeiten diente. Die Wandreliefs in den Pyramiden-Anlagen des Alten Reiches zeigen eine Szenensequenz von großem Interesse auf: Die erste Szene stellt den König in seinem Palast mit den Beamten und Würdenträgern dar oder aber sie zeigt ihn in seiner Kapelle. Er trägt die Krone von Ober- und Unterägypten, um seine Macht über beide Gebiete zu symbolisieren, wobei er mit dem Festmantel gekleidet ist und die Geißel in der Hand hält. Auf der zweiten Darstellung sieht man den König in einen Schurz gekleidet bei einem Tanz oder einem Ritual des Sedfestes, wieder mit der Geißel in der Hand. Die letzte Szene dieser Reihe spielt sich ebenfalls in der Opferkammer ab und zeigt den König während er die Opfergaben und die Göttlichkeit empfängt. Er wird von allen Göttern akzeptiert und wird mit ihnen auf eine Stufe gestellt, denn er hat alles erfüllt, was die Götter von ihm auf Erden verlangt hatten und nun wird er dafür belohnt, indem er selber zum Gott wird.

Seine Pflicht ist es, eine Grabanlage für sich selbst und die Tempel für die Verehrung der Götter zu errichten, Ober und Unterägypten zu vereinigen, den Göttern Opfer zu bringen und die Feinde Ägyptens niederzuwerfen. Die Szenen des Sedfestes tauchen an den Wänden des Südgrabes auf, dem Vorbild der Kultpyramide. Auch in Reliefs der Pyramiden aus der 4., 5. und 6. Dynastie des Alten Reiches finden sich Szenen dieser Art. Man kann daher zu Recht davon ausgehen, dass es zwischen dem Sedfest und der Kultpyramide einen Zusammenhang gibt. Die Grabkammer der Kultpyramide wurde von dem König zum Umkleiden benutzt. Er zog sich dort in der Grabkammer den Festmantel aus und legte die Krone ab, um den Zeremonialschurz anzuziehen und die Geißel zu ergreifen. Danach trat er aus dem Eingang heraus, um draußen das Sedfest zu begehen, wobei er den Göttern verkündete, alle von ihnen gestellten Anforderungen erfüllt zu haben. Daher hatte die Kultpyramide während des Alten Reiches die Funktion einer Umkleide für die Rituale des Sedfestes.

__B__ In der Nähe der Kultpyramide wurde ein großer Kalksteinblock entdeckt, bei dem es sich um die Basis des Pyramidions handelte, das sich ursprünglich auf der Cheops-Pyramide befand. Das Pyramidion wurde durch Hinzufügen anderer Blöcke restauriert und vervollständigt.

B

Die Entdeckung des Pyramidions des Cheops

An der Südseite der Kultpyramide wurde ein großer Kalksteinblock mit drei abgeschrägten Seiten gefunden. Wir wussten, dass sich an der Nordseite noch das zum Quadrat fehlende Teil befinden musste: Alles zusammen bildete die Basis des Pyramidions. Wir hätten niemals daran gedacht, das fehlende Teil des Pyramidions zu finden, es wurde ein Jahr nach Entdeckung der Kultpyramide gefunden.

Die Pyramide des Chephren (Chaef-Re)

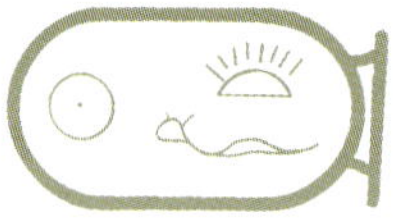

Name in der Antike: „Groß ist Chephren“
Ursprüngliche Höhe: 143,5
Heutige Höhe: 136,4 m
Basislänge: 215,25 m
Neigungswinkel: 53°10’
Geschätztes Volumen:
1 659 200 Kubikmeter

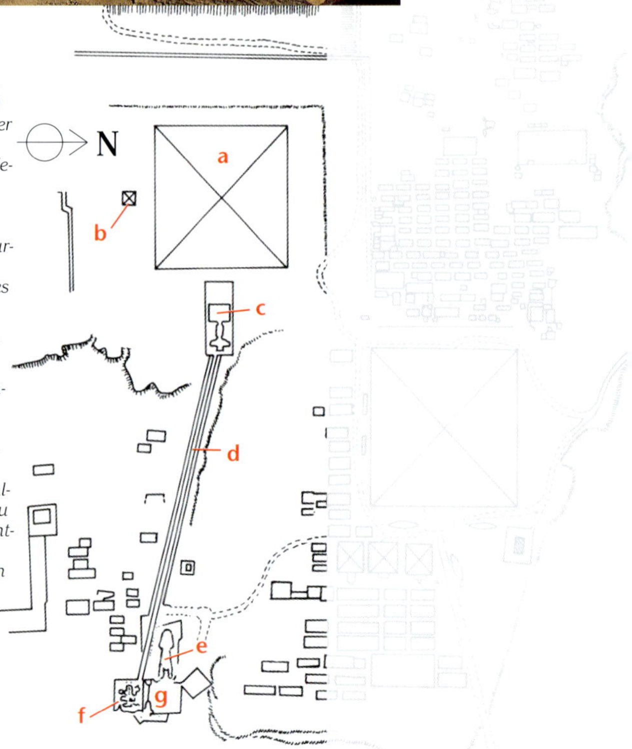

PLAN DER PYRAMIDEN-ANLAGE DES CHEPHREN

a. *Chephren-Pyramide*
b. *Überreste der Nebenpyramide*
c. *Totentempel*
d. *Aufweg*
e. *Sphinx*
f. *Taltempel*
g. *Sphinx-Tempel*

Die Pyramide von Chaef-Re, vierter König der 4. Dynastie, der von den Griechen Chephren genannt wurde, ist nur wenig kleiner als die Cheops-Pyramide, aber da sie auf einem höher gelegenen Plateau steht und ihre Seiten stärker geneigt sind, erweckt sie aus der Ferne den Eindruck, die größte der Pyramiden von Gizeh zu sein. Giovanni Battista Belzoni war der Erste der modernen Zeit, der im Jahr 1818 in die Chephren-Pyramide eindrang, nachdem sie bereits in der Antike und im 13. Jh. n. Chr. betreten worden war; als einzige Pyramide besitzt sie noch einen beträchtlichen Teil der ursprünglichen Außenverkleidung aus Tura-Kalkstein.

An der Nordseite sind zwei Eingänge. Der Erste befindet sich in einer Höhe von etwa zehn Metern über dem Erdboden und bildet den Zugang zum oberen Korridor, der

A Die berühmte Diorit-Statue des Chephren, die Mariette im Taltempel fand; Chephren, der Sohn des Cheops und der Königin Henutsen, war der Nachfolger seines Bruders Djedefre, der nur für sehr kurze Zeit herrschte. (Kairo, Ägyptisches Museum)

B Im Hinblick auf die Größe kommt die Chephren-Pyramide nahe an die Cheops-Pyramide heran; in ihrem Inneren aber ist sie völlig anders gestaltet. Den Eingang zu dieser Pyramide entdeckte Giovanni Battista Belzoni am 2. März 1818.

C An der Nordseite der Pyramide erkennt man außer den Stollen der Grabräuber, die zwei Eingänge zur Pyramide. Der erste, auf Bodenniveau, führt in den unteren Gang, der zweite bildet den Zugang zum oberen Gang, in den der von Belzoni geöffnete Durchgang direkt mündete.

D Am oberen Eingang steht eine Inschrift, die der englische Oberst Fitzclarence anbrachte, um an die Öffnung der Pyramide durch Giovanni Battista Belzoni zu erinnern.

C

D

32 Meter lang in einem Neigungswinkel von 25°55' abwärts führt, bis er sich schließlich horizontal verlaufend bis zur Grabkammer fortsetzt. Der andere Eingang, der sich auf Bodenniveau befindet und heute als Zugang zum Inneren der Pyramide benutzt wird, ist die Öffnung des unteren Korridors, der erst ein Stück mit einer Neigung von 21°40' nach unten führt, dann horizontal verläuft und schließlich wieder steil nach oben führt, bis er im Boden des horizontalen Teils des oberen Ganges mündet. In der Grabkammer befindet sich ein großer Granitsarkophag ohne Verzierungen und Inschriften sowie der von Belzoni hinterlassene Schriftzug mit dem Datum der Entdeckung: 2. März 1818.

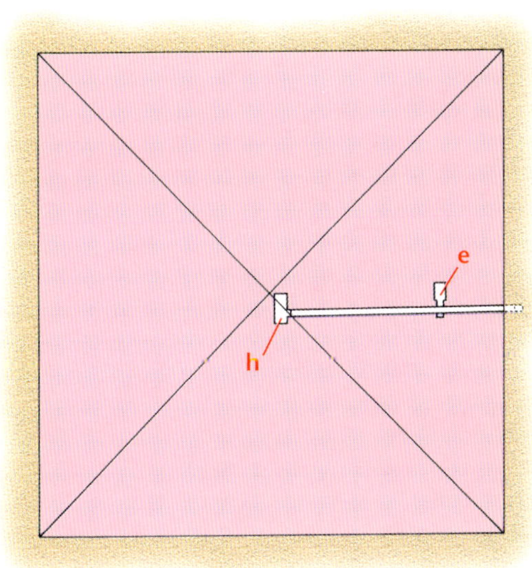

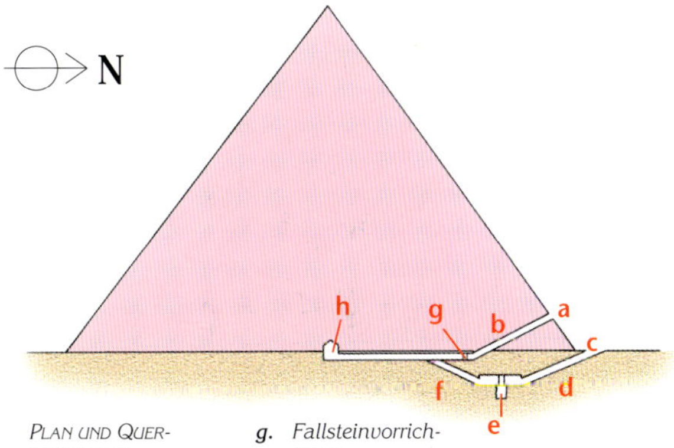

PLAN UND QUERSCHNITT DER CHEPHREN-PYRAMIDE

a. *Oberer Eingang*
b. *Oberer Gang*
c. *Heutiger Eingang*
d. *Unterer Gang*
e. *Felsenkammer (unvollendet)*
f. *Aufsteigender Gang*
g. *Fallsteinvorrichtung*
h. *Grabkammer*

Im Vergleich zur Cheops-Pyramide fällt deutlich die Vereinfachung der unterirdischen Räume auf. Wahrscheinlich lag der Grund dafür darin, dass sich vor allem während des Baus der Grabkammer und der darüberliegenden Bauten Probleme ergaben, als sich noch wäh-rend der Arbeiten Absenkungen des Materials abzeichneten.

A *Die Chephren-Pyramide ist die einzige Pyramide, auf der noch, wenn auch nur im obersten Bereich, die Originalverkleidung aus weißem Tura-Kalkstein erhalten geblieben ist, kostbarer als der für den Bau des Kernmauerwerks verwendete lokale Kalkstein, der aus den im Mokattam-Gebirge liegenden Steinbrüchen am anderen Nilufer stammte.*

B *Vor der Ostseite der Pyramide sieht man die mächtigen Ruinen des Totentempels, der aus riesigen Granitblöcken gebaut worden war. Seine Gebäudeteile wurden nach und nach abgerissen, um als Baumaterial wieder verwendet zu werden.*

Räumliche Darstellung der Chephren-Pyramide

a. Oberer Eingang
b. Oberer Gang
c. Heutiger Eingang
d. Unterer Gang
e. Felsenkammer (unvollendet)
f. Aufsteigender Gang
g. Fallsteinvorrichtung
h. Grabkammer

Beachtenswert ist, dass die Decke der Grabkammer im Unterschied zu der Grabkammer des Cheops die Form eines Giebeldaches hat; diese Bauart, die auch schon bei der obersten Entlastungskammer der Cheops-Pyramide zu beobachten ist, bewirkt eine Verringerung der Last des darüberliegenden Pyramidenkerns auf die Kammer. Ab diesem Zeitpunkt wurde sie in allen nachfolgenden Pyramiden angewandt.

C

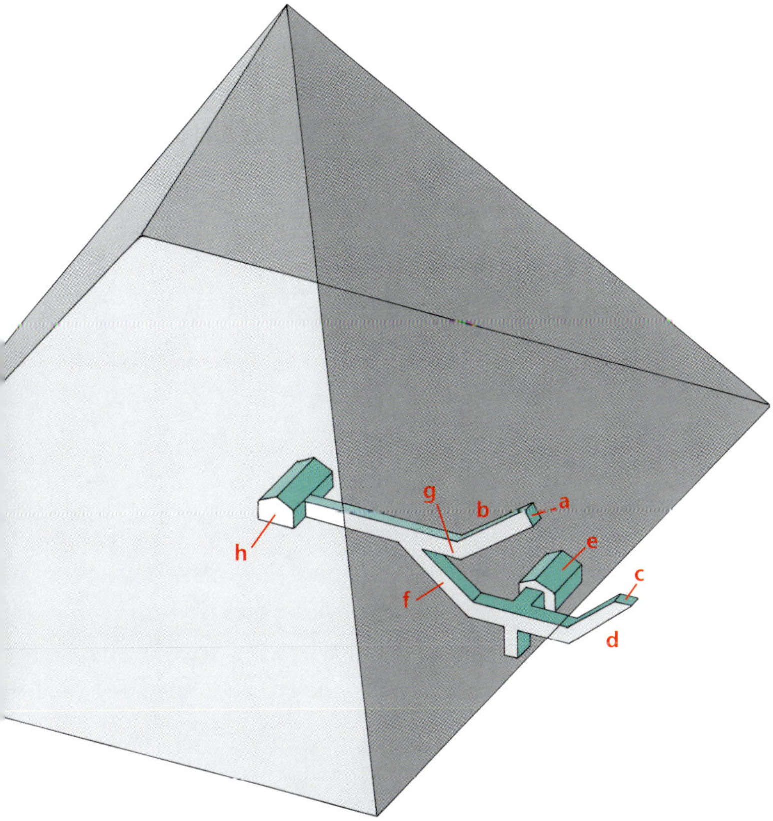

D

E

C Um an den Erfolg seiner Forschungen zu erinnern, hinterließ Belzoni auf der Südwand der Grabkammer die folgende Inschrift: „Entdeckt von G. Belzoni – 2. März 1818". Tatsächlich fand Belzoni aber in der Pyramide, die nach Herodot keine unterirdischen Kammern hatte, an der Westseite der Grabkammer eine Inschrift, die bezeugte, dass das Bauwerk bereits in moslemischer Zeit betreten worden war, möglicherweise am Ende des 7. Jahrhunderts.

D In der Grabkammer fand Belzoni nur einen großen, offenen Sarkophag aus Rosengranit, dessen Deckel zerbrochen war. Der Sarkophag, der 2,62 Meter in der Länge und 1,06 Meter in der Breite misst, ist schmucklos und ohne Inschriften.

E Die endgültige Lage der Chephren-Pyramide, hier von Nordwesten aus gesehen, scheint nicht mit der ursprünglich vorgesehenen Position übereinzustimmen, die etwa 60 Meter weiter nördlich lag. Diese Veränderung könnte die Existenz von zwei Eingängen und die asymmetrische Lage der unvollendet gebliebenen Felsenkammer erklären. Es wurde auch die Hypothese aufgestellt, dass der ursprüngliche Plan drei innere Kammern vorgesehen haben könnte, ähnlich wie bei der Cheops-Pyramide, dass er dann aber vereinfacht worden sei, um den Bau voranzutreiben, da Chephren bei der Thronbesteigung schon im fortgeschrittenen Alter war.

Der Totentempel

An der östlichen Seite der Pyramide befindet sich der Totentempel, der deutlich größer ist als der des Cheops (einer seiner Steinblöcke wird auf ein Gewicht von 400 Tonnen geschätzt); er wurde im Jahr 1910 durch die Ernst-von-Sieglin-Expedition unter der Leitung von Uvo Hölscher ausgegraben. Da er leider über die Jahrhunderte hinweg als Steinbruch benutzt wurde, sind von diesem großartigen Tempel nur noch Überreste ohne Säulen und Granitverkleidungen erhalten.
Der Tempel erstreckte sich über eine Länge von 110 Meter; zu ihm gehörten ein Eingang mit zwei Säulen, eine quer zum Eingang liegende Vorhalle mit 14 Säulen, ein rechteckiger, von Säulen an der Nord- sowie an der Südseite gesäumter Saal, der auf einen großen Hof führte, der von einem Säulengang mit den großen Königsstatuen umgeben war. Im östlichen Teil des Hofes öffneten sich fünf Kapellen, die dem Kult des Königs dienten, dahinter befanden sich Magazine und ein kleines Sanktuarium. Vom Totentempel aus führt der über 494 Meter schräg nach Südosten verlaufende monumentale Aufweg zum Taltempel.

A

B

A Gesamtansicht des Totentempels des Chephren, dessen megalithischer Baustil sich im Taltempel wiederholt. Von diesem Bauwerk, an dessen Seiten sich vier große Bootsgruben befinden (eine fünfte liegt an der Südseite), sind leider nur – wenn auch großartige – Ruinen erhalten.

B Der 494 Meter lange Aufweg des Chephren, der den Totentempel mit dem Taltempel verbindet, ist das schönste Beispiel dieser Bauart. Ursprünglich war der Aufweg überdeckt und vielleicht mit Reliefdarstellungen verziert.

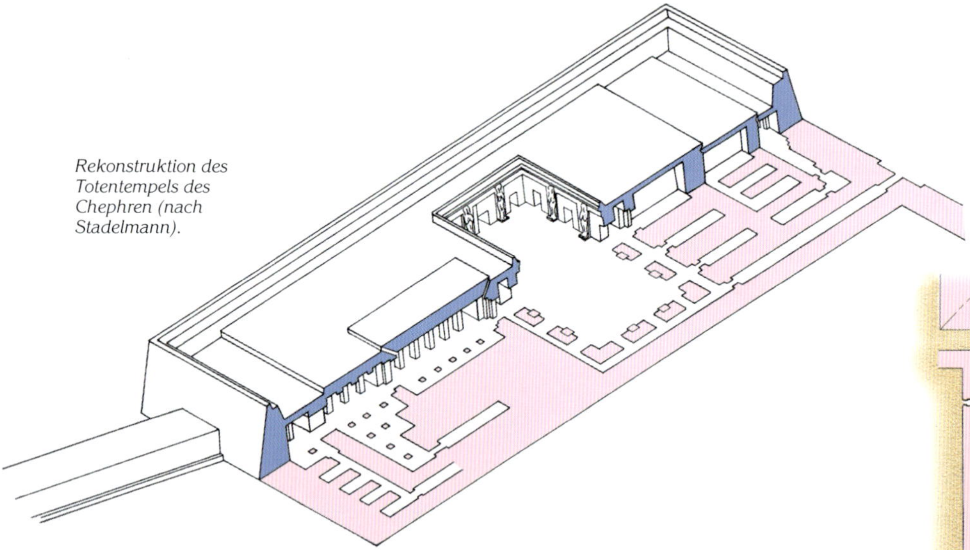

Rekonstruktion des Totentempels des Chephren (nach Stadelmann).

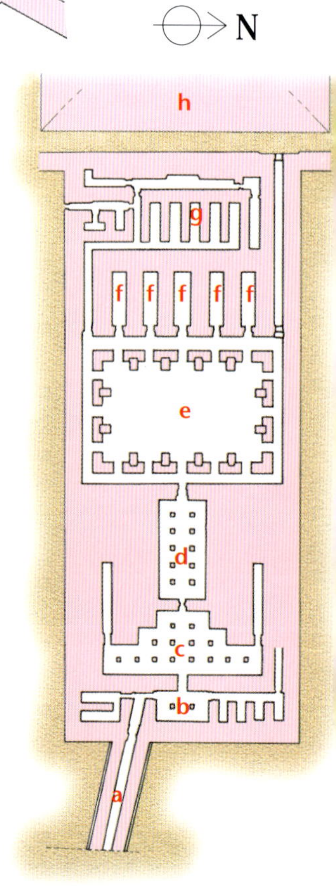

PLAN DES TOTENTEMPELS DES CHEPHREN AUF DER GRUNDLAGE DER BEI DEN AUSGRABUNGEN DURCH HÖLSCHER AM ANFANG DES JAHRHUNDERTS ERMITTELTEN DATEN

a. *Aufweg*
b. *Vestibül*
c. *Breite Halle*
d. *Tiefe Halle*
e. *Offener Hof mit Säulenumgang*
f. *Statuenkapellen*
g. *Opfermagazine und Totenopferraum*
h. *Pyramide*

Das Gebäude erstreckte sich auf einer Fläche von 110 x 45 Metern und war von der Pyramide durch einen etwa zehn Meter breiten Hof getrennt.

Der Taltempel

Dieser von Auguste Mariette im Jahr 1852 entdeckte Tempel, der fälschlicherweise auch „Tempel der Sphinx“ genannt wird, ist der einzige wirklich gut erhaltene Taltempel. Durch die großen rechteckigen Blöcke aus Rosengranit erinnert sein Baustil an den des Totentempels: Er weist einen quadratischen Grundriss mit zwei Eingängen auf, vor denen sich ursprünglich vier Sphingen befanden (heute nur in Bruchstücken erhalten), eine quer liegende Vorhalle und eine große umgekehrt T-förmige Halle mit 16 monolithischen Granitpfeilern, die 4,15 Meter hoch sind; in der nordwestlichen Ecke der Halle beginnt der Aufweg. An den Wänden dieser wundervollen Halle, die ein architektonisches Meisterwerk des Alten Reichs ist, standen ursprünglich 23 Statuen aus Diorit, die den sitzenden Chephren darstellten; heute ist nur noch ihr Fundament erhalten. Einzige Ausnahme ist eine Dioritstatue, die Mariette in einer tiefen Grube entdeckte und die heute im Museum von Kairo ausgestellt ist. Der gegenwärtige Erkenntnisstand erlaubt es nicht, die Funktionen der verschiedenen Teile dieses Tempels wirklich darzulegen, aber anscheinend kann ausgeschlossen werden, dass er mit der Einbalsamierung in Zusammenhang stand, Spuren des „Reinigungszeltes“ sind nämlich 1995 in der Nähe des Tempels entdeckt worden.

C

D

C und D Der Taltempel des Chephren, der anfangs irrtümlicherweise als „Sphinxtempel“ bezeichnet wurde, ist das einzige bis in unsere Zeit gut erhalten gebliebene Beispiel dieser Gebäudeart, deren genaue Funktion uns auch heute noch nicht genau bekannt ist.

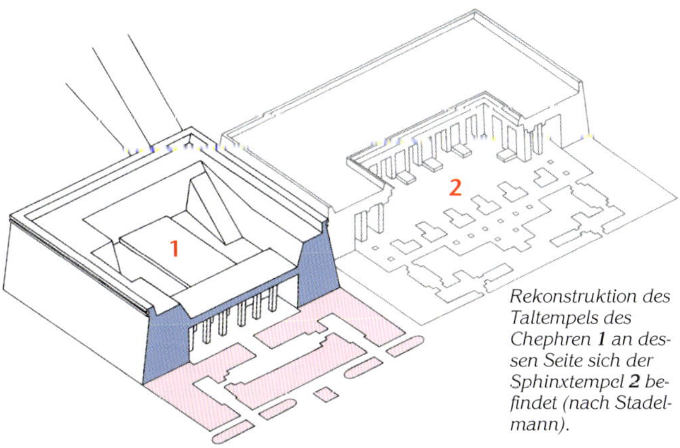

*Rekonstruktion des Taltempels des Chephren **1** an dessen Seite sich der Sphinxtempel **2** befindet (nach Stadelmann).*

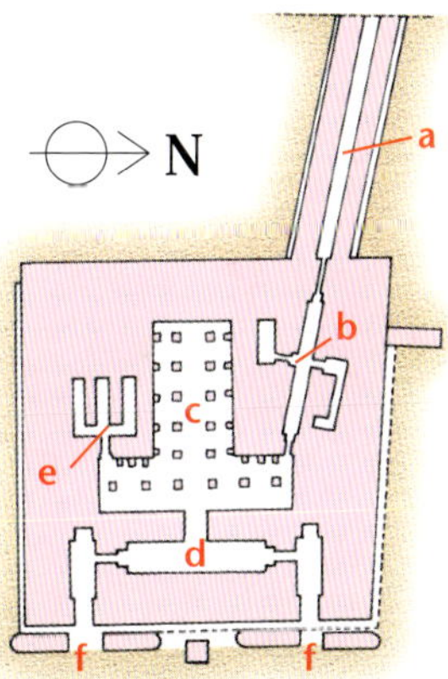

PLAN DES TALTEMPELS (NACH RICKE)

- **a.** *Aufweg*
- **b.** *Gang*
- **c.** *Statuensaal in Form eines umgekehrten T*
- **d.** *Vestibül*
- **e.** *Kapelle mit drei Nischen*
- **f.** *Eingänge (ursprünglich von Sphingen umgeben)*

E

F

E *Von der Nordwestecke ausgehend führt ein enger Gang zum Aufweg.*

F *Die großen Steinblöcke, aus denen der Hauptteil des Taltempels besteht, sind millimetergenau verlegt.*

Die Sphinx

A Die Sphinx von Gizeh ist ein einmaliges Bauwerk in der Geschichte der ägyptischen Kunst: Der 57 Meter lange Körper eines Löwen trägt den Kopf des Königs mit dem Nemes-Kopftuch. Da es keinerlei Inschriften gibt, kam es um ihre Datierung zu Kontroversen: Viele Wissenschaftler datieren das Bauwerk in die Regierungszeit von Chephren, andere in die Zeit des Cheops. Manche Anhänger einer recht fantastischen Archäologie geben ihr ein Alter von mehr als 10 000 Jahren.

A

Mit dem Begriff Sphinx wird eine Skulptur mit dem Körper eines Löwen und dem Kopf eines Menschen oder eines Tieres bezeichnet, der für eine Gottheit steht. Die große Sphinx von Gizeh, die von den Arabern Abu el hol, „Vater des Schreckens", genannt wurde, ist ein einzigartiges Baudenkmal in der Geschichte der ägyptischen Bildhauerkunst. Anhänger einer dem Reich der Fantasie entspringenden Archäologie wollten in dieser Skulptur das Werk einer vorägyptischen Kultur sehen. In Wirklichkeit birgt die Sphinx kein Geheimnis in sich und auch nicht den mutmaßlichen Schrein eines verlorenen Wissens. Sie wurde in einen felsigen Ausläufer gehauen, der aus drei verschiedenen Formationen jenes aus dem Eozän stammenden mergeligen Kalksteins besteht, der die Hochebene bei Gizeh formt; ihre Form war wahrscheinlich durch die Erosionskräfte des Windes schon grob vorgegeben. Mit einer Länge von 57 Metern und einer Höhe von 20 Metern ist die Sphinx das Abbild des Königs, der die Göttlichkeit und die Stärke des Löwen mit der menschlichen Natur verbindet. Gleichzeitig stellt die

Sphinx den Herrscher oder den Wächter der Nekropole dar. Im Neuen Reich wurde sie mit dem Gott Haremachet, „Horus im Horizont“, gleichgestellt, den die Griechen mit dem Namen Harmachis umschrieben, der seinerseits später mit dem Gott Hurun von syrischer Herkunft gleichgesetzt wurde. Während der 18. Dynastie begrub der Wüstensand die Sphinx unter sich. Eine Geschichte, die auf einer Stele vor dem Monument eingemeißelt ist, erzählt, wie der junge Prinz Thutmosis, der sich nach der Jagd im Schatten der Sphinx ausruhte, träumte, wie die Sphinx ihm die Doppelkrone Ägyptens voraussagte und ihn darum bat, sie von dem Wüstensand zu befreien. Als Thutmosis auf den Thron kam, erinnerte er sich an seinen Traum und ließ somit die erste Restaurierung des Bauwerks durchführen.

Trotz weiterer Ausgrabungen zur Zeit Ramses II. behielt der Sand die Überhand und begrub die riesige Skulptur vollständig unter sich; so erklärt sich dann auch die Tatsache, dass Herodot nie von der Sphinx berichtete. Erst im 2. und 3. Jh. n. Chr. wurden neue Restau-

C

C und *D* *Zwischen den zwei Vorderpfoten der Sphinx erhebt sich eine große Stele, auf der daran erinnert wird, wie der Pharao Thutmosis IV. aus der Zeit der 18. Dynastie, also etwa 1000 Jahre nach Chephren, die erste Restaurierung des Monuments vornahm und es aus dem Sand freilegte. In der Zeit des Neuen Reiches galt die Sphinx als Abbild des Gottes Harmachis, „Horus im Horizont“, und des syrischen Gottes Hurun.*

D

B

B *Vor der Sphinx erkennt man die Überreste des sogenannten „Sphinx-Tempels“, in dessen Mitte sich ein von einem Säulengang umgebener Hof befindet. Links davon sieht man die Strukturen des Taltempels des Chephren und den Aufweg, der ihn mit dem Totentempel verbindet. Am rechten Rand der Fotografie ist ein kleines Kultgebäude zu sehen, das aus der Zeit des Neuen Reiches stammt.*

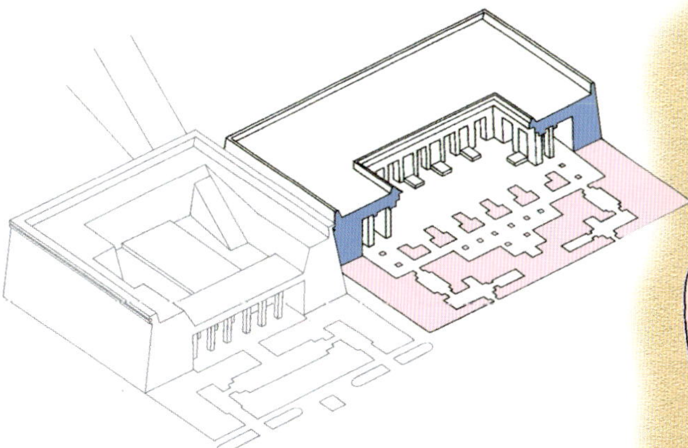

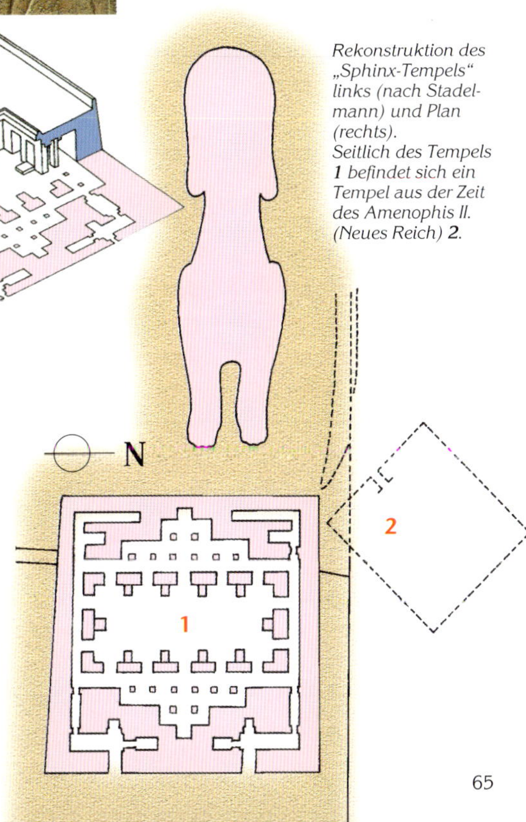

Rekonstruktion des „Sphinx-Tempels“ links (nach Stadelmann) und Plan (rechts).
Seitlich des Tempels ***1*** *befindet sich ein Tempel aus der Zeit des Amenophis II. (Neues Reich)* ***2****.*

A

A *Die Sphinx, auf Luftaufnahme von Westen aus gesehen, zeigt sich nach Restaurationsarbeiten, die mehr als zehn Jahre dauerten und noch nicht ganz abgeschlossen sind, in ihrer ganzen Pracht. Der löwenförmige Körper der Skulptur ist 57 Meter lang, der Kopf 20 Meter hoch. Die Sphinx wurde aus dem Felsblock gehauen, der vielleicht schon vorgeformt war. Sie wurde in griechisch-römischer Zeit noch mit Kalksteinblöcken verkleidet.*

König Salomo gehört hätte.
Im Jahr 1798 führten die Wissenschaftler der Ägyptischen Expedition unter Napoleon eine Ausgrabung des Monuments durch, bei der sie die berühmte Stele von Thutmosis IV. ans Licht brachten und die erste wissenschaftliche Vermessung des Baudenkmals vornahmen.
Die bedeutendste Forschungsarbeit in Bezug auf die Sphinx wurde jedoch von Giovanni Battista Caviglia durchgeführt, der im Jahr 1816 auch Bruchstücke der Statue entdeckte, darunter einen Teil des falschen Bartes, der das Kinn geschmückt hatte. Auguste Mariette vollzog die ersten systematischen Ausgrabungen, die dann von seinem Nachfolger Gaston Maspero weitergeführt wurden. Mariette vertrat die Ansicht, die Sphinx sei das älteste Bauwerk von ganz Ägypten, das aus einer Zeit stammte, die noch vor dem Bau der großen Pyramiden lag. 1925 verstärkte Emile Baraize den Kopf der Skulptur mit Kalksteinblöcken und restaurierte auch die großen „Flügel" ihrer Kopfbedeckung, dabei entdeckte er den tatsächlichen Temrierungsmaßnahmen, die noch heute sichtbar sind, durchgeführt. Dann bemächtigte sich wieder der Sand des Bauwerks, aber dieses Mal musste der Kopf noch sichtbar geblieben sein. Unter den Reisenden der damaligen Zeit rief es großes Erstaunen hervor, so etwa bei dem französischen Arzt Pierre Belon, der sie in der 1555 erschienenen *Relation de Voyage*, als ein „in den Stein gehauenes Monster, das vorne die Form einer Jungfrau hat und hinten die eines Löwen" beschrieb. Davor hatte sich im 11. Jh. auch der berühmte arabische Geschichtsschreiber Al-Makrizi mit der Sphinx befasst, er behauptete, in ihr wäre ein Kelch versteckt, der

B

B Die Sphinx, der Begriff bedeutet „Lebendes Bild“, galt als Wächter der Nekropole von Gizeh.

C Nordöstlich der Sphinx steht ein kleines Kultgebäude aus der Zeit von Amenophis II. (Neues Reich).

C

D

D Bei genauer Betrachtung des Gesichtes der Sphinx lassen sich Spuren roter Farbe erkennen, weshalb anzunehmen ist, dass die Skulptur ursprünglich bemalt war. Zum gegenwärtigen Zeitpunkt kann jedoch auch nicht ausgeschlossen werden, dass die Färbung auf eine Oberflächenveränderung des Felsens zurückzuführen ist.

E Bei den von Caviglia im Jahr 1816 durchgeführten Ausgrabungen entdeckte man einen Teil des Königsbartes, der ursprünglich das Kinn der Sphinx schmückte und heute im British Museum aufbewahrt wird.

E

pel der Sphinx. Schließlich gaben die von der Universität Kairo von 1935–36 durchgeführten Arbeiten unter der Leitung von Selim Hassan der Sphinx und den angegliederten Bauten ihr heutiges Aussehen. Im Jahr 1980 wurde eine erneute Restaurierungsmaßnahme des Monuments durchgeführt, die durch den Verfall des Kalksteins notwendig geworden war; die Folgen waren aufgrund der falschen Verwendung von Zement verheerend: Die nachfolgende „Aufblähung“ des Mörtels verursachte das Abbrechen zahlreicher Kalksteinblöcke der Verkleidung, die erst kurz zuvor angebracht worden waren. Daher wurde eine weitere Restaurierung beschlossen (die zur Zeit noch im Gange ist), bei der auf Bindemittel auf der Basis von Zement verzichtet wird; um der Sphinx ihr ursprüngliches Aussehen wiederzugeben und ihr Überleben sicherzustellen, werden nun kleinere Kalksteinblöcke verwendet. Im Laufe dieser jüngsten Restaurierungsarbeiten fanden die ägyptischen Archäologen unter der Leitung von Zahi Hawass auf der Höhe des Bodens an der Nordseite der Sphinx einen Stollen, der in einen Hohlraum führte, vielleicht der, von dem Al-Makrizi und auch Maspero träumten, allerdings stellte sich heraus, dass er leer war. Leider konnten auch die letzten Forschungen nicht zu neuen Erkenntnissen hinsichtlich der Datierung beitragen: Wenn sich auch heute alle Wissenschaftler darüber einig sind, dass die Sphinx nicht aus einer Zeit vor dem Bau der Pyramiden stammen kann, so basieren doch alle Kriterien der Datierung einzig und allein auf stilistischen und topographischen Kriterien. Offen bleibt, ob das Bauwerk Chephren oder Cheops zuzuschreiben sei.

F Der Sphinx-Tempel vom östlichen Ende des Aufwegs des Chephren aus gesehen.

F

Der Sphinx-Tempel

Genau vor der Sphinx fand man den sogenannten „Sphinx-Tempel“, der aus großen Blöcken aus Kalkstein und Rosengranit aus Assuan besteht. Er hat zwei Zugänge und einen von großen rechteckigen Pfeilern umgebenen Hof, in dessen Mitte sich ein Opferaltar befindet.

Die Geheimnisse der Sphinx

von Zahi Hawass

Die große Sphinx ist nicht nur das Wahrzeichen Ägyptens, sowohl des antiken als auch des neuzeitlichen. Sie stellt das Urbild der Antike dar und hat über Jahrhunderte die Fantasie beflügelt. In jüngerer Zeit wurde die Sphinx leider auch für ihren raschen Verfall berühmt. Zweimal haben sich im vergangenen Jahrzehnt Steine aus der Skulptur gelöst. Alle sind sich darüber im Klaren, dass die Sphinx vom Zerfall bedroht ist, noch während die Experten versuchen, dem entgegenzuwirken. Die Sphinx erhebt sich im Gräberfeld von Gizeh, das von den Pyramiden der Pharaonen der 4. Dynastie beherrscht wird. Alle Pyramiden haben einen langen Aufweg, der von der Ostseite des Totentempels hinunter führt bis auf die Höhe des Überschwemmungsgebietes des Nils, wo der Taltempel als Eingang zur Pyramiden-Anlage diente. Die Sphinx liegt dicht neben dem Aufweg des Chephren, das führt zu der Vermutung, dass Chephren selbst sie erbauen ließ. In seinen Pyramidentempeln waren 58 Statuen vorgesehen, darunter vier Kolossalsphingen, von denen jede länger als 26 Fuß war, und zwei an den Seiten jeder Tür seines Taltempels; zwei riesige Statuen, vermutlich Paviane, befanden sich in den hohen Nischen am Eingang des Taltempels; 23 Statuen des Pharaos in Lebensgröße standen im Taltempel; in den inneren Kammern des Totentempels gaben ihn nicht weniger als sieben große Statuen wieder; zwölf Statuen des Chephren waren um den Hof seines Totentempels herum angeordnet und weitere zehn, die noch größer waren, im Tempel der Sphinx. Keine andere Pyramiden-Anlage aus dem Alten Reich weist so viele Statuen in solchen Größenordnungen auf. Der Kopf der Sphinx, der größten Statue von allen, wurde in einem Maßstab von 30:1 gehauen und der Körper in einem Maßstab von etwa 22:1. Die Sphinx wurde direkt in den Kalksteinfelsen der Hochebene von Gizeh gearbeitet, die zur Formation des Mokattam gehört. Diese bildete sich aus Meeressedimenten, die sich während des Eozäns ablagerten. Dem Geologen Th. Aigner zufolge, bildete sich nach und nach, während sich das Meer zurückzog, entlang der heutigen Nordnordwest-Seite des Hochplateaus ein langer Erddamm. Der karbonatische Schlamm der sich ablagerte, verfestigte sich und bildete die felsigen Schichten der Steinbrüche, aus denen die Baumeister der Antike die Kalksteinblöcke für den Bau der Pyramiden hauten. Die Steinmetze der Antike modellierten die Sphinx ausgehend von den untersten Schichten, also den Schichten, die direkt über den härteren Felsadern lagen. Sie bearbeiteten die Felsschichten so lange, bis sie einen riesigen rechteckigen Kalksteinblock isoliert hatten, der innerhalb einer hufeisenförmigen Versenkung lag. Nachdem sie den Löwenkörper geformt hatten, ebneten sie den natürlichen Felsboden zwischen der Sphinx und den Seiten der Vertiefung ein. Diese war nach Osten hin geöffnet, wo durch das Schneiden des harten und spröden Kalksteins schon eine große Terrasse entstanden war. Am südlichen Ende der Terrasse errichteten die Baumeister den Taltempel des Chephren. Die erste bekannte Skulptur in Form einer Sphinx stammt aus der Herrschaft des Djedefre, Sohn des Cheops und Vorgänger des Chephren. Kopf und Hals aus Quarzit tragen die Züge des Königs. Die Sphinx stellt Chephren als Horus dar, der dem Vater Cheops Opfer darbringt. Diese These wird durch verschiedene Aspekte gestützt: Tongefäße aus dem Alten Reich, die hier gefunden wurden zeigen, dass der Sphinx-Tempel zu jener Zeit benutzt wurde; es gibt keine Tempel des Re oder einer anderen Gottheit, die in die 4. Dynastie zurückgehen. Der Sphinx-Tempel ist auf der Ost-West-Achse ausge-

A

B

A und B Die Sphinx, auf beiden Fotografien aus südöstlicher Sicht, ist sowohl mit dem Aufweg des Chephren eng verbunden als auch mit dem Taltempel. Der Anstieg von Luftverschmutzung und Luftfeuchtigkeit sowie die Brüchigkeit des eozänen Kalksteins, der zur Mokattam-Formation gehört (so benannt nach der Bergkette, die sich gegenüber von Gizeh auf dem gegenüberliegenden Nilufer erhebt), machten eine Reihe von Restaurationsmaßnahmen zur Verstärkung des Körpers und der Pranken notwendig, die 1980 begonnen wurden.

richtet und weist große, offene Höfe auf, dies lässt darauf schließen, dass er ein dem Sonnenkult gewidmeter Tempel war. Es ist nachgewiesen, dass Cheops mit Re gleichgesetzt wurde, daher ist es nicht abwegig zu vermuten, dass Cheops in diesem Tempel als Re verehrt wurde. Horus wird häufig als Sohn des Re angesehen; ohne Zweifel gibt es zwischen diesen zwei Gottheiten einen engen Zusammenhang und genauso sicher kann man davon ausgehen, dass die Sphinx ein Abbild des Horus darstellt, wie ihre späteren Namen zeigen. Die Sphingen werden für gewöhnlich mit dem Sonnengott Re in Verbindung gebracht, was auch in den Darstellungen der Sphingen auf den heiligen Barken des Re zum Ausdruck kommt. Die Verbindung zwischen Chephren und Horus wird angesichts der Dioritstatue des Königs deutlich, bei der hinter dem Kopf auf den Schultern des Königs ein Falke thront; außerdem wurden die ägyptischen Könige im Allgemeinen mit Horus gleichgesetzt, was in ihren Namen deutlich wird. Da Chephren der Sohn des Cheops und Horus der Sohn des Re war, außerdem Cheops mit Re verglichen wurde, scheint es logisch zu sein, auch Chephren und Horus auf die gleiche Stufe zu stellen und somit in der Sphinx Chephren zu sehen.

Ist die Sphinx zu retten?

Im Jahr 1798, als Napoleon nach Ägypten kam, war die Sphinx bis zum Hals unter dem Sand begraben. Von 1816 bis 1817 versuchte der aus Genua stammende Kaufmann Caviglia den Sand zu entfernen, der in der Vertiefung um die Sphinx herum lag. Es gelang ihm, einen Graben bis zum Rumpf der Sphinx über die ganze Breite ihrer Vorderpranken freizulegen. Auguste Mariette begann 1853 mit den Ausgrabungen. Entmutigt von den Sandmassen, gab er das Vorhaben auf. 1858 nahm Mariette die Ausgrabungen wieder auf und befreite die ganze Vertiefung um die Sphinx vom Sand bis er den Felsboden freigelegt hatte, dabei entdeckte er zahlreiche Segmente der antiken Schutzmauer, die die Vertiefung umgab. Auch Gaston Maspero, der Generaldirektor der Altertümerverwaltung, versuchte 1885 die Sphinx vom Sand zu befreien, aber logistische Probleme führten dazu, dass er das Vorhaben aufgab, nachdem er sie wieder in den Zustand gebracht hatte, den Caviglia und Mariette schon erreicht hatten. Von 1925 bis 1936 führte der

C Im Vergleich zu ihrem ursprünglichen Aussehen zeigt sich das Gesicht der Sphinx heute in einem ziemlich verfallenen Zustand: Die Uräusschlange, die heilige Kobra, mit der die Stirn geschmückt war, ein Teil der Nase und der Königsbart sind nämlich verschwunden. Und doch lassen sich im Vergleich zu den Darstellungen der Maler und Zeichner des letzten Jahrhunderts bescheidene Veränderungen feststellen.

C

Franzose Emile Baraize im Auftrag der Altertümerverwaltung Ausgrabungsarbeiten an der Sphinx durch. Während er die Sphinx freilegte, entdeckte er zahlreiche Steinblöcke aus frühen Restaurationen, die in den Sand hinuntergefallen waren. Er führte sie wieder an Ihren Platz zurück und fügte hier und dort mehrere ziegelgroße Kalksteinblöcke ein. Baraize brachte eine erste Verstärkung an, um die überhängenden Schichten des Grundgesteins von Bereich (Member) II an der Nordseite zu stützen. Bei Restaurationsarbeiten in den 50er und 70er Jahren wurde eine Ausbesserung der gemauerten Verkleidung im unteren Bereich des Körpers vorgenommen. Im Jahr 1979 fertigte das Sphinx-Projekt des American Research Center in Egypt (ARCE) in Zusammenarbeit mit dem Deutschen Archäologischen Institut in Kairo die ersten maßstabsgerechten Ansichten und präzisen Detailzeichnungen der Sphinx an, auf denen die verschiedenen Restaurationsphasen aus älterer und jüngerer Zeit mit verschiedenen Farben erfasst sind. Damals bedeckte die Mauerverkleidung an der Nordseite zu etwa einem Drittel den Körper und an der Südseite zu etwa zwei Drittel. Es war offensichtlich, dass das Mauerwerk aus neuzeitlicher und griechisch-römischer Zeit (III. Phase) schneller zerfiel als das aus pharaonischer Zeit (Phase I und II), deren hellbraune Schutzschicht die Oberfläche über Tausende von Jahren geschützt hatte. Die Mauerverkleidung, die erst 1926 oder sogar 1973 angebracht worden war, begann hingegen schon zu zerfallen, vielleicht aufgrund der Eigenschaften des Gesteins. Bei den in griechisch-römischer und in neuerer Zeit durchgeführten Maßnahmen wurden kleine Platten angebracht, die nur an der Außenseite mit dem Bruchteil eines Zolls fest verfugt waren. Die Zwischenräume der angrenzenden Platten wurden mit Mörtel gefüllt. Beim Verfall der Steine geht der Kontakt zwischen den Platten als Erstes verloren, so dass die Verkleidung nur noch durch den stützenden Mörtel gehalten wird. Im Oktober des Jahres 1981 löste sich von der nördlichen

Hinterpranke ein Teil des in dieser Art angegriffenen Mauerwerks von 1926 und der III. Phase, wodurch die Aufmerksamkeit auf den sich verschlechternden Zustand der Sphinx gelenkt wurde. 1981/82 beschloss das Sphinx-Komitee der Ägyptischen Altertümerverwaltung einen großen Teil der Restauration aus römischer Zeit und der von Baraize auf der gesamten Oberfläche des Körpers zu ersetzen. Die Restauratoren verwendeten neue Steine, die größer waren als die der Phase III und entfernten älteres Material. Es wurden systematische Untersuchungen des Grundwassers, der Luftverschmutzung und der Eigenschaften des Gesteins und des Mörtels vorgenommen, aber keines der Ergebnisse und keiner der Vorschläge wurde bei den Arbeiten an der Verkleidung berücksichtigt. Inzwischen wurde der größte Teil des ungeschützten Natursteins auf den oberen zwei Dritteln an der Nordseite mit Stein- und Mörtelstützen verstärkt, die die ausgewitterten Zwischenräume ausfüllten und die überhängenden Schichten von Bereich II stützen. Das gleiche Verfahren wurde auch am hinteren Teil und am oberen Drittel des Löwenkörpers angewendet. Über die Stützpfeiler wurde eine neue Verkleidung angebracht, die das Aussehen der Sphinx gegenüber dem, was Baraize freigelegt hatte, beträchtlich veränderte. Während der gesamten Dauer dieser Arbeiten war die Steinmasse, die den Kern der Sphinx bildet, kein Thema. Sicherlich konnten die Stützen und die Verkleidung verhindern, dass sich große Stücke aus dem Baudenkmal lösten, aber die Auswirkungen, die die neuen Materialien auf die Oberfläche des abbröckelnden und zerfallenden Natursteins haben konnten, waren unbekannt. Schon 1987 begann sich die neueste Verkleidung aufgrund von ausblühenden Salzen abzulösen. Möglicherweise wegen der aus dem Kern des Körpers austretenden Feuchtigkeit begannen die 1980 angebrachten Platten abzurutschen, so als wolle die Sphinx sich einen unangenehmen Mantel abstreifen. Die Arbeiten an der Verkleidung wurden 1987 unterbrochen. Im Februar des Jahres 1988 fiel ein großes Stück Kalkstein von der nach Süden zeigenden Schulter. 1989 wurde ein neues Sphinx-Komitee eingerichtet. Alle waren sich darüber einig, dass sowohl die Verkleidung als auch der schädigende Mörtel aus Gips und Zement früherer Restaurationen sofort entfernt werden müsse. Man dachte daran, die Steine aus den Jahren 1982 bis 1987 zu ersetzen und sich in Bezug auf Größe und Schema an die Vorgaben von 1979 zu halten, wobei die Zeichnungen und die Aufnahmen, die im Rahmen des Sphinx-Projekts des American Research Centers erstellt worden waren, zu Hilfe genommen wurden. Besondere Aufmerksamkeit sollte dabei der Erhaltung der Form der Pranken und des Löwenkörpers nach dem Vorbild antiker Restaurationen zuteil werden. Der erste Teil des Projekts bestand aus Analysen und Erhaltungsmaßnahmen in ausgewählten Bereichen, wie an der Vorderpranke, der nach Süden zeigenden Flanke und des Schwanzes. Das Ägyptische Institut für Astronomische und Geo-

B

A Mit den gleichen Techniken wie schon zur pharaonischen Zeit werden die bei den Restaurationsarbeiten verwendeten neuen Kalksteinblöcke mit Hammer und Meißel nachgearbeitet.

A

C

D

***B* und *D* Während der ersten Restauration von 1980 wurden die Kalksteinblöcke zur Verstärkung der Vorderpranken der Sphinx mit Hilfe eines Bindemittels auf der Basis von Zement verlegt, weshalb sie sich später wieder ablösten. Daraufhin wurden sie unter Anwendung geeigneterer Verfahren ersetzt.*

C *An der Nordseite der Sphinx wurde ein Stollen entdeckt, der unter das Monument führt; die Seitenwände sind ohne Inschriften.*

E *1990 begann das Getty Conservation Institute eine Umweltüberwachung, um den Ursachen der Probleme bei der Erhaltung der Sphinx auf den Grund zu gehen. Dabei wurde auf dem Bauwerk ein elektronisches Messgerät angebracht, das die atmosphärischen Daten aufnehmen sollte. 1992 wurde dann in Kairo ein internationales, interdisziplinäres Symposion einberufen, um über die Lage zu berichten.*

physische Studien hat Untersuchungen des Grundwasserspiegels vorgenommen, der sich vielleicht aufgrund der Bauarbeiten an einer neuen Abwasseranlage im nahen Nazlet el-Samman gesenkt hatte. Früher einmal war dieser Ort eines der vielen Dörfer der Ebene, heute gehört es mit mit mehr als 300 000 Einwohnern praktisch zur Kairoer Peripherie. Nach einer Reihe von Gutachten entschieden sich die Restauratoren dafür, die Steine für die neuen Restaurationsarbeiten aus dem Steinbruch von Helwan zu entnehmen. Analysen hatten ergeben, dass die Eigenschaften dieses Gesteins mit denen der gut erhaltenen Steine aus früheren Restaurationen übereinstimmten. Das neue Team von Restauratoren folgt den im Jahr 1989 erarbeiteten Erhaltungsplänen. Die Steinverkleidung von 1980 wird abgenommen und der verwendete Füllmörtel wird entfernt. Anstelle der dünnen Platten, die an der Außenseite nur um Zentimeter zueinander Kontakt halten, verlegt das Team Blöcke, die über fast die ganze Tiefe der Auflagefläche und an den vertikalen Fugen Kontakt haben. Durch ein spezielles Verbindungssystem nebeneinanderliegender Blöcke soll es ermöglicht werden, verfallende Steine auszuwechseln. Im Mai 1990 brachte das Getty Conservation Institute auf dem Rücken der Sphinx eine solarbetriebene Messstation an, die potentiell schädigende Umwelteinflüsse wie etwa Wind, Struktur der Luftpartikel, Regen, Luftfeuchtigkeit und Kondensation aufzeichnen soll. Die bisher gesammelten Daten deuten darauf hin, dass ein starker, Sand mit sich führender Nordwestwind die Hauptursache für die Winderosion ist, und dass die Feuchtigkeit in der Luft täglich Reaktionen bei den Salzen im Kalkstein auslöst, die zumindest teilweise zum Verfall der Oberfläche der Felsenkerns (Bereich II) beitragen. Um über diese Problematik zu beraten, berief der Kulturminister im Februar 1992 in Kairo das erste internationale Symposion über die Große Sphinx ein, an dem Geologen, Restauratoren, Kunsthistoriker, Chemiker, Archäologen und Ägyptologen teilnahmen. Bis heute konnte das Problem des Verfalls von Bereich II nicht gelöst werden. Der kontinuierliche Verfall dieser Schichten tritt am Rumpf, an dem in moderner Zeit keine Restaurationsmaßnahmen in Form von Mauerwerk angebracht wurden, besonders deutlich hervor. Einige Wissenschaftler schlagen vor, chemische Substanzen zur Verstärkung in den Rumpf einzuspritzen, andere hingegen möchten ihn mit Kalkstein ummanteln, um ihn so vor dem Wind zu schützen. Das Einführen chemischer Substanzen ist problematisch, denn man weiß heute nicht, welche Auswirkungen derartige Substanzen auf lange Sicht haben könnten. Die Ummantelung bringt den Nachteil mit sich, dass sich das äußere Erscheinungsbild der Sphinx drastisch verändern würde. Außerdem weiß man nicht, wie das darunterliegende Gestein darauf reagieren würde. Ein Experte schlägt vor, die Sphinx wieder in den Zustand zu bringen, in dem sie sich vor den Eingriffen durch Baraize im Jahr 1926 befand. Alle waren sich darüber einig, dass systematische Forschungen notwendig seien. Man könnte zum Beispiel verschiedene Methoden auf provisorischen Mauern oder auf den Felsen in den bei Gizeh gelegenen Steinbrüchen testen. Diese experimentellen Maßnahmen müssten über zwei oder drei Jahre hinweg aufgezeichnet werden, um ihre Auswirkungen zu bestimmen. Im Vergleich zu ihrer Jahrtausende alten Geschichte geht der Verfall der Sphinx natürlich rasch voran, andererseits doch wieder nicht so schnell, dass uns nicht die Zeit bliebe für mehr und gründlichere Untersuchungen, bevor wir konkret handeln. In der Tat sollten wir durch die in den Jahren 1981 bis 1987 durchgeführten Restaurationen gelernt haben, nämlich dass das Schlimmste was wir tun können, ist, Eingriffe vorzunehmen, die schlecht geplant sind, in der Hoffnung, die Probleme rasch lösen oder zumindest verbergen zu können.

E

F

F Bei den Restaurationsarbeiten an der Sphinx werden neben den modernsten Technologien auch traditionelle Verfahren angewendet, besonders wenn es darum geht, große Steinblöcke zu versetzen, ohne mechanische Hilfsmittel zu verwenden, die sich als schädlich erweisen könnten.

A An der Südseite

Die Mykerinos-Pyramide (Menkaure)

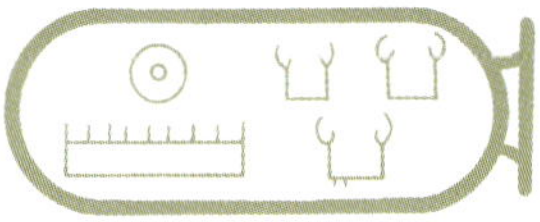

Name in der Antike: „Göttlich ist die Pyramide des Mykerinos“
Höhe: 65 – 66 m
Mittlere Basislänge: 103,40 m
Neigungswinkel: 51°20’

A

C

B

der Pyramide der kleinsten und südlichsten der Pyramiden von Gizeh, liegen zwei Königinnenpyramiden und eine Kultpyramide.

***B** Auf der Nordseite ist eine tiefe Bresche, die in mameluckischer Zeit geschlagen wurde, um in den Bau zu gelangen. Den Eingang entdeckten 1837 Vyse und Perring.*

***C** In ihrem ursprünglichen Zustand war die Pyramide bis zu einem Drittel ihrer Höhe mit Granit verkleidet, der noch in den untersten Schichten zu sehen ist.*

PLAN DER PYRAMIDENANLAGE DES MYKERINOS

- a. *Mykerinos-Pyramide*
- b. *Totentempel*
- c. *Nebenpyramiden*
- d. *Überreste des Aufwegs*
- e. *Überreste des Taltempels*
- f. *Grabanlage der Königin Chentkaues (Mutter des Userkaf und Sahure)*

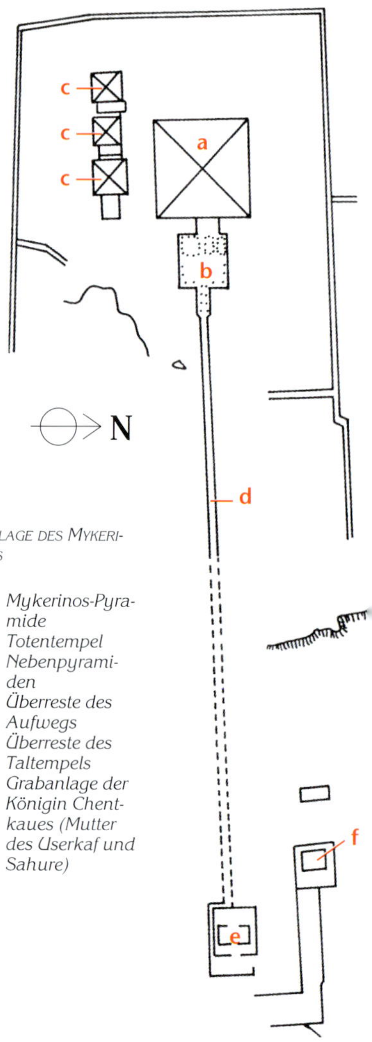

Die Pyramide des Menkaure, Sohn und Nachfolger des Chephren, der von den Griechen Mykerinos genannt wurde, ist die kleinste in der Pyramidengruppe von Gizeh. Sie wurde im Jahr 1837 von Richard William Vyse und John Shea Perring geöffnet. Im Unterschied zu den vorher beschriebenen Pyramiden waren die Seiten dieses Bauwerks bis auf ein Drittel ihrer Höhe mit Granitblöcken und erst die beiden oberen Drittel mit Kalksteinplatten verkleidet. Ein Teil der Granitverkleidung ist auf der Nordseite des Monuments zu sehen, wo sich unter einem Stollen, der in islamischer Zeit bei dem Versuch, ins Innere der Pyramide zu gelangen, geschlagen wurde, auch der heutige Eingang befindet. Die Mykerinos-Pyramide unterscheidet sich aber auch durch die Komplexität der Grabanlage, die aus einer Vorkammer besteht, in die ein 31,75 Meter langer Eingangskorridor mit einem Winkel von 26° mündet sowie einer fast horizontalen 12,60 Meter langen Galerie, die ursprünglich verschlossen war und in einem großen Saal ausläuft. In ihr wurde ein hölzerner Sarkophag aus einer späteren Epoche mit dem Namen des Königs entdeckt;

D Der über eine Länge von 31,75 Meter absteigende Gang mündet in eine Gangkammer, die mit 26 Nischen dekoriert ist. Von hier aus führt ein horizontaler Korridor in die erste Grabkammer.

E An die große Grabkammer angeschlossen ist ein in sechs Nischen unterteilter Raum, der wahrscheinlich als Magazin für die Grabbeigaben diente.

F Gesamtansicht der großen Grabkammer, in der Vyse und Perring den Sarkophag des Königs fanden, der 1838 verlorenging, als das Schiff Beatrice, das das Fundstück nach England bringen sollte, Schiffbruch erlitt.

D

G Mykerinos, der hier zwischen Hathor und einer Gottheit, die einen der Nomoi personifiziert, in einer Triade abgebildet ist, die im Taltempel gefunden wurde, war der letzte König, der in Gizeh beigesetzt wurde. (Kairo, Ägyptisches Museum)

E

von hier aus gelangt man in westlicher Richtung in einen Vorraum, deren Wände mit tiefen Nischen zur Aufnahme des Grabschmucks verziert sind. Dann erst kommt man in die eigentliche Grabkammer, in der Vyse und Perring den nischendekorierten Sarkophag fanden, der die Mumie des Königs enthielt. An der Südseite der Pyramide befinden sich drei Nebenpyramiden. Die östlichste, die größte, wird der Chamerernebti II., der königlichen Gattin von Mykerinos zugewiesen. Hier wurde bei Forschungsarbeiten im Sommer 1996 eine große Statue aus der 19. Dynastie gefunden, die Ramses II. darstellt, aber keine Inschriften aufzeigt.

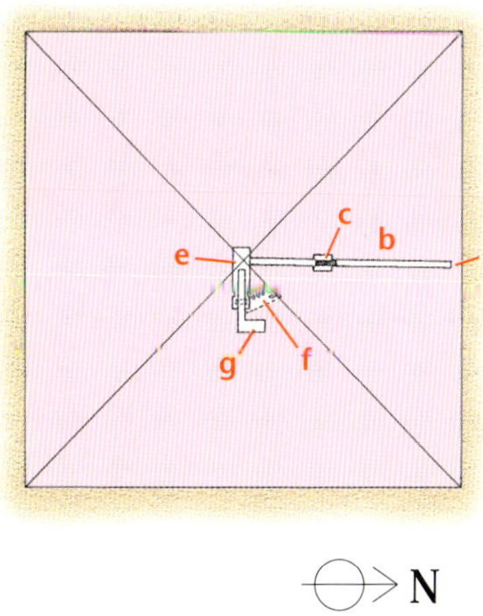

F

G

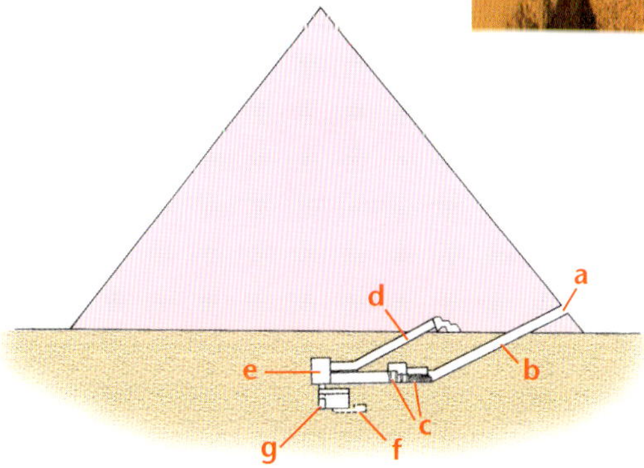

PLAN UND QUERSCHNITT DER MYKERINOS-PYRAMIDE

a. *Eingang*
b. *Absteigender Gang*
c. *Vorkammer*
d. *Absteigender Gang des ersten Bauplans*
e. *Grabkammer des ersten Bauplans*
f. *Nischenraum*
g. *Große Grabkammer*

Die Pyramide weist eine ziemlich komplexe innere Struktur auf, die Aufschluss gibt über eine Reihe von Änderungen, die während der Bauarbeiten am ursprünglichen Bauplan vorgenommen wurden. Diese bestanden aus einer Vergrößerung der Pyramide in nördlicher Richtung, was durch die Lage des ersten absteigenden Ganges bezeugt wird, der in die Pyramide einverleibt wurde.

Der Totentempel

A

A Der Totentempel des Mykerinos, dessen Ruinen noch gut zu sehen sind, weist eine komplexe Bauart auf; von seinem weiten, mit einer Kolonnade umstandenen Hof aus, führte ein Portikus in den Totenopfersaal. Beim Bau des Tempels wurden neben Kalksteinblöcken auch ungebrannte Ziegel verwendet, wahrscheinlich aus der Notwendigkeit heraus, die Fertigstellung zu beschleunigen. Aus dieser Tatsache erklärt sich der Verfall vieler Bereiche.

B

An der Ostseite der Pyramide erkennt man deutlich die Überreste des Totentempels. Er umfasste eine Vorhalle, einen rechteckigen, offenen Hof, der im Westen mit einem gestaffelten Portikus fortgeführt wurde. Vom Portikus aus gelangte man zum Totenopfersaal, an dessen nördlicher und südlicher Seite sich zahlreiche weitere Kammern und Gänge befanden.
Vom Tempel aus führte der Aufweg zu dem heute unter dem Sand begrabenen Taltempel, wo George A. Reisner im Jahr 1908 während der von ihm geleiteten Ausgrabungsarbeiten für die Harvard University und das Boston Museum vier wundervolle Dreiergruppen entdeckte, die den König darstellen mit der Göttin Hathor und jeweils einer anderen Gaugottheit zu seiner Seite.

C

D

B, C und D An der Südseite der Mykerinos-Pyramide stehen drei Nebenpyramiden, von denen die erste, die von den Archäologen mit G III a bezeichnet wird, eine echte Pyramide ist und wahrscheinlich einer Kultpyramide mit rituellen Funktionen entspricht (Foto Mitte), die zwei anderen hingegen, G III b und G III c, sind Stufenpyramiden und werden königlichen Gemahlinnen zugeschrieben (Foto unten).

PLAN DES TOTENTEMPELS DES MYKERINOS

- a. *Aufweg*
- b. *Vestibül*
- c. *Rechteckiger Hof*
- d. *Portikus mit doppelter Säulenreihe*
- e. *Totenopfersaal*
- f. *Angegliederte Räume*
- g. *Pyramide*

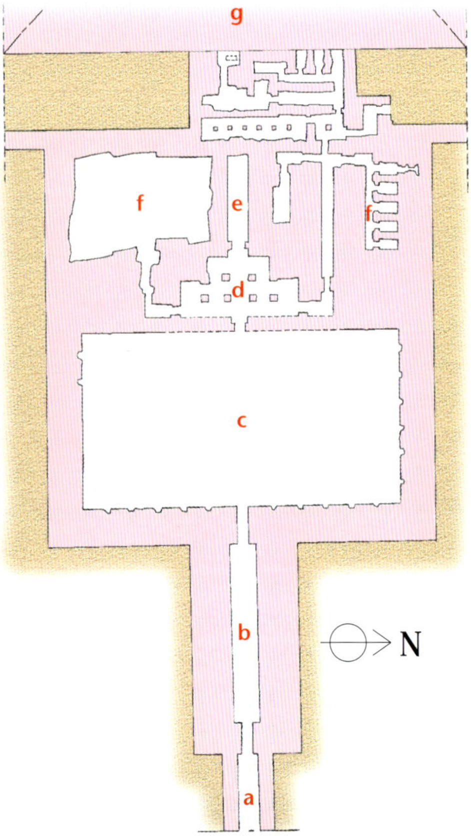

Die Entdeckung der Doppelstatue des Ramses II.

von Zahi Hawass

***E, F** und **G** Bei der nordöstlichen Ecke der östlichsten Nebenpyramide des Mykerinos (G3a) wurde 1996 eine unbeschriftete und unvollendete Statue von Ramses II. entdeckt. Es handelte sich um die aus einem Granitblock gehauene Doppelstatue, die Ramses II. einmal als König und einmal als dem Re-Harachte angeglichen darstellt (Foto oben). Wahrscheinlich wurde die Skulptur nicht fertig gestellt, weil der ausgewählte Granitblock in zwei Teile zerbrach (Foto Mitte); das gleiche Material war 1400 Jahre zuvor für die Verkleidung der unteren Lagen der Pyramide verwendet worden.*

Die Ausgrabungen im Gebiet rings um die Mykerinos-Pyramide wurden 1996 begonnen. Ziel der Ausgrabungen war es nicht nur, die Boote der Pyramide zu finden, sondern auch die Reste der Baurampe, über die die Steine für den Bau der Pyramide transportiert wurden. Wir begannen im Süden der dritten und westlich von der Königinnenpyramide mit der Kennzeichnung G3a. Zu unserer großen Überraschung stießen wir auf die aus einem einzigen Steinblock gehauene Doppelstatue des Ramses II., die auf dem Rücken liegend unter etwa drei Meter Sand vergraben war. Mit einer Länge von etwa 3,20 Metern wiegt sie etwa 3,5 Tonnen. Die Statue wird auf etwa 1400 Jahre nach dem Bau der Mykerinos-Pyramide datiert, sie ist also mehr als 3000 Jahre alt. Die linke Figur stellt Ramses mit dem falschen Königsbart, der Königskobra auf der Stirn und dem klassischen Nemes-Kopftuch dar. Auch die Figur daneben stellt Ramses II. dar, hier aber ist er mit der Sonnenscheibe geschmückt, dem Symbol des Gottes Re-Harachte oder „Horus vom Horizont", der während des Neuen Reiches mit der Sphinx gleichgesetzt wurde. Der König identifizierte sich also mit Horus, sowohl als dem Herrscher der Erde, als auch als dem Gott, dem Herrscher des Jenseits.
Die Kartuschen mit dem Namen des Königs waren nicht eingemeißelt worden. Die Statuen sind wundervoll gearbeitet, auch wenn sie, vielleicht aufgrund eines Bruchs am Rumpf, unvollendet geblieben sind. Es sind die ersten Statuen des Neuen Reiches, die in Gizeh entdeckt wurden. Warum befinden sie sich dort? Es gibt auf der zweiten Pyramide, der des Chephren, eine Inschrift, die von einem Mann namens „May" stammt, der der Architekt von Ramses II. in Memphis war. Wie es scheint, hatte er den Steinmetzen befohlen, die Statuen des Königs aus dem roten Granit der dritten Pyramide zu hauen; eine Vorgehensweise, die hier nicht zum ersten Mal auftaucht. Wie dem auch sei, der Granit brach während der Arbeiten an der Doppelstatue, so dass die Steinmetze sie aufgaben und wir sie entdecken konnten. Entdeckungen wie diese motivieren uns immer wieder dazu, davon auszugehen, dass es unter dem Sand Ägyptens noch unzählige Geheimnisse zu entdecken gibt.

Die privaten Nekropolen bei der Großen Pyramide

Östlich und westlich der Großen Pyramide befinden sich zwei große private Nekropolen, die aus Hunderten von Mastabas bestehen, die mit geometrischer Präzision in parallelen Reihen angeordnet sind: Es handelt sich um die Grabstätten der Beamten und Würdenträger von Cheops, die das Vorrecht erhalten hatten, in der Nähe der Pyramide bestattet zu werden. Eine dritte, kleinere Nekropole befindet sich südlich der Pyramide. Die Gräber dieser Nekropolen wurden von R. Lepsius im Jahr 1848 systematisch erforscht, der jedem von ihnen eine Nummer zuwies. Die Arbeit wurde von Auguste Mariette fortgeführt, der ein grundlegendes Werk mit dem Titel *Les Mastabas de l'Ancien Empire* veröffentlichte. Weitere Forschungsarbeiten wurden in den 20er Jahren dieses Jahrhunderts von der Harvard University und dem Boston Museum unter der Leitung von Reisner durchgeführt, der den Gräbern eine neue, vollständigere Nummerierung zuwies, die auch heute noch verwendet wird (jedes Grab hat eine Nummer aus vier Zahlen, denen ein G vorangestellt ist), und von der österreichisch-deutschen Forschungsgruppe unter Junker, der in erster Linie in der westlichen Nekropole arbeitete.

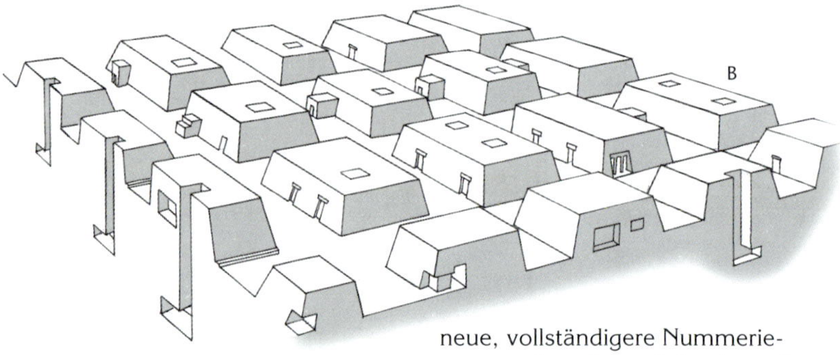

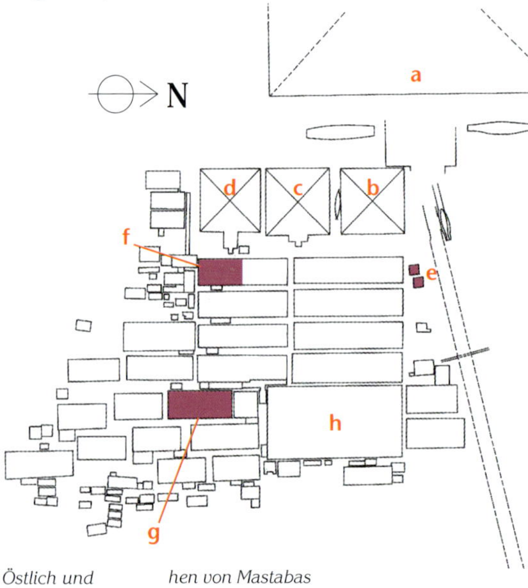

A Östlich und westlich der Cheops-Pyramide erstrecken sich zwei private Nekropolen, der Ostfriedhof und der Westfriedhof, die aus gleichmäßig angeordneten Reihen von Mastabas bestehen.

B Dreidimensionale Wiederherstellung eines Teils der privaten Grabanlagen bei der Cheops-Pyramide.

PLAN DES OSTFRIEDHOFES

- a. *Cheops-Pyramide*
- b. *Pyramide der Hetepheres*
- c. *Pyramide der Meritetis*
- d. *Pyramide der Henutsen*
- e. *Mastabas des Qar und Idu*
- f. *Mastaba des Chaefchufu*
- g. *Mastaba der Meresanch III.*
- h. *Mastaba des Prinzen Anchchaf (G 7510)*

Der Ostfriedhof

Diese Nekropole beginnt östlich der drei Königinnenpyramiden und besteht aus sieben Reihen von Mastabas, in zwei großen Gruppen angeordnet, und aus der riesigen Mastaba des Prinzen Anchchaf, die in der nordöstlichen Ecke liegt. In der Nähe der nördlichsten Nebenpyramide, die der Königin Hetepheres I., befindet sich das 1925 von Reisner entdeckte Schachtgrab dieser Königin; der Grabschmuck bezeugt das hohe künstlerische Niveau der damaligen ägyptischen Handwerker. Südöstlich der Pyramide von Hetepheres befinden sich die Gräber von Qar und Idu, weiter südlich, bei der Pyramide der Henutsen, die von Meresanch III. und Chaefchufu.

Mastaba von Qar (G 7101)

Wichtigste Titel: Oberhaupt der Pyramide des Pepi I., Oberaufseher der Pyramidenstadt von Cheops und Mykerinos, Vorsteher der Priester der Chephren-Pyramide
Epoche: 6. Dynastie

Interessant sind in dem Grab dieses Beamten, der eigentlich Meri-Renefer hieß und während der 6. Dynastie, wahrscheinlich zur Zeit von Pepi II., lebte, vor allem eine Reihe von Hochrelieffiguren an der Westwand, die den Verstorbenen und seine Familie darstellen und einige wundervolle Flachreliefs, die die Nord- und die Ostwand verzieren. An der nördlichen Seite ist die Darbringung der Totenopfer abgebildet, an der Westseite wird die Szene mit der Abbildung der Bestattungsritualien fortgeführt. Bei der südöstlichen Ecke der ersten Kammer führt ein Eingang in eine zweite Kammer, in der sich die Scheintür befindet.

C

C Die Mastabas des Qar und des Idu, zwei hohe Würdenträger, die wahrscheinlich durch ein Vater-Sohn-Verhältnis verbunden waren, liegen fast nebeneinander, süd östlich der Pyramide der Hetepheres.

D

D Ein Pfeiler, der einen mächtigen Architrav trägt – beide mit Hieroglyphentexten überzogen –, teilt den Hauptraum der Grabanlage in zwei Bereiche. Im hinteren Teil erkennt man eine Reihe von Hochreliefskulpturen.

E

E Qar, ein hoher Beamter aus der Zeit der 6. Dynastie, ist hier in einem polychromen Relief dargestellt, das sich auf einem der Pfeiler der Türe befindet, die in die zweite Kammer führt.

PLAN DER MASTABA DES QAR

- **a.** *Eingang*
- **b.** *Erste Kammer*
- **c.** *Nische mit Sitzfigur des Verstorbenen*
- **d.** *Statuen des Verstorbenen und seiner Familie*
- **e.** *Östlicher Anbau*
- **f.** *Zweite Kammer*
- **g.** *Scheintür*

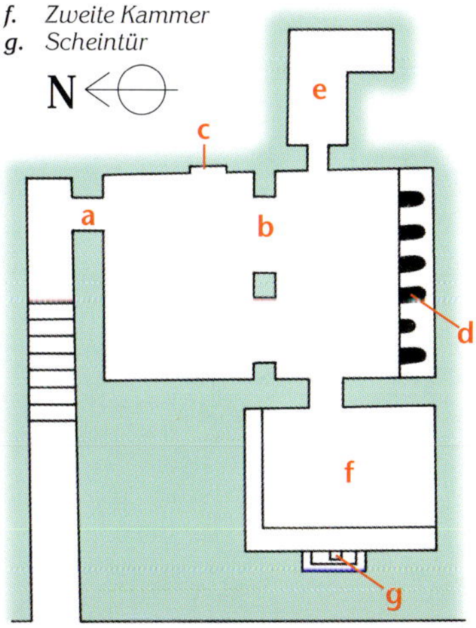

F

F Die in die Südwand der ersten Kammer gehauenen Statuen stellen den Verstorbenen dar (rechts), an seiner Seite ein junger Sohn und weitere Familienmitglieder.

G

G Eine Sitzfigur des Verstorbenen in einer Nische der Wand in der ersten Kammer.

Mastaba von Idu (G 7102)

Wichtigster Titel: Schreiber der königlichen Dokumente in Anwesenheit des Königs
Epoche: 6. Dynastie

C

Das Grab des Idu, der wahrscheinlich der Vater oder der Sohn von Qar war, befindet sich östlich von dem vorherig beschriebenen und weist deutliche stilistische Übereinstimmungen auf. Das Grab besteht aus einer rechteckigen Kammer, deren längere Achse von Norden nach Süden verläuft. Die Westseite der Kammer ist mit einer Reihe von plastisch aus dem Fels gearbeiteten Statuen verziert, die den Verstorbenen darstellen. Gegenüber befindet sich eine Scheintür. Bei den Verzierungen des Grabes überwiegen die Darstellungen der Bestattungszeremonien: Auf der Südseite ist links und rechts von der Tür das Haus des Verstorbenen, das Reinigungszelt und die Bestattungsprozession abgebildet, auf der nördlichen Seite befinden sich etliche Szenen, die sich vor dem auf einer Sänfte sitzenden Verstorbenen abspielen, wie die Zubereitung von Essen und Trinken sowie die Darbringung von Totenopfern.

B

D

E

PLAN DER MASTABA DES IDU

a. *Vestibül*
b. *Eingang*
c. *Opferkapelle*
d. *Scheintür*
e. *Statue*

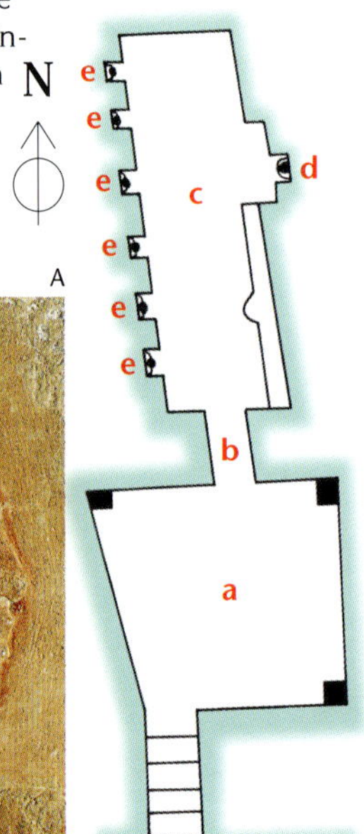

A

A *Ausschnitt eines Reliefs, das den Verstorbenen vor dem Opfertisch darstellt. Idu, dessen Gesicht fein gearbeitet ist, trägt die übliche Perücke und einen breiten Halsschmuck.*

B *Die Scheintür befindet sich in der Mitte der Ostwand des langen rechteckigen Saales, des einzigen Raumes der Grabanlage. In der Scheintür befindet sich ausnahmsweise eine Sitzstatue des Verstorbenen; er hält die Hände auf den Knien, die geöffneten Handflächen zeigen nach oben, um die Totenopfer entgegenzunehmen.*

C *Der Eingang der Mastaba des Idu liegt nicht weit von der Mastaba des Qar entfernt, der der Vater oder der Sohn des Idu gewesen sein musste.*

D *Auf diesem Relief, das sich auf der Scheintür über der Sitzfigur des Idu befindet, ist der Verstorbene mit seiner Frau vor dem Opfertisch abgebildet.*

E *In der westlichen Wand der Grabanlage sind sechs Nischen mit Hochreliefplastiken des Verstorbenen und seiner Familie. Das Foto zeigt neben der Statue des Idu die eines noch jungen Sohnes.*

Mastaba der Königin Meresanch III. (G 7530-40)

> Wichtigste Titel: Tochter des Königs, königliche Gemahlin des Chephren
> Epoche: 4. Dynastie

F Auf beiden Pfeilern des ersten Saales ist Meresanch stehend abgebildet, gekleidet in eine elegante Tunika aus weißem Leinen.

G Zwei Pfeiler begrenzen den nördlichen Teil des ersten großen Saales. Im Hintergrund sieht man zehn plastische Figuren, die Meresanch, Hetepheres und andere weibliche Familienmitglieder darstellen.

Die Mastaba der Meresanch III. ist eines der größten Gräber des westlichen Friedhofes und aufgrund seiner wundervollen Reliefdarstellungen, die an vielen Stellen ihre Mehrfarbigkeit erhalten konnten, das schönste und interessanteste. Diese Prinzessin wurde die Frau Chephrens. Das Grab besteht aus zwei rechteckigen Kammern, die in Nord-Süd-Richtung angelegt sind. In der Ersten sind die Wände vorwiegend mit Motiven aus Landwirtschaft, Schifffahrt, Jagd und Fischerei verziert. Meresanch und ihre Mutter Hetepheres sind einmal abgebildet, während sie Lotusblüten pflücken und dann in den Sümpfen, während sie mit Netzen Vögel fangen. Von besonderem Interesse sind die auf dem kleinen Wandstück links neben der Eingangstür abgebildeten Szenen, die neben Booten die Herstellung von Statuen und die Bearbeitung von Holz und Metall darstellen. Unmittelbar unter den Abbildungen der Handwerker ist ein Künstler dargestellt, der eine Statue der Königin bemalt (seitlich von ihr konnte Reisner den Namen lesen, wahrscheinlich ein gewisser „Rehay“, heute unleserlich, in der Nähe davon ist auch der Bildhauer „Inkaf“ abgebildet, der damit beschäftigt ist, eine Statue von Meresanch anzufertigen. Die Darstellungen der Arbeiten von Künstlern und Handwerkern werden auf der gegenüberliegenden südlichen Seite weitergeführt, wo drei Nischen zu sehen sind, mit sechs plastischen Figuren, sie stellen sechs männliche Personen dar, die nicht eindeutig zu identifizieren sind, aber Chemetnu den Älteren darstellen könnten, einen wichtigen Würdenträger und Chemetnu den Jüngeren mit seinen vier Söhnen. An der Nordseite befindet sich eine Verlängerung der ersten Kammer: Hier ist in die Felswand eine breite Nische geschlagen, in die zehn große weibliche Figuren plastisch aus dem Fels gearbeitet sind, die von rechts nach links kleiner werden. Man nimmt an, dass diese Statuen die Verstorbene, ihre Mutter Hetepheres, die Tochter Schepseskau und andere Töchter von Meresanch darstellen. Die westliche Wand, an deren südlicher Seite sich eine Scheintür befindet, ist durch zwei große Öffnungen mit dem gegenüberliegenden Opfersaal verbunden: Hier kommt zu den Motiven der Landarbeit noch das Thema des Bestattungsmahls mit Tänzern und Musikanten (Nordwand) hinzu, auf der Westseite befinden noch zwei weitere Nischen, die jeweils eine Statue beinhalten. Hier befindet sich auch der Stollen, der zu der Grabkammer führt, die sich in einer Tiefe von etwa fünf Metern befindet; dort entdeckte Reisner im Jahr 1927 den schwarzen Granitsarkophag mit der Mumie der Königin, die in das Museum von Kairo überführt wurde.

G

H

I

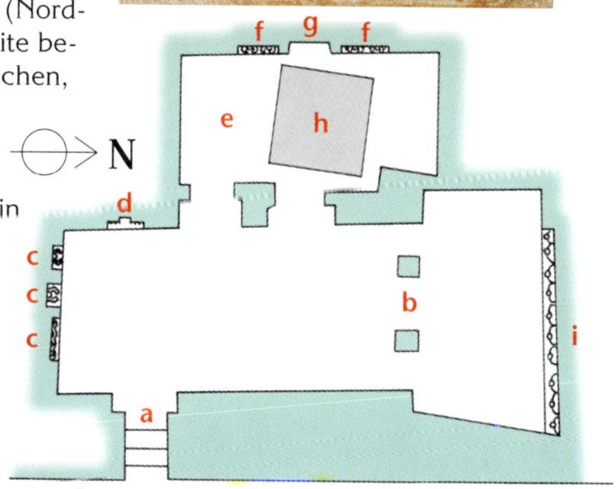

F

PLAN DER MASTABA DER KÖNIGIN MERESANCH III.
a. Eingang
b. Hauptsaal
c. Nischen mit Statuen
d. Scheintür
e. Westlicher Saal
g. Zweite Scheintür
h. Schacht
i. Gruppe mit zehn Statuen

H Auf der Ostwand des ersten Saales, gleich links vom Eingang, sind zwei Künstler bei der Arbeit an zwei Statuen dargestellt, ihre Namen, Rehay und Inkaf, sind in einer Inschrift zu lesen.

I Darstellungen, die die Zubereitung von Speisen zeigen, gehören zu den am besten erhaltenen Motiven aus dem Bereich des Handwerks.

Mastaba des Chaefchufu
(G 7130-40)

Wichtigste Titel: Siegler, Sohn des Königs
Epoche: 4. Dynastie

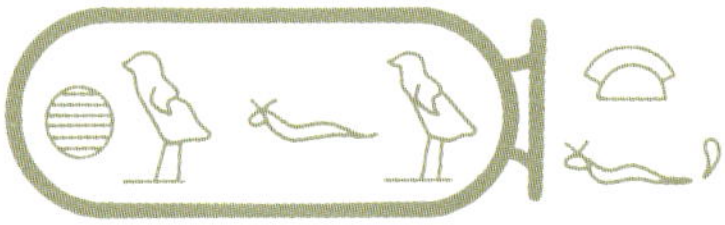

Das Grab dieses Prinzen, Sohn des Cheops, befindet sich östlich der Pyramide seiner Mutter, der Königin Henutsen, der die mittlere der drei Nebenpyramiden des Cheops zugeschrieben wurde.
Die Flachreliefs, die die Wände dieser kleinen Grabstätte verzieren, sind zwar nicht mehrfarbig gestaltet, aber sehr fein gearbeitet und in einem perfekten Zustand. In der Vorkammer befinden sich rechts und links von der Tür, die zu der Opferkammer führt, zwei große Darstellungen des Verstorbenen mit der Mutter (links) und mit einem Sohn (rechts), während ihm die Opfergaben dargeboten werden. Das Motiv der Totenopfer wird in der nachfolgenden Kammer weitergeführt, in der sich auch die Scheintür befindet, und an der Nordseite, angeordnet auf fünf Registern: die Prozession der Überbringer von Opfergaben.
Von diesem Raum aus gelangt man in die Grabkammer, die wahrscheinlich aus einer späteren Epoche stammt und ohne Verzierungen ist.

D

E

F

A

B

C

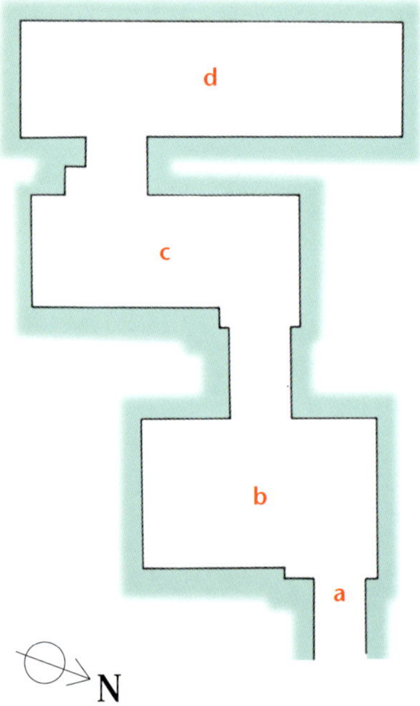

PLAN DER MASTABA DES CHAEFCHUFU

a. *Eingang*
b. *Vestibül*
c. *Hauptsaal*
d. *Grabkammer*

A *Prinz Chaefchufu vor dem Tisch mit den Opfergaben.*

B *Auf der Ostwand des Hauptsaales sind auf drei Registern Überbringer von Totenopfern für den Verstorbenen dargestellt.*

C *Chaefchufu, hier abgebildet mit seiner Mutter, nimmt die Opfergaben entgegen.*

D *Von der Westwand der zweiten Kammer aus führt eine wunderschöne Tür, deren Türpfeiler und Architrav mit Reliefs und Texten verziert ist, in die Grabkammer.*

E *Die schmucklose Grabkammer mit Satteldach stammt wahrscheinlich aus einer späteren Zeit.*

F *Der Verstorbene nimmt von einer jungen Frau, wahrscheinlich seiner Tochter, eine Lotosblüte entgegen.*

Der Westfriedhof

G

G Auf dieser aus südlicher Richtung aufgenommenen Fotografie sind westlich der Cheops-Pyramide die in perfekter Regelmäßigkeit angeordneten Mastabas des Westfriedhofes zu erkennen.

Der Westfriedhof lässt sich in drei Bereiche unterteilen: Ost, Mitte und West. Im ersten Bereich befindet sich das Grab von Iasen. Aus dem mittleren Bereich, der von der imposanten Steinmastaba 2000 (entspricht Nr. 23 bei Lepsius) beherrscht wird, die für einen anonymen Würdenträger aus der Zeit Cheops oder Chephrens gebaut wurde, soll an das Grab von Chaemanch erinnert werden, und im westlichen Bereich an das Grab von Iymery.

H

I

H Der Westfriedhof ist auch heute noch Gegenstand von Ausgrabungen, die unter der Leitung von Zahi Hawass durchgeführt werden, und die zu neuen und interessanten Entdeckungen geführt haben.

J Dieses außergewöhnlich fein gearbeitete Relief stellt einen Beamten mit dem Namen Kai dar, dessen Grab erst vor kurzem bei den Ausgrabungen unter der Leitung von Zahi Hawass entdeckt wurde.

I und K Die Farben der Wandmalereien im Grab des Kai sind wunderbar erhalten geblieben, wie diese Darstellung des Verstorbenen (oben) und die auf vier Registern angeordneten Szenen der Opferdarbringung zeigen, die sich seitlich der Scheintüren befinden.

J

K

Plan des Westfriedhofes

- a. Cheops-Pyramide
- b. Mastaba 2000
- c. Grab des Iasen
- d. Grab des Chaemanch
- e. Grab des Iymery

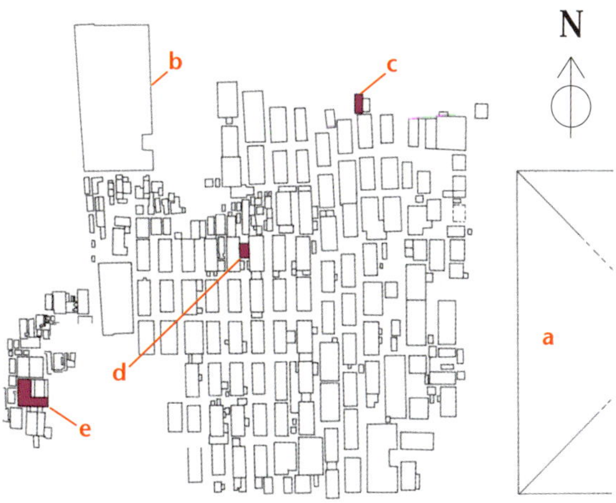

Mastaba von Iasen (G 2196)

Wichtigste Titel: Aufseher der Gäste des Großen Hauses, Vorsteher der Priester
Epoche: 5./6. Dynastie

Diese kleine Mastaba besteht aus einem engen Korridor, der zum Totenopfersaal führt. Dieser hat einen rechteckigen Grundriss und liegt mit der längeren Seite auf der Ost-West-Achse, die im rechten Winkel zum Korridor verläuft. Die Darstellungen an der Ost- und an der Westseite beziehen sich auf Szenen aus der Landarbeit oder der Fischerei, die der Verstorbene beaufsichtigt oder an denen er mal sitzend, mal stehend und von der Frau und dem Sohn begleitet teilnimmt. Auf der westlichen Wand befindet sich eine große Darstellung von Iasen, auf der er die Überbringer der Opfergaben empfängt, während in seiner Gegenwart Musiker auftreten, Essen zubereitet wird und Rinder geschlachtet werden.

In der Mitte der westlichen Wand befindet sich eine Nische mit einer großen Skulptur des Verstorbenen.

A

A In einer großen Nische im Hauptsaal ist eine große Skulptur des Iasen, bekleidet mit dem klassischen Dreieckschurz, der von einem Gürtel an der Taille gehalten wird.

B

B Dem Verstorbenen werden große Rinder mit leierförmigen Hörnern dargeboten.

C

C In der Ecke zwischen der Süd- und der Ostseite sind zwei fast symmetrische Darstellungen, auf denen der Verstorbene vor dem Opfertisch sitzend die Opfergaben entgegennimmt.

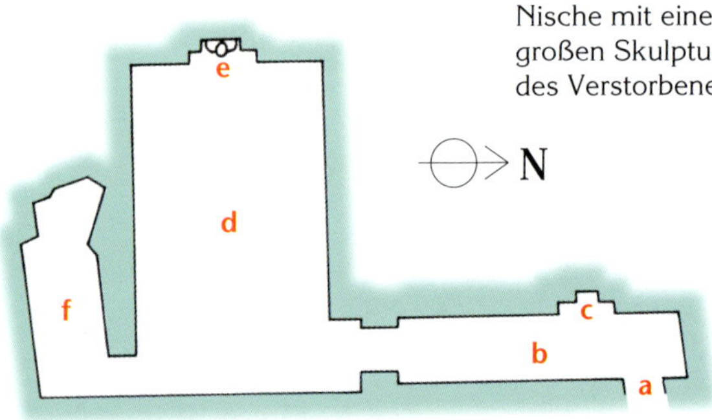

PLAN DER MASTABA DES IASEN

- **a.** Eingang
- **b.** Vestibül
- **c.** Scheintür
- **d.** Hauptsaal
- **e.** Nische mit Statue des Verstorbenen
- **f.** Unvollendete Kammer

D

D Iasen nimmt in Begleitung seiner Gemahlin und des jungen Sohnes, der vor ihm stehend klein abgebildet ist, die Opfergaben entgegen, worunter sich auch Rinder befinden.

Mastaba von Chaemanch (G 2196)

Wichtigste Titel: Vorsteher der Priester, Schatzmeister
Epoche: 6. Dynastie

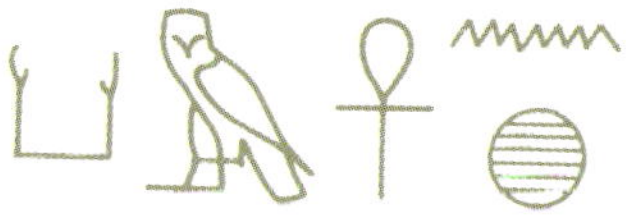

Dieses kleine Grab hebt sich durch eine Grabkammer heraus, die vollständig mit polychromen Wandmalereien verziert ist, die direkt auf die mit Gips überzogenen Wände aufgetragen wurden. Das Grab hat einen L-förmigen Grundriss, der größere, rechteckige Teil ist mit der längeren Seite von Norden nach Süden ausgerichtet. Die Wandmalereien zeigen den Verstorbenen, der in Begleitung seiner Gattin einem Konzert beiwohnt, und im seitlich dazu liegenden Teil in den Sümpfen bei der Fischjagd. Vor dieser Szene befindet sich die Öffnung des Schachtes, der zu der kleinen Grabkammer führt. Die Motive der Wandmalereien sind zum Teil recht ungewöhnlich und nehmen schon jene vorweg, die sich später in den thebanischen Gräbern des Neuen Reiches entwickeln sollten. Auf der südlichen Wand sind u.a. Teile des Grabschmucks und Tanzszenen mit Musikanten dargestellt. Die gegenüberliegende Seite und der nördliche Teil der angrenzenden westlichen Wand ist mit Barken und Magazinen bemalt, deren Inhalt genau abgebildet wird; der größte Teil der westlichen Wand ist von einer wunderbaren Szene aus dem Landbau bedeckt, mit Darstellungen von Rindern, der Mahd und der Ernte.

__E__ Die Abbildung zeigt zwei Männer bei der Zubereitung von Speisen und Getränken. Die Farben der Wandmalereien in der Grabkammer sind noch vollständig erhalten.

__F__ Die Besonderheit der kleinen Mastaba des Chaemanch liegt darin, dass ihre Grabkammer mit Malereien verziert ist, die sowohl im Hinblick auf den Stil als auch auf das Motiv von Interesse sind. Das Foto zeigt einen langen Hieroglyphentext, der den Inhalt einiger Magazine beschreibt.

__G__ Ein großer Sarkophag mit der Inschrift des Verstorbenen und seiner Titel belegt den größten Teil der kleinen Grabkammer, in die man über einen Schacht gelangt.

__H__ Die zwei übereinander angeordneten Register zeigen oben Bauern, die ein Rind mit sich führen, und unten den Viehtransport auf Schiffen: Der Malstil nimmt bereits den des Neuen Reiches vorweg.

__I__ Die Vorbereitung der Grabbeigaben ist eines der auf der Westwand dargestellten Motive. Unter den verschiedenen Gegenständen ist ein Bett zu erkennen, unter das eine Kopfstütze gestellt wurde, die anstelle eines Kopfkissens benutzt wurde.

F

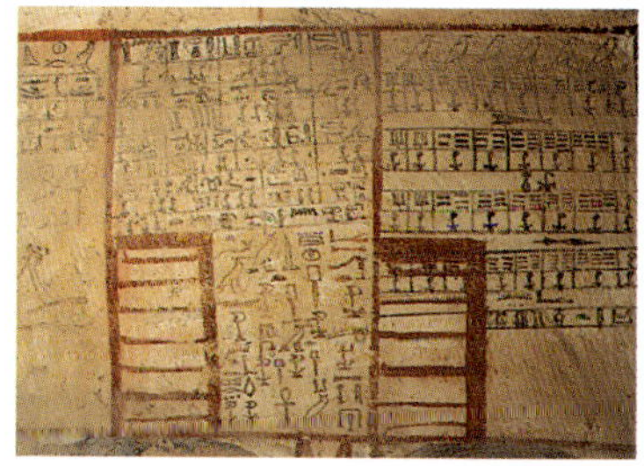

G

E

H

I

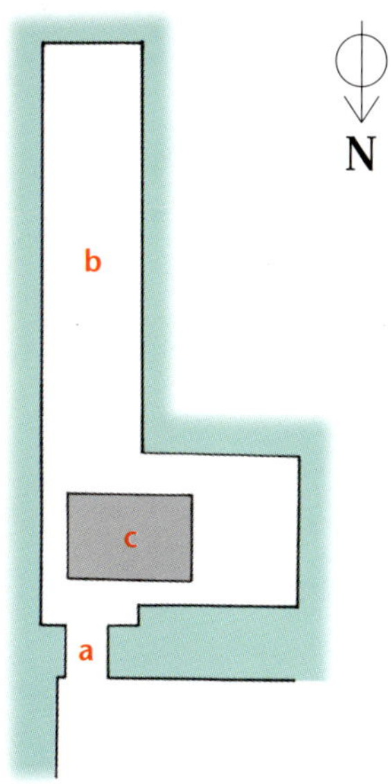

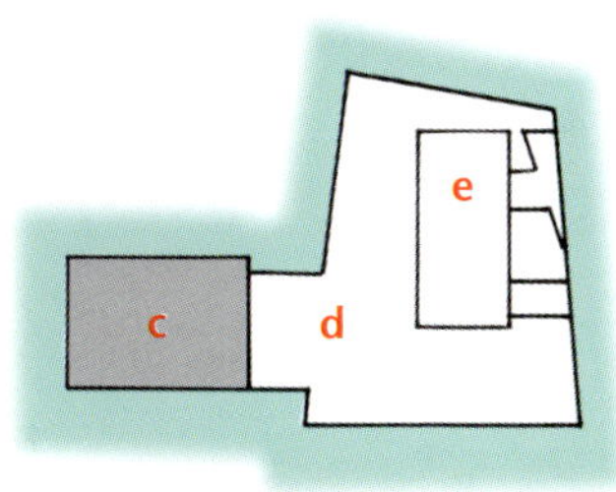

PLAN DER MASTABA DES CHAEMANCH

__a.__ Eingang
__b.__ Opferkapelle
__c.__ Schacht
__d.__ Grabkammer
__e.__ Sarkophag

Mastaba von Iymery (G 6020)

Wichtigste Titel: Priester des Chufu, Aufseher des Großen Hauses, Sohn des Schepseskafanch
Epoche: 5. Dynastie

Dieses in der südöstlichen Ecke der Nekropole gelegene Grab ist mit polychromen Reliefs von hohem künstlerischen Niveau verziert, deren Motive von großem Interesse sind. Das Grab von Iymery wurde schon von den Reisenden des vergangenen Jahrhunderts gerne besucht, die ihre Namenszüge auf den Wänden hinterließen. Der Eingang zeigt nach Osten und führt in einen kleinen Vorraum, der mit Szenen aus dem Handwerk verziert ist und mit Szenen der Op-

A

B

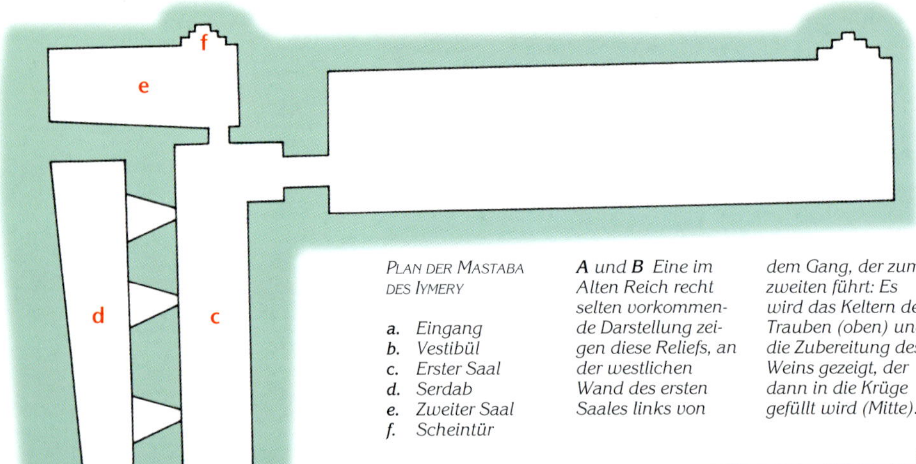
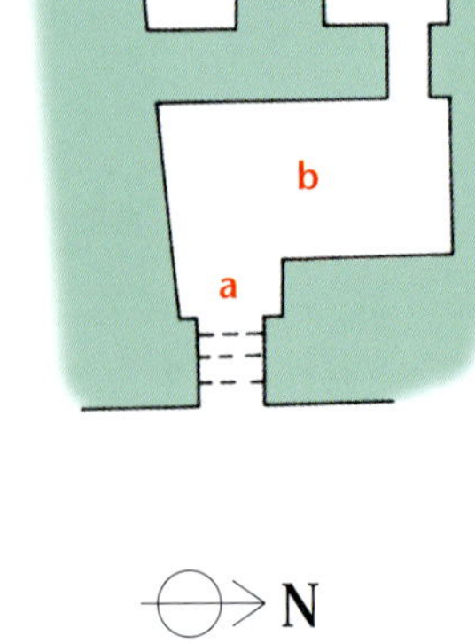

Plan der Mastaba des Iymery

a. Eingang
b. Vestibül
c. Erster Saal
d. Serdab
e. Zweiter Saal
f. Scheintür

***A** und **B** Eine im Alten Reich recht selten vorkommende Darstellung zeigen diese Reliefs, an der westlichen Wand des ersten Saales links von dem Gang, der zum zweiten führt: Es wird das Keltern der Trauben (oben) und die Zubereitung des Weins gezeigt, der dann in die Krüge gefüllt wird (Mitte).*

C

***C** Die Mastaba des Iymery ist eine der größten und dekoriertesten des Westfriedhofes. Schon im vergangenen Jahrhundert gab es viele Besucher, wie eingeschnittene Namenszüge bezeugen. Die fein gearbeiteten Reliefs sind noch in ihrer ursprünglichen Mehrfarbigkeit erhalten, wie man auf dieser, Darstellung der Zubereitung von Speisen sehen kann.*

D Das Motiv der Landarbeit ist in diesem Grab gut vertreten: Auf dieser Darstellung sind vier Bauern damit beschäftigt, die Erde mit Holzhacken urbar zu machen, um die Aussaat des Weizens vorzubereiten.

E Im Vestibül sind die Opfergaben an den Verstorbenen dargestellt: Die Fotografie zeigt einen Mann, der eine Oryxantilope zu ihm führt.

E

F

D

fergaben an den Verstorbenen, der neben seinem Vater Schepseskafanch (Westwand) oder ihm gegenüber abgebildet ist. Auf das Vestibül folgt der erste Raum, auf dessen südlicher Seite Darstellungen der Papyrusernte, der Schifffahrt und der Viehzucht abgebildet sind, außerdem die Darbietung von Opfergaben an den Verstorbenen, bei denen auch Schafe geschlachtet werden. Auf der gegenüberliegenden Seite hingegen sind Szenen der Landwirtschaft, Jagd und Fischerei zu sehen, sowie der Bau von Barken. Auch in der zweiten Kammer befinden sich Bilder mit der Darbietung von Totenopfern vor dem Verstorbenen, der hier mit seiner Gattin und seinen Angehörigen abgebildet ist, die von Musikanten und Tänzern unterhalten werden, während die Schreiber aufzeichnen, was Iymery überbracht wurde. In unmittelbarer Nähe des Grabes von Iymery befindet sich auch das seines Sohnes Neferbauptah (G 6010) und das von Iti (G 6030), dem „Vorsteher der Musik des Großen Hauses", die beide schon im 19. Jh. bekannt waren.

G

H

I

F Ein häufiges Motiv im Alten Reich war die Geburt eines Kalbes, die hier recht realistisch dargestellt ist.

G Auf der Südwand des zweiten Saales sieht man Träger mit Opfergaben, an den Vater des Verstorbenen, Schepseskafanch.

H Die Darstellungen auf der Westwand des ersten Saales zeigen Musikanten (Harfenspieler, Flötenspieler, etc.), die beim Totenmahl erfreuen sollen.

I Die hier abgebildeten Träger, die auf dem Kopf Körbe voll mit Speisen und Früchten tragen und in der Hand Vögel und Blumen halten, stellen die Prozession des irdischen Besitzes des Verstorbenen und seiner Familie dar.

Die Arbeiter der Pyramiden-baustelle

von Zahi Hawass

Seit Jahrhunderten sind die Wunder des Hochplateaus von Gizeh ein Anziehungspunkt für Forscher und Besucher. Aber was ist mit den Handwerkern und Arbeitern, die Jahrzehnte lang am Bau dieser gigantischen Monumente schufteten? Wo lebten sie? Wie sah der Alltag dieser Menschen aus? Im Gegensatz zur allgemein üblichen Auffassung waren die Erbauer der Pyramiden keine Sklaven, sondern geschulte Handwerker und Arbeiter, die nicht nur die Pyramiden-Anlagen für den König und den hohen Adel errichteten, sondern auch ihre eigenen Grabstätten für die Ewigkeit vorbereiteten. Die großen Pyramiden in Ägypten enthüllen uns endlich eines ihrer bestgehüteten Geheimnisse, das über Jahrhunderte hinweg ungelöst blieb. Wer baute in Wirklichkeit die Pyramiden? Wir neigen dazu, in der Pyramiden-Anlage in erster Linie eine Kultstätte für den König zu sehen, aber sie war vor allem ein Meisterwerk in Bezug auf die Koordinierung der Arbeiterschaft. Tausende von Arbeiter brauchten Unterkünfte, Lebensmittel und Organisation, um ihre tägliche Arbeit zu verrichten. Der Ablauf der Bauarbeiten war seit dem späten 19. Jh. Gegenstand unaufhörlicher Forschung und ist es mit den gegenwärtig unter der Leitung des Autors durchgeführten Ausgrabungen immer noch. Die Zahlen rund um die Pyramide des Cheops machen den heutigen Betrachter sprachlos vor Staunen. Die Basislänge des Bauwerks beträgt etwa 755 Fuß, es hat heute eine Höhe von etwa 137 Metern bis zur Spitze und besteht aus 2,6 Millionen Kubikmeter Steinen, von denen jeder im Durchschnitt etwa 2,5 Tonnen wiegt, wobei die größten Steinblöcke ein Gewicht von jeweils 15 Tonnen erreichen. Wer hat konkret an diesem Monumentalwerk gearbeitet? Der Überlieferung zufolge waren es Sklaven, denn die maßlose Zahl an Arbeitskräften, die für dieses Vorhaben notwendig waren, ließ sich nicht anders erklären; diese These wurde auch allgemein durch die Bibelstellen zu Moses gestützt. Anhand von Textdokumenten und archäologischen Funden dieser Dynastie aus dem Alten Reich lässt sich vermuten, dass es Handwerker und Arbeiter gab, die die Grabanlagen der Könige, der Adligen und der Beamten, die an dessen Hof lebten, verzierten. Dies läßt sich aus den Namen ableiten die unterhalb der polychromen Reliefs von Persönlichkeiten wie Prinz Nebemachet, Sohn des Chephren, und die in den Aufweg des Unas, des letzten Königs der 5. Dynastie, eingeschnitten worden waren – eine antike Form von Graffito. Ein Künstler malte in einem der Gräber des Friedhofs von Sheikh Said sein eigenes Abbild zwischen das zweier Beamter. Die Arbeiterkolonnen, die die Pyramide bauten waren in Mannschaften organisiert, die in vier Gruppen unterteilt waren, jede von ihnen hatte einen bestimmten Namen und einen Aufseher. Die Arbeiter hinterließen in der zweiten Entlastungskammer der Cheops-Pyramide Graffiti und auch auf den Steinblöcken der Königinnenpyramide. Die Mannschaften hatten Namen wie „Gefolgsleute“ oder „Mykerinos ist betrunken“. Erst kürzlich fanden wir weitere Spuren von Graffiti im Inneren der Bootsgruben, die sich östlich der Cheops-Pyramide befinden, und auf den südlichen Steinblöcken der Pyramide der Königin Henutsen,

A

A *Etwa ein Kilometer südöstlich der Pyramiden von Gizeh, kamen bei neuesten Ausgrabungen die Strukturen eines Friedhofs ans Tageslicht, der im Moment 30 große Gräber und etwa 600 kleinere Gräber umfasst. Hier wurden die Künstler, Arbeiter und Bauleiter bestattet, die die Pyramiden erbauten, insofern ähnelt sie der Nekropole der Handwerker in Deir el-Medina aus dem Neuen Reich. Die vornehmlich aus ungebrannten Nilschlammziegeln erbauten Gräber erinnern zum Teil, in verkleinertem Maßstab, an die der Beamten aus der 4. Dynastie und weisen sehr unterschiedliche Stile auf: Neben einigen Mastabas findet man Gewölbegräber oder runde Gräber mit einer Kuppel. Der Friedhof liegt auf zwei verschiedenen Ebenen. Auf dem oberen Friedhof befinden sich die vornehmeren Gräber von Personen höheren Ranges, die Titel trugen wie „Oberster Leiter der Handwerker" oder „Leiter der Bauarbeiten".*

Gemahlin des Bauherrn der großen Pyramide.
Die Nekropole von Gizeh ist eine der Stätten, in der die intensivsten Ausgrabungen von ganz Ägypten vorgenommen wurden. Hier begannen 1880 bis 1882 die ersten Forschungsarbeiten des berühmten Ägyptologen Sir Flinders Petrie statt. Petrie legte eine Reihe von Gebäudestrukturen frei, die sich westlich der äußeren Umfassungsmauer der Chephren-Pyramide befand. Er nahm an, dass es sich dabei um das Dorf handelte, in dem die Pyramiden-Arbeiter lebten. Diese Gebäude bestehen aus langen, schmalen Kammern, die an einen rechteckigen Hof angrenzen. Ihre Mauern sind aus grob gehauenen Kalksteinblöcken gebaut, die mit Lehm verputzt sind. Schätzungen zufolge wohnten in den 111 Kammern etwa 5500 Menschen. Allerdings gab es keine Siedlungsfunde, wie etwa Knochen, Fasern, Asche und Kohle, die erwiesen hätten, dass hier tatsächlich Menschen gelebt hatten. Daher ist Petries Interpretation hinsichtlich dieser Kammern eher unwahrscheinlich. In den Jahren 1988/89 kam man im Laufe einer weiteren Ausgrabung in diesem Gebiet zu dem Ergebnis, dass diese Kammern nicht den Überbleibseln einer menschlichen Siedlung entsprachen, sondern dass es sich eher um Magazine handelte. Die Pyramiden-Anlage des Mykerinos wurde 1955 von G. Reisner und in jüngerer Zeit von Abdel-Aziz Saleh erforscht. Reisner entdeckte in dem offenen Hof leicht östlich des Taltempels des Mykerinos Überreste von aus Nilschlammziegeln gebauten Häusern aus dem Alten Reich. Archäologische Funde stützen die These, dass es sich hierbei um das Dorf der Arbeiter der Pyramidenbaustelle handelte. Saleh legte etwa 73 Meter südlich des Aufwegs des Mykerinos eine Maueranlage aus Schutt frei. Er entdeckte die langen und schmalen Fundamente eines Bezirks aus Werkstätten, in denen die Kultobjekte für den König hergestellt wurden. In diesem Bereich wurden 15 Gebäude aus Schutt und Nilschlamm ausgemacht, die jeweils aus mehrerern Zimmern mit unterschiedlichem Grundriss bestanden; neben den Öfen zum Backen von Brot oder zum Brennen von Ton wurden auch die Anlagen für die Verarbei-

tung des Tons entdeckt. Der österreichische Archäologe K. Kromer führt in den Jahren 1971–75 Ausgrabungen in einem großen Haufen aus Siedlungsfunden durch, die sich in der Nähe des größten Wadi befanden. In allen nach und nach freigelegten Schichten wurden Spuren von Knochen, Asche, Gefäßscherben, Steinschüsseln, Stücke von Nilschlammziegeln und Tonziegel von Cheops und Chephren gefunden. Auf der Basis dieser Fundstücke zog Kromer den Schluss, dass dieser Haufen aus den Abfällen bestand, die die im Dienste dieser Könige stehenden Arbeiter hier abgeladen hatten. Seiner Ansicht nach sind diese Erzeugnisse fünf verschiedenen Schichten zuzuordnen und er identifizierte sie als die typischen Reste einer Siedlung. Die jüngsten Grabungen bestätigen nicht nur die Existenz einer Arbeitergemeinschaft, sondern ermöglichen auch einen Einblick in ihr tägliches Leben. Bei den Ausgrabungen konnten drei große Bereiche bestimmt werden: Das Dorf der Arbeiter, der Institutionsbereich und die Gräber der Arbeiter und Aufseher. Diese Bereiche befinden sich südöstlich der großen Sphinx. Am Fuße der Pyramiden von Gizeh befindet sich die moderne Stadt Nazlet el-Samman (200 000 Einwohner). Während der Bauarbeiten am Abwassernetz wurden vor kurzem Fundamente und Tonscherben gefunden, ein eindeutiger Beweis dafür, dass das Gebiet in der Antike intensiv bewohnt war. Die von Dr. Hawass und Dr. Lehner entdeckte Fundstätte ist drei Quadratkilometer groß und befindet sich südlich des vor kurzem entdeckten Taltempels des Cheops. Das archäologische Material der Siedlung wurde ausführlich katalogisiert, ausgehend von drei Meter unterhalb des heutigen Bodenniveaus bis in sechs Meter Tiefe. Alle in diesem östlich der Pyramiden gelegenen Bereich durchgeführten Kernbohrungen weisen auf eine durchgängige Anhäufung von Siedlungsfunden hin, von den ältesten bis hin zu jüngeren. Dies bedeutet, dass die antiken Arbeitersiedlungen sich unterhalb von heute bewohnten Orten wie Nazlet el-Samman befanden. Nachfolgende Ausgrabungen wiesen auf einen weiten Bereich aus Ziegelbauten, mit dazugehörigen Ascheschichten und anderen Bruchstücken hin, darunter auch zahlreiche Tongefäße aus dem Alten Reich. Tausende von Bruchstücken von Geschirr bescheidener Qualität sind ans Tageslicht gekommen, Brotformen, Bierkrüge usw. Neben den erwarteten groben Geschirrteilen wurde überraschenderweise auch eine große Menge an fein polierter roter Töpferware entdeckt; die Hypothese, dass diese hochwertige Keramik ein Merkmal der wohlhabenderen Schichten gewesen sei, wurde somit widerlegt. Auch wurden außergewöhnlich schöne südägyptische Gefäße für Speisen entdeckt, die die These stützen, dass die Speisen aus anderen Regionen zu den Monumenten gebracht wurden. Dies hebt noch einmal hervor, dass eine gemeinsame Anstrengung mehrerer Gemeinschaften notwendig war, um dieses gewaltige Bauvorhaben in die Tat umzusetzen. Die Arbeiter und ihre Familien bildeten mit ihren Ernährungsgewohnheiten und ihrem Alltag ein eigenständiges soziales Gefüge, sie hatten Wohnungen, Brot, Bier und Fleisch. Der Verzehr von Fleisch wird durch hinterlassene Rinder- und Schweineknochen bezeugt. Durch die Analyse des Blütenstaubs verschiedener Pflanzen, die dort gefunden wurden, lässt sich das Klima von vor 4600 Jahren bestimmen. Dank der Anordnung der Gräber der Arbeiter und der Aufseher lassen sich zwei, sich deutlich voneinander unterscheidende Gemeinschaften ausmachen: Die Handwerker, die die Gräber verzierten und die Steine behauten, lebten in einem Dorf, und die Arbeiter, die für den Transport der Steine zuständig waren, in einem anderen. Die Auffassungen über die Zahl der Menschen, die an den großen Pyramiden der 4. Dynastie arbeiteten, gehen sehr weit auseinander. Herodot sprach von 100 000 Leuten, die über 20 Jahre lang alljährlich einen Zeitraum von drei Monaten an der Cheops-Pyramide gearbeitet hätten. Man geht aber davon aus, dass diese Zahl viel zu hoch angesetzt ist. Einer anderen, glaubwürdigeren Schätzung zufolge sollen 30 000 Menschen tatsächlich dort selbst gelebt haben, während andere in der Umgebung von Memphis lebten und täglich zur Arbeit herkamen. Im zweiten Bereich, dem Institutionsbereich, wurden zwei Bäckereien aus dem Alten Reich entdeckt. Die Vermutung, dass hier das Brot für die ganze Arbeiterschaft gebacken wurde, ist nicht von der Hand zu weisen. Große Behälter wurden gefunden, die 30 Pfund Brot fassen konnten. Anscheinend wurden diese Backformen in großen Bottichen mit Kohle zugedeckt. Auch ein großes Lager mit Brotformen aus dem Alten Reich wurde entdeckt, die genau mit denen auf den Alltagsdarstellungen im Grab des Ti in Sakkara übereinstimmen. Die gefundenen Brotkrümel weisen darauf hin, dass das Brot aus Gerste bestand, wodurch die Brote schwer und mächtig wurden. Die Bottiche für den Brotteig und die Brotformen wurden gestapelt und in offenen Öfen in den Räumen der Bäckerei gebacken. Brot und Bier waren die Hauptnahrungsmittel der alten Ägypter, dazu kamen Proteine durch Rind- und Schweinefleisch. In diesem Bezirk wurde ein weiterer Gebäudeteil gefunden, der eventuell als Vorratslager für das Getreide diente, das sowohl für die Brot- als auch für die Bierherstellung verwendet wurde. Ein interessanter Fund war ein Siegelabdruck mit dem Wort „wabet“, was sich entweder auf die Einbalsamierung oder auf die Metallverarbeitung bezieht. Ein weiteres Wort, „perschna“, das ebenfalls hier gefunden wurde, könnte sich auf ein Arbeitshaus oder auf einen Polizeidienst beziehen. Dieselbe Inschrift wurde auch in der Bäckerei gefunden, die Teil eines größeren Komplexes war, zu dem auch die Brauerei und die Getreidespeicher gehörten. Brot und Bier wurden in den gleichen Räumlichkeiten hergestellt, denn der leicht angebackene Brotteig wurde auch für die Maische verwendet, und wahrscheinlich enthielt auch der Brotteig einen Anteil an Bier. All dies deutet auf eine staatliche Struktur oder Institution hin, die für die Ernährung der Arbeitskräfte zu-

A Hin und wieder sind die Gräber des Arbeiterfriedhofs mit Reliefdarstellungen von beachtlicher Qualität verziert, wie zum Beispiel diese Darstellung, die das Grab eines Bauaufsehers des oberen Friedhofs schmückt.

90-91 Die ersten Sonnenstrahlen fallen auf die beeindruckenden Bauwerke von Gizeh: Die Pyramide des Chephren links, die Cheops-Pyramide und die Sphinx rechts.

A

ständig war. Aber die faszinierendste Entdeckung stellt vielleicht der mit diesen Gemeinschaften verbundene Friedhof dar, dieser liegt westlich des Institutionsbereichs. Die derzeitigen Ausgrabungen brachten mehr als 300 Gräber zum Vorschein und viele sind noch zu entdecken. Viele von ihnen sind Nachbildungen der großartigen Baupläne der Pharaonen, Adligen und Beamten. Einige der Gräber sind zwar einfache Mastabas aus Nilschlammziegeln in der Art der früheren Dynastien, aber die Architektur der Grabanlagen ist nun um Gewölbedecken, kleine Nachbildungen der Stufenpyramide und Pyramiden mit Umfassungsmauern erweitert. In der Zeit vor dieser Dynastie waren alle Mastaba-Gräber mit Nilschlammziegeln errichtet worden. Nun wurden die Gräber aus Kalkstein, Basalt- und Granitstücken gebaut, dem Restmaterial vom Pyramidenbau. Auch über den Tod hinaus scheint es eine Art Hierarchie zu geben. In den Grabanlagen der Aufseher sind Gedenktafeln für den Verstorbenen und seine Familie, bemalte Scheintüren für den Toten und seine Frau sowie Inschriften, die auf die Position des Verstorbenen hinweisen; diese Grabanlagen liegen östlich vor den schlichteren Gräbern, in denen die sterblichen Hüllen der Arbeiter beigesetzt wurden, die den Beamten gedient hatten. Die Arbeiter wurden in fetaler Position beigesetzt und bei vielen Arbeitern erkennt man deutlich, unter welcher Belastung der Rücken gestanden haben muss. Bei einem Menschen stellte man Schädel- und Rippenkrebs fest. Auch ein Grab einer kleinwüchsigen schwangeren Frau wurde entdeckt. Einige Inschriften von hervorragender Machart berichten über Priesterinnen, die der Hathor geweiht waren. Sie legen die Vermutung nahe, dass die Göttin als Beschützerin der Arbeiter galt. Die in großer Zahl gefundenen fein gearbeiteten Statuen zeigen die hohe Qualität der Grabbeigaben. Dazu gehört die einer knienden Frau, die Getreide oder Pigmente mit einer Rolle mahlt, die eines lächelnden Handwerkers und ein großartiger Reservekopf; die zarten, Farben und die kleinsten Details der Statuen sind noch wunderbar erhalten, da sie durch den Sand und das trockene Klima geschützt waren. Die Grabbeigaben bestanden aus Gegenständen des täglichen Lebens dieser Leute: Bierkrüge, Brotformen, Blumenvasen, Teller und Tongefäße.

Die drei Gemeinschaften oder Arbeitersiedlungen, waren durch eine große Mauer von der Pyramidenbaustelle abgetrennt, in deren Mitte eine Brücke war, über die die Arbeiter zur Baustelle gelangten. Die alten Ägypter, die für ihren Pharao beim Bau seiner großen Pyramide schufteten, waren freie Menschen, die nach heutigen Maßstäben ein extrem hartes Leben führten. Es ist richtig und angemessen, dass die Forscher nun ihr Augenmerk auf die Untertanen lenken, die den Pharao unsterblich machten.

Abu Rowash

A *Die unvollendete Pyramide in Abu Rowasch wurde für Djedefre erbaut, den Sohn und direkten Nachfolger des Cheops, dessen kurze Regierungszeit nur etwa acht Jahre dauerte. Die heute nur noch etwa neun Meter hohe Pyramide dürfte früher etwa genau so hoch gewesen sein wie die des Mykerinos.*

A

B

C

Etwa 7,5 km nordwestlich von Gizeh befindet sich das Pyramidenfeld von Abu Rowasch, das während des Alten Reiches ein Verwaltungszentrum von gewisser Bedeutung war. Die ältesten Gräber reichen bis in die protodynastische Zeit und in die Zeit der 1. Dynastie zurück. Diesen Ort wählte Djedefre, der Sohn und Nachfolger von Cheops, der nur acht Jahre lang regierte, für den Bau seiner Pyramide aus. Wahrscheinlich blieb die Pyramide aufgrund seiner kurzen Regierungszeit unvollendet oder nur in einem Anfangsstadium. Man nimmt an, dass die Basislänge des Bauwerks etwa 100 Meter betragen haben musste. Heute sieht man nur noch die erste Lage der Pyramide und den riesigen Schacht, der durch das Abtragen der Baustrukturen verursacht wurde.
An der Ostseite ist eine 35 Meter lange Bootsgrube zu sehen sowie die Überreste des Totentempels aus ungebrannten Ziegeln. Hier wurden bei Ausgrabungen durch die Expedition des Institut Français d'Archéologie Orientale unter der Leitung von Emile Gaston Chassinat wunderbare Köpfe gefunden, die Djedefre darstellen.

Plan der Pyramide von Abu Rowasch

- a. *Eingang*
- b. *Absteigender Gang*
- c. *Grabkammer*
- d. *Kultpyramide*
- e. *Bootsgrube für das Sonnenschiff*
- f. *Totentempel*
- g. *Überreste der Ziegelumwallung*

D

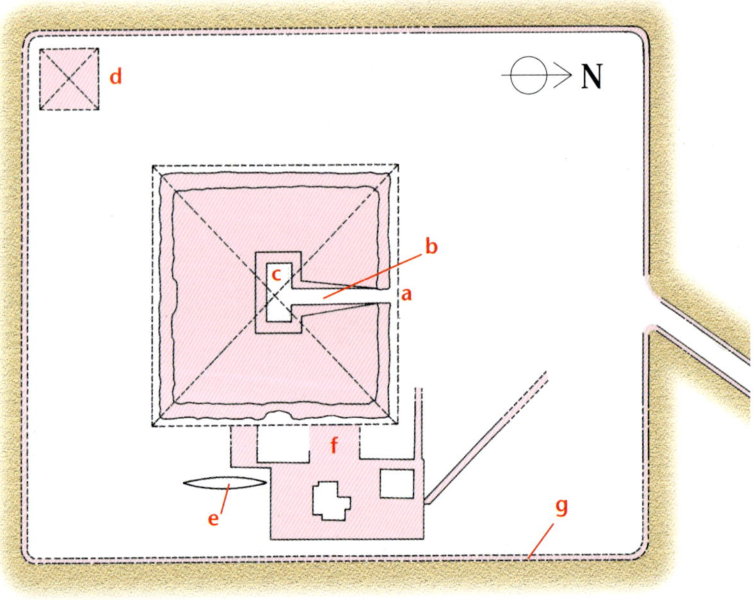

B *An der Ostseite der Pyramide erkennt man die Umrisse eines Totentempels aus ungebrannten Lehmziegeln, der nicht auf der gleichen Achse wie die Pyramide liegt.*

C *Der innere Aufbau der Pyramide des Djedefre unterscheidet sich sehr von dem der großen Pyramiden in Gizeh. Er besteht aus einem großen T-förmigen Schacht, zu dem der 5,7 Meter breite und 48 Meter lange absteigende Gang und die 24 Meter lange und elf Meter breite Grabkammer gehört.*

D *In der Nähe der südöstlichen Ecke der Pyramide befindet sich eine große Bootsgrube, die 35 Meter lang und 9,5 Meter tief ist. Dort wurden Bruchstücke zahlreicher Statuen gefunden, die Djedefre darstellen, sowie ein wundervoller Kopf, der heute im Louvre ausgestellt ist.*

Zawiet el-Arjan

E *Im südlichen Teil der zwischen Gizeh und Abusir gelegenen archäologischen Fundstätte von Zawiet el-Arjan stehen die Überreste dieser großen unvollendet gebliebenen Stufenpyramide. Das von dem italienischen Ägyptologen Alessandro Barsanti im Jahr 1909 entdeckte Monument wurde später von Reisner erforscht, der es König Chaba, dem Nachfolger des Hor Sechemchet zuschrieb.*

Etwa zwei Kilometer südlich der Pyramiden von Gizeh und noch vor den Fundstätten von Abusir befindet sich der Ort Zawiet el-Arjan, in dem zwei unvollendet gebliebene Pyramiden entdeckt wurden.
Die südlichere der beiden ist eine Stufenmastaba mit 14 Schalen, die auch heute noch 16 Meter hoch ist. Sie wurde König Chaba aus der 3. Dynastie, dem Nachfolger des Hor Sechemchet, zugeschrieben.
Von der Zweiten, die sich nördlich der vorher Beschriebenen befindet, ist nur noch ein Schacht zu sehen, ähnlich wie der in Abu Rowasch, aber von noch größerem Ausmaß.
Diese unvollendet gebliebene Pyramide, die zu Beginn des Jahrhunderts von Alessandro Barsanti erforscht und vermessen wurde, war in ihren Größenverhältnissen vergleichbar mit der Chephren-Pyramide und wurde einem König der 4. Dynastie zugeschrieben, der wahrscheinlich für nur kurze Zeit zwischen Cheops und Chephren regierte; angesichts der Analogien zwischen den Pyramiden von Abu Rowasch und Zawiet el-Arjan könnte es sich auch um einen Sohn von Djedefre handeln.
Aufgrund der unmittelbaren Nähe eines Militärbezirks ist das Feld von Zawiet el-Arjan schwer zugänglich.

E

F

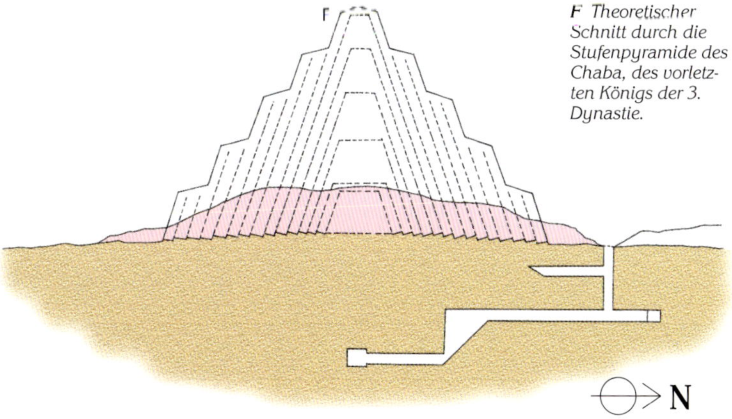

F *Theoretischer Schnitt durch die Stufenpyramide des Chaba, des vorletzten Königs der 3. Dynastie.*

G

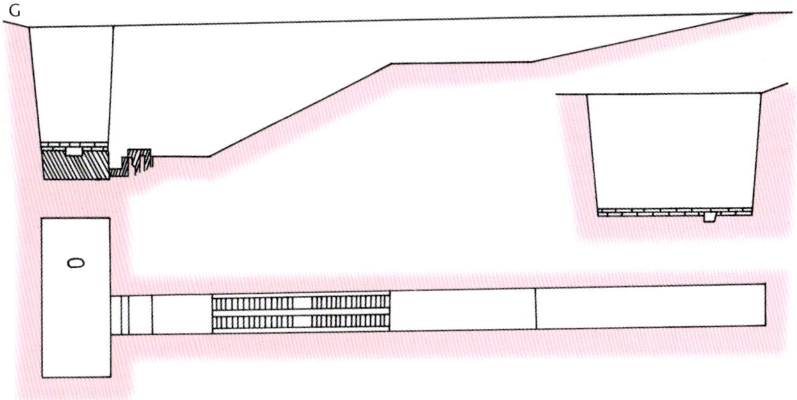

G *Im nördlichen Bereich des Gebiets von Zawiet el-Arjan fand Barsanti 1905 einen riesigen Schacht, ähnlich dem in Abu Rowasch: Die Überreste einer großen Pyramide der 4. Dynastie, die etwa so groß gewesen sein muss wie die des Chephren und möglicherweise einem Sohn des Djedefre zugeschrieben werden kann, dessen Name uns heute nicht bekannt ist.*

Die Pyramiden von Abusir

Fast alle Pharaonen der 5. Dynastie bauten ihre Pyramiden südlich von Gizeh, im Gräberfeld von Abusir.
Die Pyramiden, die sich in architektonischer und stilistischer Hinsicht völlig von den großen Pyramiden in Gizeh unterscheiden, spiegeln eine Veränderung der theologischen Auffassungen wieder, in denen sich der Sonnenglauben von Heliopolis immer stärker durchsetzt. In der Namengebung drückt sich diese Veränderung durch die Verwendung des Suffixes *-re* bei allen Königsnamen dieser Dynastie, mit Ausnahme von Userkaf und Unas, aus. In der Architektur hingegen durch einen neuen Tempeltypus: Das Sonnenheilig-

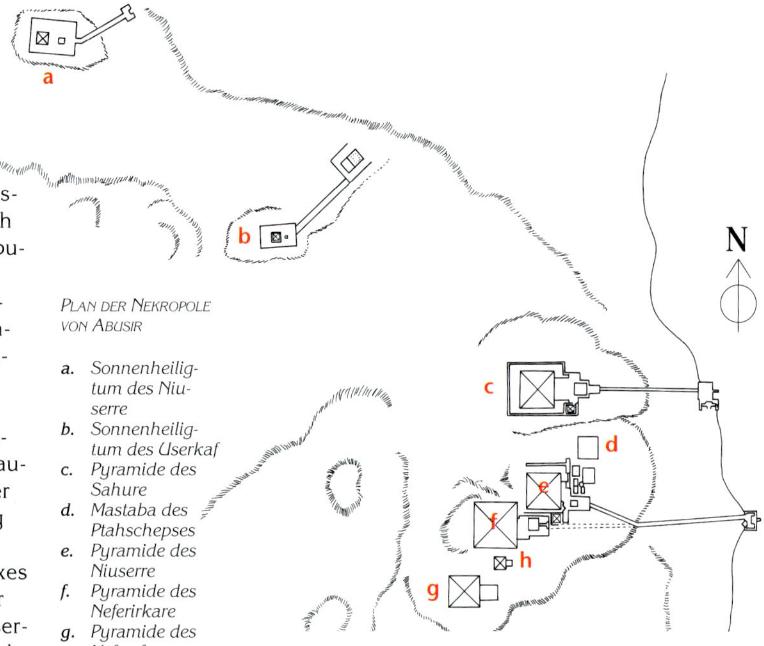

Plan der Nekropole von Abusir

a. Sonnenheiligtum des Niuserre
b. Sonnenheiligtum des Userkaf
c. Pyramide des Sahure
d. Mastaba des Ptahschepses
e. Pyramide des Niuserre
f. Pyramide des Neferirkare
g. Pyramide des Neferefre
h. Pyramide der Königin Chentkaues

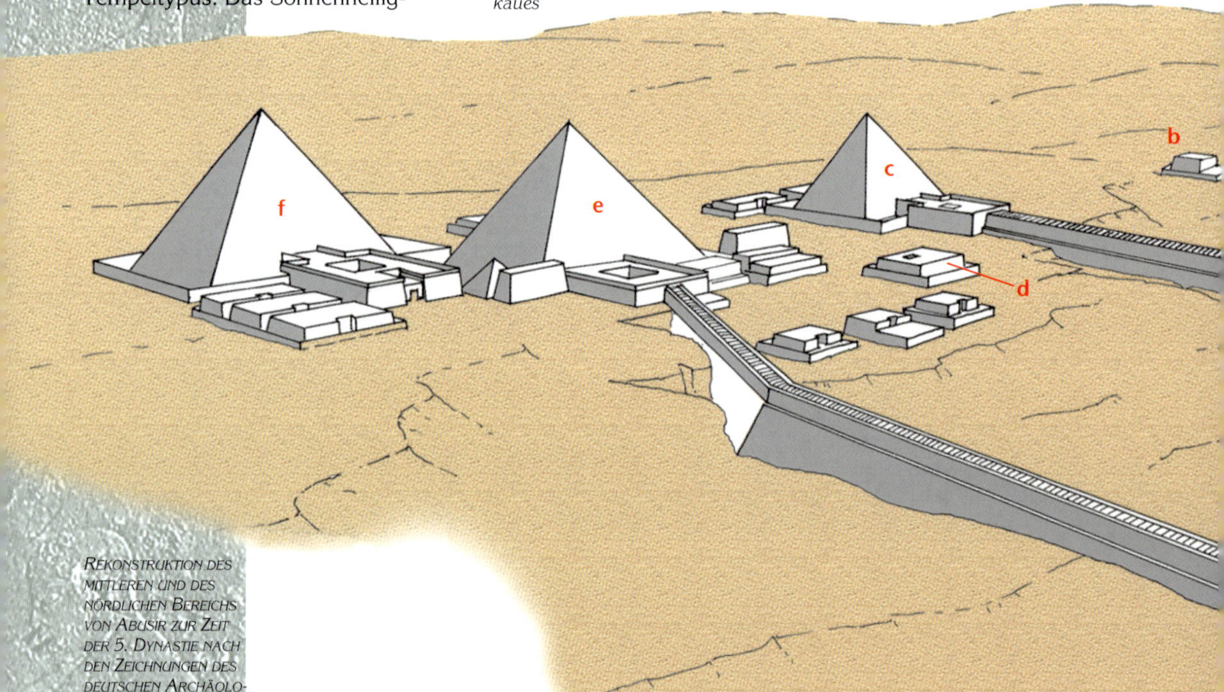

Rekonstruktion des mittleren und des nördlichen Bereichs von Abusir zur Zeit der 5. Dynastie nach den Zeichnungen des deutschen Archäologen Borchardt.

a. Sonnenheiligtum des Niuserre
b. Sonnenheiligtum des Userkaf
c. Pyramide des Sahure
d. Mastaba des Ptahschepses
e. Pyramide des Niuserre
f. Pyramide des Neferirkare

A Süd-Ost-Ansicht der Fundstätte von Abusir, wenige Kilometer südlich von Gizeh, wo sich die Könige der 5. Dynastie beisetzen ließen. Rechts sieht man die Pyramide des Sahure, gefolgt von denen des Niuserre und des Neferirkare, der größten der Gruppe. Ganz links sind die Überreste der Pyramide des Neferefre zu erkennen.

B Die Mastaba des Ptahschepses, eines hohen Würdenträgers unter König Sahure, ist die beeindruckendste Grabanlage in Abusir.

tum als Symbol der Verbindung des Königs mit dem Sonnengott. Die Pyramiden der 5. Dynastie sind nicht mehr so groß, es wurden lokale, weniger aufwendige Materialien verwendet. Der weiße Tura-Kalkstein wurde nur für die äußere Verkleidung verwendet, genauso wie andere hochwertige Materialien wie Rosengranit oder Basalt. Hier spiegelt sich die Notwendigkeit wieder, Sparmaßnahmen bei den Materialien, als auch beim Einsatz von Arbeitern und Handwerkern zu ergreifen. Der Totentempel scheint eine bedeutendere Rolle einzunehmen, er wird meist groß und aus hochwertigen Materialien gebaut und mit Flachreliefs von höchster Qualität dekoriert. Userkaf, der erste König der 5. Dynastie, wählte Sakkara als Ort seiner Bestattung, das erste Sonnenheiligtum allerdings, von dem heute nur noch wenige Überreste erhalten sind, ließ er in Abusir errichten. Aus zeitgenössischen Inschriften weiß man, dass es sechs Sonnenheiligtümer gab, aber nur zwei von ihnen sind lokalisiert. Sahure, Nachfolger von Userkaf, ließ als Erster eine Pyramide in Abusir errichten. Niuserre ließ nördlich von dem des Userkaf ebenfalls ein Sonnenheiligtum errichten.

A

B

C

C Die Pyramiden von Abusir von Süden aus gesehen: Im Vordergrund erkennt man die Überreste der Pyramide des Neferefre und die große Pyramide des Neferirkare.

A

Das Sonnenheiligtum des Userkaf

Die Überreste dieses nördlichsten Bauwerks von Abusir wurden zwischen 1954 und 1957 vom Schweizerischen Archäologischen Institut unter der Leitung von H. Ricke systematisch ausgegraben und erforscht. Durch die Untersuchungen konnte festgestellt werden, dass der Tempel, in dem keine Reliefs gefunden wurden, in einer späteren Zeit gebaut wurde, außerdem stellten die Schweizer Archäologen die Vermutung auf, dass er mit dem Kult der Göttin Neith in Zusammenhang stehen könnte, deren Name allerdings nirgendwo auftaucht.

C Diese Reihe von Becken befindet sich im Hof des Sonnenheiligtums des Niuserre, wahrscheinlich war hier der Bereich, der für das Schlachten der Opfertiere vorgesehen war. Im Hintergrund sieht man den Sockel des großen Obelisken, der den benben *symbolisierte, den Stein, auf den die ersten Sonnenstrahlen nach der Schöpfung der Erde fielen. Der Sockel des Obelisken hat die Form einer stumpfen Pyramide.*

D Diese Becken, die wahrscheinlich als Auffangbecken bei der Schlachtung verwendet wurden, sind aus feinstem Alabaster gearbeitet.

A Dieser wundervolle Kopf des Userkaf, des ersten Königs der 5. Dynastie, mit der Roten Krone von Unterägypten wurde 1957 während der Ausgrabungsarbeiten an seinem Sonnenheiligtum im Nordsektor von Abusir entdeckt. Sein Sonnentempel ist das erste bekannte Beispiel dieser Art; heute sind nur noch wenige Reste davon erhalten. Im Gegensatz zu seinen unmittelbaren Nachfolgern ließ Userkaf seine Pyramide in Sakkara errichten. (Kairo, Ägyptisches Museum)

B Mitten im Hof des Sonnenheiligtums des Niuserre, das nördlich von dem des Userkaf in der Fundstätte Abu Ghurob liegt, befindet sich ein großer und wunderschöner Opferaltar mit einem Durchmesser von etwa sechs Metern, der aus fünf Alabasterblöcken gebaut ist. Die eigenartige Form entsteht dadurch, dass die Blöcke des Altars an der Oberfläche so behauen sind, dass die vier hieroglyphische Zeichen hetep *bilden.*

Das Sonnenheiligtum des Niuserre

Dieses Baudenkmal, das von Niuserre, dem sechsten König der 5. Dynastie gebaut wurde, befindet sich etwa 500 Meter nordwestlich des Tempels von Userkaf, in einem Bezirk mit dem Namen Abu Ghurob und ist weitaus besser erhalten als jener. Der Tempel, den John Perring im Jahr 1837 entdeckte wurde in den Jahren 1898 bis 1901 von Ludwig Borchardt und Heinrich Schäfer im Auftrag des Freiherrn von Bissing und der Deutschen Orientgesellschaft freigelegt. Die Forschungen brachten die Struktur des Tempels zum Vorschein und ermöglichten eine genaue graphische Nachbildung. Das Sonnenheiligtum war, analog zur Pyramide, Teil eines Komplexes, zu dem drei Hauptelemente gehörten: Der obere Tempel, der nach Nordosten geneigte Aufweg, in dem in Reliefdarstellungen das Sedfest abgebildet war, und der Taltempel. Die baulichen Übereinstimmungen mit den Pyramidenbezirken, die auch in antiken Inschriften belegt sind, lassen darauf schließen, dass auch das Sonnenheiligtum mit der Bestattung in Zusammenhang stand.

Das Sonnenheiligtum bestand aus einem Vestibül, das auf einen gepflasterten Hof von 100 Meter Länge und 75 Meter Breite führte, der von einer Steinmauer umgeben und von einem großen Obelisken beherrscht war. Dieses Kultsymbol des Sonnengottes war auf einer heute etwa 15 Meter hohen stumpfen, pyramidenförmigen Basis aus Steinblöcken errichtet worden, vor dem sich ein monumentaler Opferaltar aus Alabaster mit einem Durchmesser von etwa sechs Metern befand. Der Obelisk, das wichtigste Element des Tempels, symbolisierte den *benben*, den Stein, auf den die Sonne im Moment der Schöpfung der Welt ihre ersten Strahlen schickte.

An der Südseite des Obelisken stand eine Kapelle, in deren Innerem sich die sogenannte Weltenkammer befand, deren Flachreliefs, die heute zu einem großen Teil im Archäologischen Museum Berlin ausgestellt sind, die schöpferi-

B

sche und Leben erhaltende Macht des Sonnengottes über die Natur, die Ernte, die Tiere und die drei Jahreszeiten des ägyptischen Kalenders (*schemu* „Sommer“, *peret* „Winter“ und *achet* „Überschwemmung“) rühmen, die als menschliche Gestalten dargestellt sind, gefolgt von der Abbildung der „Nomoi“ (eine Art Provinzen), von denen es zur Zeit des Alten Reiches 42 gab.

In der nordöstlichen Ecke der Umfassungsmauer befand sich der Bereich, der für die Schlachtung der Opfertiere vorgesehen war; zehn große Alabasterbecken und eine Reihe von Magazinen weisen auf diesen Opferbezirk hin. Südlich außerhalb des Hofes ist noch heute eine Bootsgrube aus luftgetrockneten Ziegeln zu sehen.

C

D

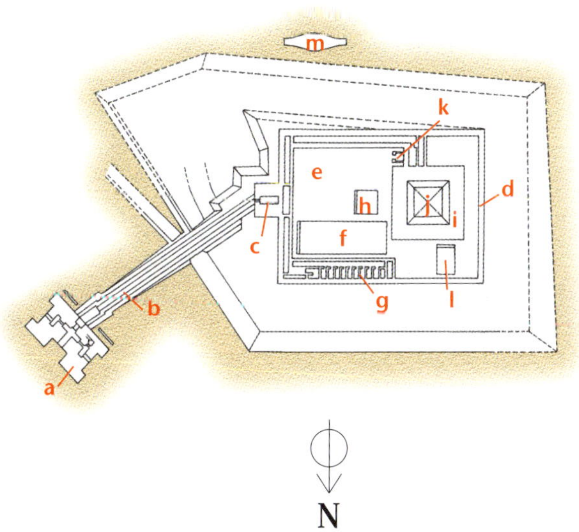

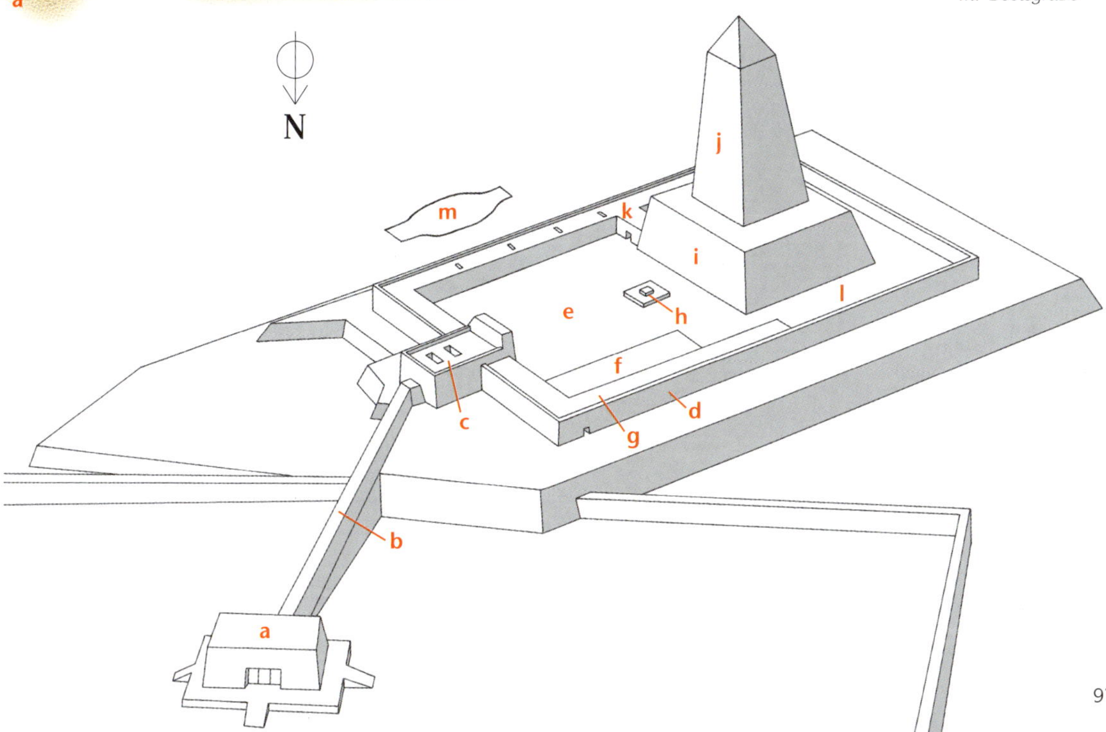

PLAN UND REKONSTRUKTION DES SONNENHEILIGTUMS DES NIUSERRE NACH BURCHARDT

- a. *Taltempel*
- b *Aufweg*
- c. *Oberer Tempel*
- d. *Umfassungsmauer*
- e. *Hof*
- f. *Großer Schlachthof*
- g. *Magazine*
- h. *Opferaltar*
- i. *Sockel*
- j. *Obelisk*
- k. *Weltenkammer*
- l. *Kleiner Schlachthof*
- m. *Bootsgrube*

Die Pyramide des Sahure

Name in der Antike: „Der *Ba* des Sahure erscheint"
Ursprüngliche Höhe: 48 m
Basislänge: 78,5 m
Neigungswinkel: 50°11'40"

Die Pyramide selbst ist zwar schon ziemlich verfallen, der dazugehörige Totentempel und der Aufweg sind aber in gutem Zustand und die Grundrisse des Taltempels sind noch zu erkennen. Der an der Ostseite liegende Tempel hatte einen aufwendigen Grundriss und umfasste ein Vestibül, einen von Palmsäulen umgebenen Hof, von denen zwei an ihrem ursprünglichen Standort wieder aufgerichtet wurden, eine doppelte Reihe von Magazinen und den Totenopferraum; er war mit wunderbaren Reliefdarstellungen dekoriert, die eine geschätzte Fläche von 100 000 Quadratmetern bedeckten.
Zur Zeit ist der gesamte Bezirk Gegenstand von Forschungs- und Restaurierungsarbeiten unter der Leitung von Zahi Hawass. Bald wird die Pyramide für die Öffentlichkeit zugänglich gemacht werden.

A

B

C

D

A Sahure, Nachfolger von Userkaf, war der erste König, der in Abusir eine Pyramide errichten ließ: Seine Pyramide ist ein typisches Beispiel für den Aufbau der Pyramiden der 5. Dynastie. Der schlechte Erhaltungszustand der Pyramiden aus dieser Zeit ist auf die Tatsache zurückzuführen, dass beim Bau der Pyramide kleinere, grob behauene Blöcke verwendet wurden, und dass der verwendete lokale Kalkstein den äußeren Einflüssen weniger Widerstand entgegensetzen konnte.

B Der Totentempel des Sahure weist einen aufwendigen Grundriss auf. Er wurde aus widerstandsfähigen Materialien wie Basalt und Granit errichtet und ist gut erhalten.

C An der Ostseite des Tempelhofs stehen noch zwei Palmkapitellsäulen.

D Auf diesem großen Granitarchitrav an der Nordseite des Hofs, ist die Kartusche mit dem Namen des Königs eingeschnitten, der, als Huldigung an den Sonnengott, den Suffix -re enthält.

E

F

E und F Zwei Ausschnitte aus den vor kurzem entdeckten Reliefs, die den Totentempel des Sahure schmückten. Das obere Bild, das von großem Interesse ist, stellt die von der Hungersnot getroffenen Wüstenbewohner dar.

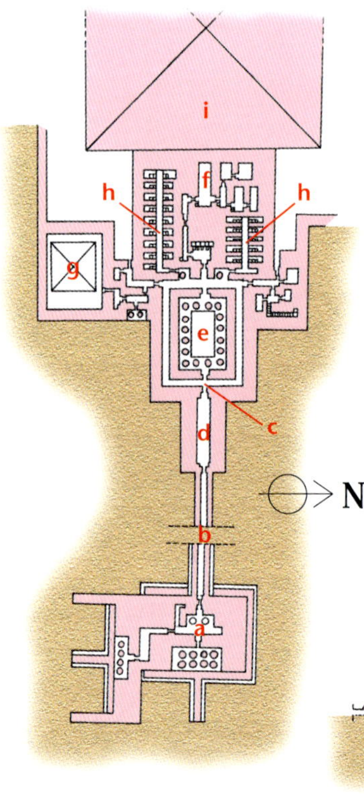

PLAN DER PYRAMIDENANLAGE DES SAHURE

- *a. Taltempel*
- *b. Aufweg*
- *c. Totentempel*
- *d. Vestibül*
- *e. Opferhof*
- *f. Totenopferraum*
- *g. Kultpyramide*
- *h. Magazine*
- *i. Pyramide des Sahure*

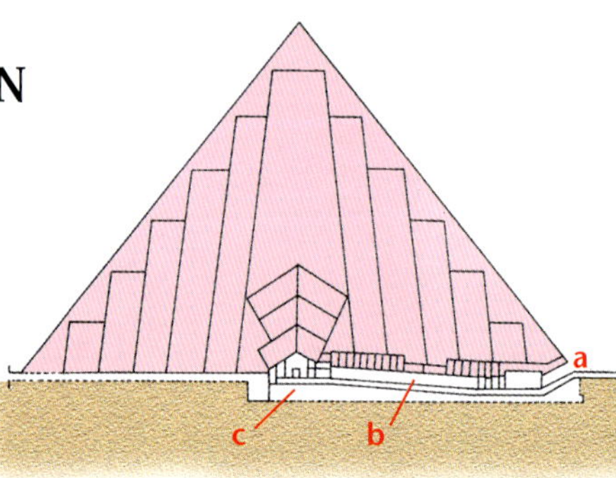

QUERSCHNITT DURCH DIE PYRAMIDE DES SAHURE

- *a. Eingang*
- *b. Korridor*
- *c. Grabkammer*

Die Pyramide des Niuserre

Name in der Antike: „Es dauern die Stätten des Niuserre"
Ursprüngliche Höhe: 51,5 m
Basislänge: 81 m
Neigungswinkel: 51°50'35''

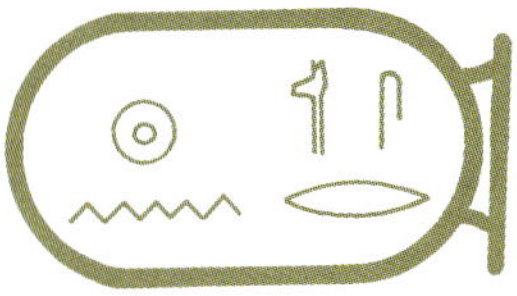

Auch die Pyramide des Niuserre war mit einem aufwendigen Totentempel ausgestattet, dessen Böden aus großen Basaltplatten bestand. Eine Besonderheit dieses Tempels besteht darin, dass er sich nicht auf der sonst üblichen Ost-West-Achse der Pyramide befindet, sondern nach Süden verschoben liegt. Niuserre übernahm einen großen Teil des Aufwegs sowie den Taltempel, die eigentlich zu der benachbarten Pyramide des Neferirkare, des Nachfolgers von Sahure, gehörten, für seine eigene Grabanlage.

G

G Die weniger gut erhaltene Pyramide des Niuserre steht in der Mitte zwischen der des Sahure (im Hintergrund) und der des Neferirkare. Niuserre, der Nachfolger des Neferefre, war der letzte König, der in Abusir beigesetzt wurde.

H

H Der Totentempel des Niuserre folgt dem von Sahure eingeführten Bauplan. Außergewöhnlich ist, dass er nicht auf der Ost-West-Achse der Pyramide ausgerichtet ist, sondern nach Süden verschoben liegt; nur der Totenopferraum mit der Scheintür behält die traditionelle Ausrichtung bei. Der 365 Meter lange Aufweg führt zuerst nach Südosten und dann nach Osten: Diese Abweichung beruht darauf, dass Niuserre den Aufweg seines Vorgängers Neferirkare, dessen Pyramide direkt südlich liegt, übernahm. Der Taltempel liegt heute unter dem Sand begraben.

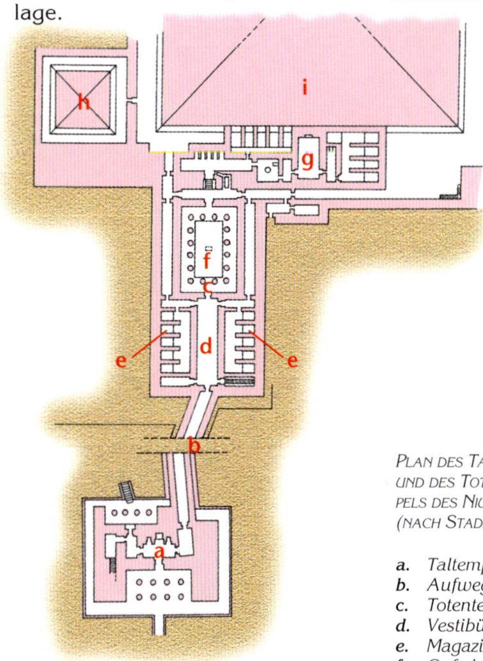

PLAN DES TALTEMPELS UND DES TOTENTEMPELS DES NIUSERRE (NACH STADELMANN)

a. *Taltempel*
b. *Aufweg*
c. *Totentempel*
d. *Vestibül*
e. *Magazine*
f. *Opferhof*
g. *Totenopferraum*
h. *Kultpyramide*
i. *Pyramide des Niuserre*

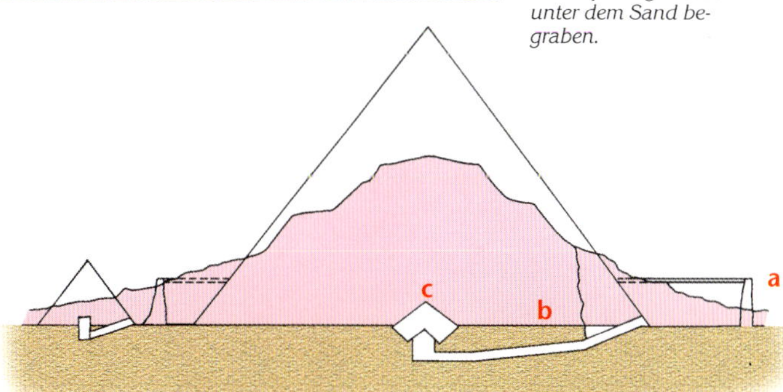

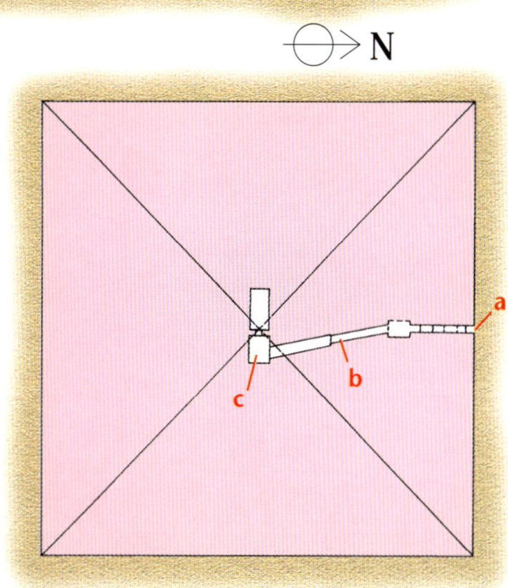

QUERSCHNITT UND PLAN DER PYRAMIDE DES NIUSERRE

a. *Eingang*
b. *Korridor*
c. *Grabkammer*

A

B

C

Die Pyramide des Neferirkare

Name in der Antike: „Die *Ba*-Seele des Neferirkare“ (unsicher)
Ursprüngliche Höhe: 70 m
Basislänge: 105 m
Neigungswinkel: 53°7’48”

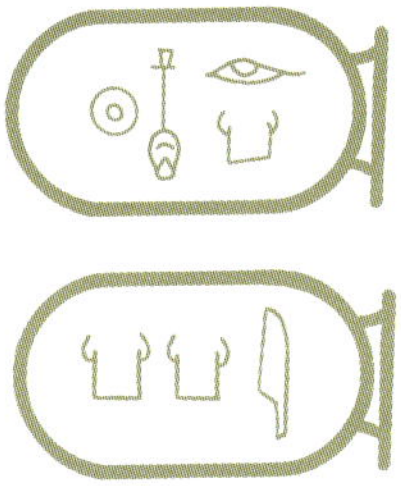

Die Pyramide von Neferirkare, in chronologischer Reihenfolge die Zweite in Abusir, südlich von der des Niuserre, ist die höchste und beeindruckendste der Pyramiden der 5. Dynastie, selbst heute noch erreicht sie eine Höhe von etwa 50 Metern. Sowohl die Pyramide als auch der Totentempel blieben nach dem Tod des Königs unvollendet, der Taltempel und ein Teil des Aufwegs wurden später von Niuserre in Besitz genommen. Während der Ausgrabungen dieses Bezirks entdeckte Borchardt im Totentempel eine Reihe von Papyri von größter Bedeutung. Sie gehörten zu den Archiven der Tempelverwaltung und gaben über einen Zeitraum, der von der Herrschaft des Djedkare-Isesi bis zu der von Pepi II. reichte, aufschlussreiche Informationen über die Verwaltung des Tempels, die Menschen und ihren Alltag.

__A__ und __B__ Oben eine Ansicht der Pyramide des Neferirkare von Süden, unten von Osten aus. Sie ist die höchste und eindrucksvollste Pyramide von Abusir und gleichzeitig auch die am besten erhaltene; ursprünglich überragte ihre Höhe leicht die der Mykerinos-Pyramide. Neferirkare folgte Sahure auf den Thron, er war der erste König, der eine zweifache Kartusche verwendete, auf dem sein Eigenname Kakai eingeschnitten war. Seine Herrschaft dauerte nur etwa zehn Jahre, daher blieb sowohl die Pyramide als auch der Totentempel unvollendet.

__C__ Der Totentempel des Neferirkare, hier von der Pyramidenspitze aus gesehen, wurde zu einem großen Teil mit ungebrannten Nilschlammziegeln errichtet, um die Fertigstellung zu beschleunigen. Nur für einige Bereiche, wie den Totenopferraum und die 5-Nischenkapelle, wurden Kalksteinblöcke verwendet.

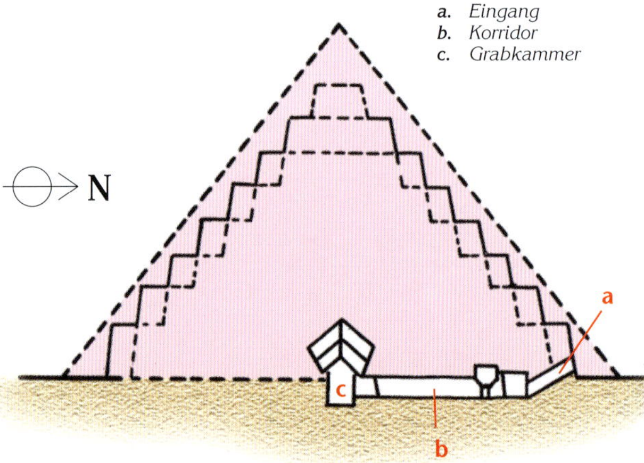

Querschnitt der Pyramide des Neferirkare

- **a.** *Eingang*
- **b.** *Korridor*
- **c.** *Grabkammer*

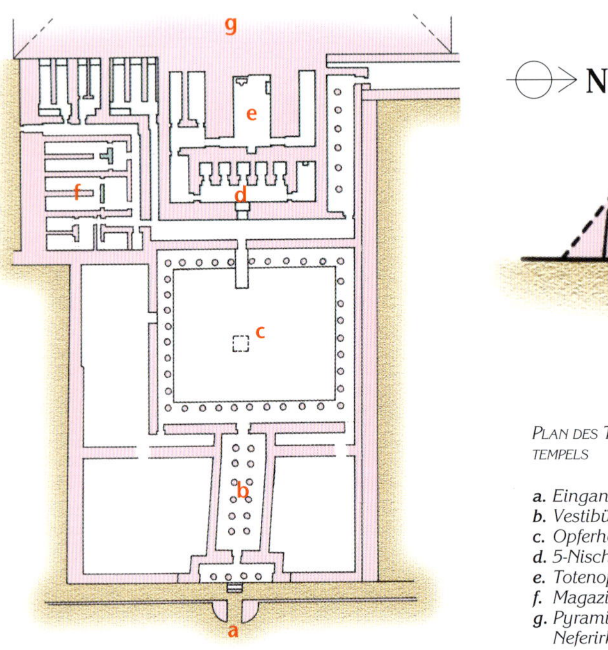

Plan des Totentempels

- **a.** *Eingang*
- **b.** *Vestibül*
- **c.** *Opferhof*
- **d.** *5-Nischenkapelle*
- **e.** *Totenopferraum*
- **f.** *Magazine*
- **g.** *Pyramide des Neferirkare*

Die Pyramide des Neferefre (Raneferef)

Name in der Antike: „Göttlich sind die *Ba*-Seelen des Neferefre"
Ursprüngliche Höhe: unvollendet
Basislänge: 65 m
Neigungswinkel: unbestimmbar

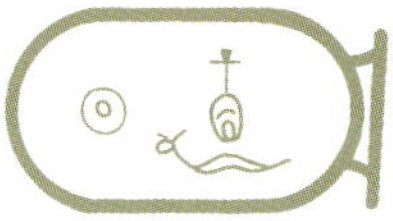

Der Bau der Pyramide des Neferefre (oder einer anderen, korrekteren Schreibweise zufolge, Raneferef), eines Vorgängers des Niuserre, wurde bereits zu Beginn der Bauphase abgebrochen. Dennoch ergaben die vom Ägyptologischen Institut der Universität Prag in diesem Gebiet durchgeführten Ausgrabungen bemerkenswerte Ergebnisse: So stellte sich heraus, dass die Pyramide, obwohl sie nicht vollendet worden war, als Bestattungsort für Neferefre gedient hatte; an seiner Ostseite wurde außerdem der dazugehörige, sehr interessante Totentempel freigelegt. Im Laufe dieser Forschungsarbeiten, bei denen auch zahlreiche Kultgeräte und Statuen zum Vorschein kamen, wurde ein Papyrusarchiv entdeckt, ähnlich dem des Niuserre, das von Borchardt gefunden wurde. Schließlich wurde einige Meter südlich der Pyramide des Neferirkare und östlich von der des Neferefre der Tempel der Königin Chentkaues freigelegt, Tochter des Mykerinos und Mutter des Sahure und des Neferirkare; ihr wird auch ein Grabkomplex in Gizeh zugeschrieben, der sich südlich des Aufwegs von Chephren befindet und eine Pyramide und einen Totentempel umfasst.

D

E

F

D Gesamtansicht des Totentempels des Neferefre und des Bezirks der Königin Chentkaues.

E Bemalte Kalksteinstatue des Neferefre, die 1984–85 bei den Ausgrabungen in seinem Totentempel entdeckt wurde. Neferefre war der Nachfolger des Schepseskare, dessen Pyramide unbekannt ist. (Kairo, Ägyptisches Museum)

F Die unvollendete Pyramide des Neferefre hebt sich nur um wenige Meter vom umliegenden Gebiet ab.

Die Mastaba des Ptahschepses

G

H

I

In der Nähe der Pyramide des Sahure befindet sich die große Mastaba des Ptahschepses, eines hohen Würdenträgers am Hofe von Sahure, der das Amt des „Wesirs und Richters" bekleidete.

Das große Grab, wurde 1893 von Jacques de Morgan entdeckt und vom Tschechischen Institut erforscht und restauriert. Es umfasst einen Eingangsportikus mit zwei Lotosbündelsäulen und eine erhöhte Kammer für die Opfergaben mit drei Nischen, in denen ursprünglich Statuen aufbewahrt wurden. Südlich stößt man auf einen großen, quadratischen Hof, der von Pfeilern mit dem Abbild des Ptahschepses umgeben ist. Von seiner nordwestlichen Ecke aus führt ein Gang zum Grabteil. In der Grabkammer kann man den Sarkophag in situ besichtigen. Südlich des Hofes befinden sich zwei Bootsgruben, die für die Sonnenschiffe vorgesehen waren, oder wahrscheinlicher symbolisch für die Barken standen, denn ein Sonnenschiff selbst kommt in Privatgräbern so gut wie nie vor, das einzige Beispiel dafür findet sich in der Mastaba von Kagemni in Sakkara.

G Die große Mastaba des Ptahschepses, Wesir zur Zeit des Sahure, von Südosten aus gesehen, zeigt sich in ihrer ganzen Größe. Nur die Mastaba des Mereruka in Sakkara ist größer.

H Ein großer Pfeilerhof mit 20 Kalksteinpfeilern gehört ebenfalls zu dieser monumentalen Grabanlage.

I In der Grabkammer befindet sich der große Sarkophag des Verstorbenen.

Sakkara

A Userkaf, der Begründer der 5. Dynastie, war der erste König, der in Sakkara eine echte Pyramide errichten ließ, die nordöstlich der Stufenpyramide des Djoser liegt. Seine direkten Nachfolger ließen sich dann nicht in Sakkara, sondern in Abusir beisetzen, wo auch Userkaf selbst ein Sonnenheiligtum bauen ließ.

A

B

C

B und C Die Stufenpyramide des Djoser überragt das Gräberfeld von Sakkara, das sich über ein mehr als sechs Kilometer langes Gebiet auf dem gleichen Hochplateau erstreckt, auf dem auch Gizeh und Abusir liegen.

Das Grabungsgebiet von Sakkara, das sich am westlichen Ufer des Nils etwa 20 Kilometer südlich von Kairo auf dem gleichen Kalksteinplateau befindet, das sich in nördlicher Richtung bis nach Gizeh hin erstreckt, war die wichtigste Nekropole von Memphis, der auf dem gegenüberliegenden Ufer gelegenen Hauptstadt des alten Ägyptens. In Sakkara wurde während der 3. Dynastie unter Djoser die erste Pyramide überhaupt gebaut und hier wurden auch die größten und schönsten Privatgräber des Alten Reiches von ganz Ägypten angelegt. Sakkara hatte bereits eine sehr lange Geschichte, denn schon in der Zeit der 1. und 2. Dynastie war der Ort eine königliche Nekropole und auch noch während der 18. und 19. Dynastie wurden hier hohe Beamte und Adlige beigesetzt. In dieser Zeit nämlich erhielt Memphis als Handels- und Handwerkszentrum wieder eine große Bedeutung, obwohl Theben die Hauptstadt des ägyptischen Reiches war. Die Funktion als Begräbnisstätte hielt Sakkara auch während der saitischen und persischen Zeit bei, in dieser Epoche wurden sehr tiefe Schachtgräber gebaut, wie die südwestlich der Pyramide des Unas gelegenen Persergräber, und auch während der ptolemäischen Zeit. Danach wurde das Gräberfeld aufgegeben, bis es im 5. Jh. n. Chr. von den Kopten in Besitz genommen wurde, die dort ein bedeutendes, dem heiligen Jeremias geweihtes Kloster errichteten. Dann gerieten die Bauwerke von Sakkara wieder in Vergessenheit. Später wurden sie als Steinbruch geplündert, weshalb sich jene Monumente, die nicht das Glück hatten, vom Wüstensand begraben zu werden, in einen Haufen Schutt verwandelten. Im Jahr 1927 aber begann der Architekt Jean-Philippe Lauer mit der Erforschung, Ausgrabung und langwierigen Rekonstruktion des Gräberfeldes mit Hilfe der Anastylose-Technik. Ihm und seiner mehr als fünfzig Jahre dauernden Arbeit ist es zu verdanken, dass Sakkara und vor allem der Djoser-Bezirk aus den Nebeln der Vergangenheit herausgetreten sind und ihr uns heute vertrautes Aussehen erhielten.

D

D Diese große Statue aus dem Holz der Sykomore stellt Ka-aper dar, einen Priester, der etwa zu Beginn der 5. Dynastie lebte. Besser bekannt war er unter dem arabischen Namen Scheich el-Beled („Dorfschulze"). Mariette fand in Sakkara im Jahr 1860 diese Statue, die zu den Meisterwerken der ägyptischen Kunst gehört. (Kairo, Ägyptisches Museum)

E Die berühmte Sitzfigur aus bemaltem Kalkstein des Hor Netjerchet, bekannter unter dem später gebräuchlichen Namen Djoser, wurde 1924 im Serdab des Totentempels des Djoser entdeckt, einer Art verschlossener Kapelle: Sie wird als die älteste lebensgroße Statue dieser Art angesehen, die in Ägypten gefunden wurde. (Kairo, Ägyptisches Museum)

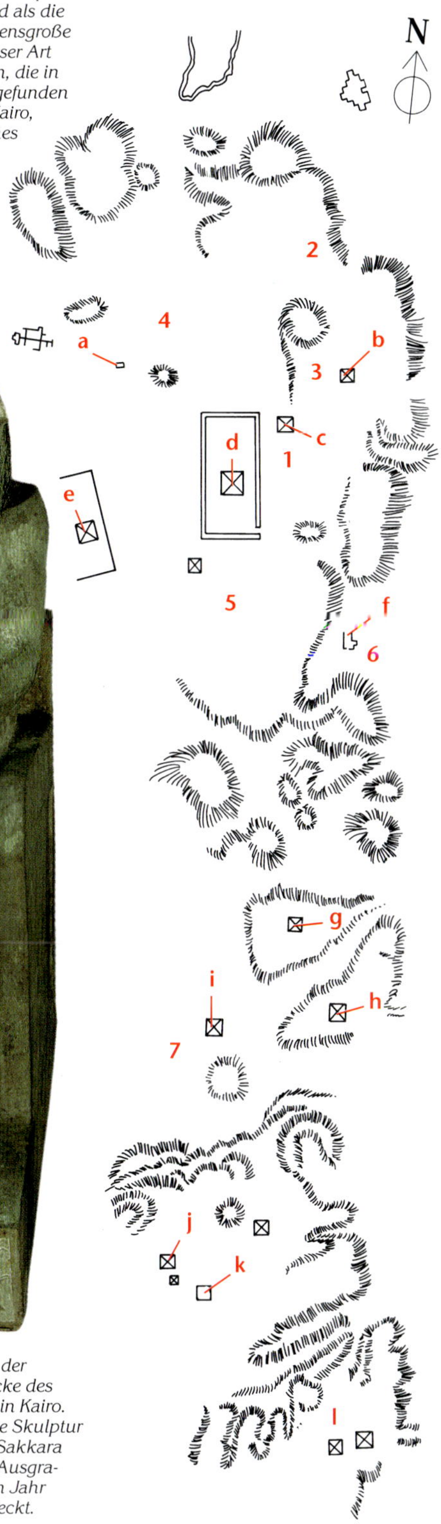

Gesamtplan der Fundstätte von Sakkara

1. *Der mittlere Sektor, der von der Pyramide des Djoser und der dazugehörigen Anlage und, im Nordosten, von der Pyramide des Userkaf beherrscht wird.*
2. *Der nördliche Sektor, in dem sich die Gräber aus der 1. bis 3. Dynastie befinden.*
3. *Der Sektor der Pyramide des Teti, zu dem außer der Pyramide auch einige wichtige Privatgräber gehören, wie die Mastabas von Mereruka und Kagemni.*
4. *Der westliche Sektor, in dem sich die bedeutenden Mastabas von Ti, Ptahhotep und Achethotep sowie das in den Felsen geschlagene, unterirdische Serapeum befinden.*
5. *Der Sektor der Pyramide des Unas mit den Mastabas von Irukaptah, Nianchchnum, Chnumhotep, Nefer, Idut, Mehu und den Resten der Umfassungsmauer und der Pyramide des Hor Sechemchet.*
6. *Der östliche Sektor, der sich am Fuße des Kalksteinplateaus am Rand der Nilebene befindet, die hier von einem dichten Palmenwald bedeckt ist, dort ist auch das Tor, durch das man in die Ausgrabungsstätte gelangt. In diesem Bereich befinden sich der Taltempel der Pyramide des Unas, die Ruinen des Klosters des hl. Jeremias und das große Felsengrab des Wesirs Bakenrenef, der zur Zeit von Psammetich I. lebte. Das Grab wurde zwischen 1974 und 1996 von der Expedition der Universität von Pisa unter der Leitung von Edda Bresciani freigelegt.*
7. *Der südliche Bezirk mit den Pyramiden von Pepi I., Pepi II. und die Mastabat el-Faraun (für den Besuch dieses Sektors benötigt man eine Sondergenehmigung).*

a. *Serapeum*
b. *Pyramide des Teti*
c. *Pyramide des Userkaf*
d. *Pyramide des Djoser*
e. *Pyramide des Sechemchet*
f. *Kloster des hl. Jeremias*
g. *Pyramide des Pepi I.*
h. *Pyramide des Djedkare Isesi*
i. *Pyramide des Merenre*
j. *Pyramide des Pepi II.*
k. *Mastabat el-Faraun*
l. *Pyramiden der 13. Dynastie*

F Diese Schreiberfigur aus der frühen Zeit der 5. Dynastie ist zusammen mit den Statuen des Djoser und des Kaaper die berühmteste des Alten Reiches und eines der Prachtstücke des Museums in Kairo. Auch diese Skulptur wurde in Sakkara während Ausgrabungen im Jahr 1893 entdeckt.

Der mittlere Sektor

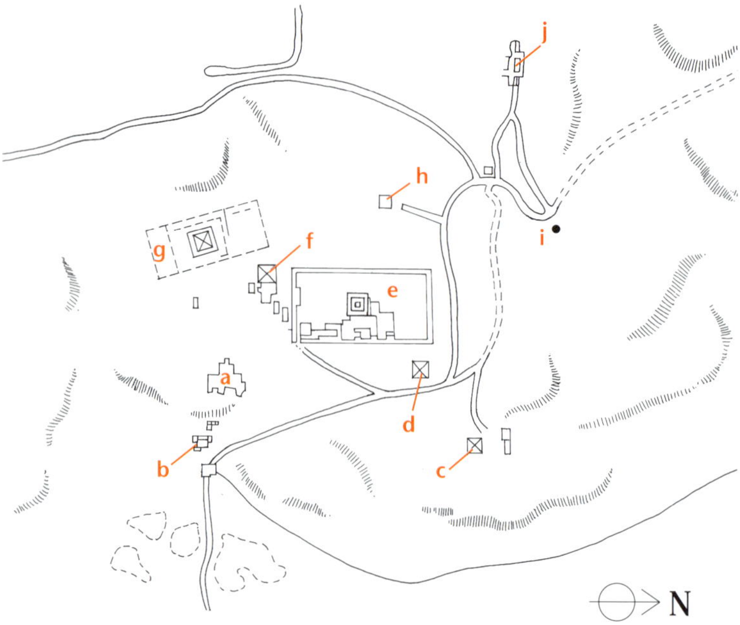

PLAN DES MITTLEREN SEKTORS

a. Kloster des hl. Jeremias
b. Taltempel des Unas
c. Pyramide des Teti
d. Pyramide des Userkaf
e. Djoser-Bezirk
f. Pyramide des Unas
g. Bezirk des Hor Sechemchet
h. Mastaba des Ptahhotep und des Achethotep
i. Mastaba des Ti
j. Serapeum

A Die Stufenpyramide, ursprünglich etwa 58 Meter hoch, ist das Ergebnis von drei aufeinander folgenden Vergrößerungen einer anfänglichen Mastaba, die über einen 28 Meter tiefen Grabschacht gebaut wurde.

B Die Stufenpyramide, hier von Nordwesten aus gesehen, überragt die Ausgrabungsstätte von Sakkara. Sie steht inmitten einer monumentalen Anlage aus Gebäuden, die zusammen genommen eine Einheit bilden und als Djoser-Bezirk bezeichnet werden. Der gesamte Bereich erstreckt sich auf einer Fläche von etwa 15 Hektar.

Der Djoser-Bezirk

Die Stufenpyramide, die der Überlieferung nach im Auftrag von Djoser, zweiter König der 3. Dynastie, von dem berühmten Baumeister Imhotep (im Neuen Reich vergöttlicht und von den Griechen mit Äskulap, dem Gott der Heilkunst, gleichgesetzt) gebaut wurde, überragt die gesamte Ausgrabungsstätte. Die Pyramide und ihre Nebenbauten, die den „Djoser-Bezirk" bilden sind von einer großen Umfassungsmauer aus hellem Tura-Kalkstein umgeben, deren charakteristische Nischengliederung durch 14 Scheintüren unterbrochen war, die Mauer war wahrscheinlich der Umfassungsmauer der Stadt Memphis nachgebildet, die damals Inebu Hedj, „Die weißen Mauern" genannt wurde. Die Umfassung, die eine Gesamtfläche von 15 Hektar umschließt und in deren Mitte sich die Pyramide befindet, hat nur einen einzigen Eingang, der sich im südöstlichen Teil befindet und über keinerlei Schließmechanismus verfügt; durch eine Öffnung führt der Eingang in einen langen Korridor, der ursprünglich von paarweise angeordneten, sich nach oben hin verjüngenden Dreiviertel-Büschelsäulen gesäumt war, die etwa 6,60 Meter hoch waren. Von hier aus gelangt man in einen Quersaal mit vier, durch Kalksteinblöcke verbundenen Pfeilerpaaren.

C Man geht davon aus, dass der legendäre Architekt Imhotep für Djoser die erste Pyramide in der Geschichte des alten Ägyptens entworfen hat, die als eine Reihe übereinander gebauter Mastabas geplant war: Seinen Namen fand man mit seiner Titulatur auf einem Bruchstück einer Statue des Djoser.

D Die aus weißem Tura-Kalkstein gebaute Umfassungsmauer des Djoser-Bezirks hat nur einen einzigen kleinen Eingang.

D

E

E Die nischengegliederte Umfassungsmauer des Djoser (eine besondere Form der Fassadenverzierung von Ziegelbauten) hat eine mittlere Höhe von etwa 10,50 Metern.

B

F

G

F und G Die große Eingangskolonnade aus 20 paarweise angeordneten Dreiviertel-Büschelsäulen, die 6,60 Meter hoch sind, endet in einen Quersaal mit vier Säulengruppen, von denen jeweils zwei miteinander verbunden sind. Das heutige Aussehen dieses Gebäudes ist der geduldigen Anastylose-Arbeit des berühmten Architekten Jean-Philippe Lauer zu verdanken.

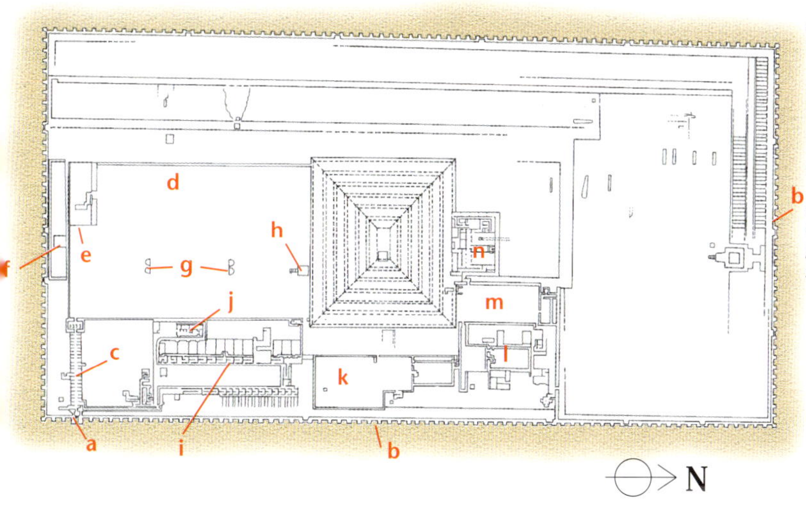

Plan des Djoser-Bezirks

- a. *Eingang*
- b. *Nischengegliederte Umfassungsmauer*
- c. *Eingangskolonnade*
- d. *Großer Hof*
- e. *Uräusfries*
- f. *Südgrab*
- g. *Wendemarken, um die herum der Kultlauf des Königs stattfand*
- h. *Eingang zum saitischen Galeriegrab*
- i. *Heb-sed-Hof*
- j. *Pavillon des Königs*
- k. *Südhaus*
- l. *Nordhaus*
- m. *Serdabhof*
- n. *Totentempel und Eingang zur Pyramide*

Der Große Hof

Vom Quersaal aus betritt man den Großen Hof, an dessen Nordseite sich die Stufenpyramide erhebt. Er war von einer nischengegliederten Mauer umgeben. An der Südseite der Mauer befindet sich der tiefe Schacht des sogenannten Südgrabs, davor steht ein rechteckiges Gebäude, dessen Außenmauern aus fein behauenem Kalkstein bestand, von denen eine im östlichen Teil mit einem Uräenfries verziert ist; die heilige Schlange war das Symbol des Königtums und die Verkörperung der Göttin Uto. Der Schacht führt in eine Grabanlage, die große Ähnlichkeiten mit der unter der Pyramide gelegenen Anlage aufweist. Es handelt sich um ein zweites Grab des Königs, hier wurden Reliefs gefunden, die Hor Netjerchet mit seinem Namen darstellen; wahrscheinlich diente es zur Aufbewahrung der Kanopenvasen mit den Eingeweiden des Königs. Die Bedeutung dieser Anlage ist noch nicht geklärt, aber angesichts seiner Lage im Süden der Umfassung ist es möglich, dass sie an die ersten Könige Ägyptens erinnern sollten, die in Abydos, im Süden des Landes lagen. In der Mitte des Hofes stehen die „Wendemarken" aus Kalkstein, um die herum sich der Kultlauf beim Sedfest vollzog, das im dreißigsten Jahr der Herrschaft begangen wurde.

A

A In der südwestlichen Ecke des Großen Hofes befindet sich ein viereckiges, an die Umfassungsmauer angebautes Gebäude, dessen Ostseite mit einem Uräenfries verziert ist, der heiligen Kobra, die als Beschützerin der Königswürde galt.

B Zwei B-förmige Sockel im Nordteil und im Südteil des Hofes waren die Wendemarken, um die der König während des Sedfestes seinen Kultlauf vollziehen musste.

B

C
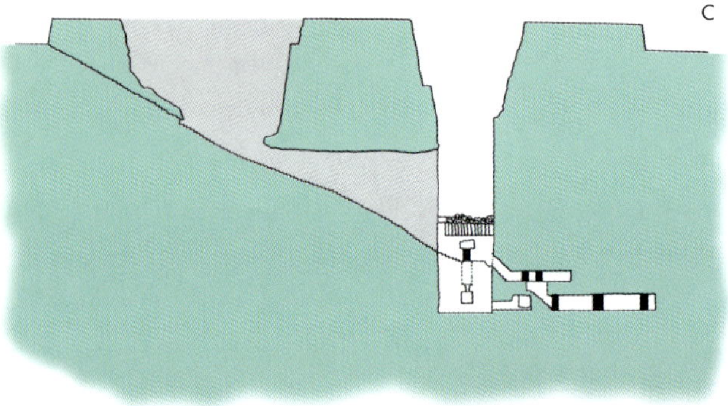

C Neben der Mauer mit Uräenfries ist ein großer, 28 Meter tiefer Schacht, an dessen Ende ein komplexes System aus Gängen beginnt: Es handelt sich um das sogenannte Südgrab, dessen Bedeutung noch nicht eindeutig geklärt werden konnte; man nimmt aber an, dass es als Kultgrab des Königs in seiner Funktion als Herrscher von Oberägypten (der südliche Teil der Landes) gedient haben musste, oder als Grab für die Kanopenvasen, die die Eingeweide des Königs enthielten.

D, E und F An der Ostseite des Großen Hofes befindet sich der sogenannte Pavillon des Königs oder T-Tempel, der wahrscheinlich während der Heb-sed-Zeremonien das königliche Ka aufnehmen sollte.

Der Pavillon des Königs

In der Mitte der östlichen Seite des Hofes sieht man drei kannelierte Halbsäulen, die vor den Überresten des Pavillons stehen, in dem wahrscheinlich das königliche Ka, symbolisch durch eine Statue dargestellt, den Vorbereitungsphasen für das Heb-sed beiwohnte. Möglicherweise standen die ganzen Bauten in Zusammenhang mit den Heb-sed-Feierlichkeiten, waren Nachbildungen der in Wirklichkeit benutzten Einrichtungen, die sich weniger auf eine reale Feier bezogen, als vielmehr auf eine symbolische Zeremonie, die dem Ka des verstorbenen Königs ermöglichte, das Heb-sed auch über den Tod hinaus zu feiern.

D

E

F

Der Heb-sed-Hof

Vom südlichen Teil des Pavillons, gelangt man auf den sogenannten Heb-sed-Hof, der einen rechteckigen Grundriss aufweist und parallel zum Großen Hof liegt. An der Ost- und Westseite des Heb-sed-Hofes sind die Überreste einer Reihe von Kapellen zu sehen, von denen einige zum Teil unter Verwendung von Originalbestandteilen wieder aufgebaut wurden. Sie zeigen drei verschiedene Baustile auf: Die drei Kapellen des ersten Typs, die sich an der äußersten Nord- und Südseite, sowie in der Mitte der Westseite befinden, hatten ein flaches Dach und eine Fassade ohne Säulen; die anderen Kapellen der Westseite gehören dem zweiten Typ an und sind mit kannelierten Halbsäulen verziert, deren Kapitelle eine in der ägyptischen Baukunst einzigartige Form aufweisen. Sie haben die Form von zwei hängenden Blättern, in deren Mitte sich ein rundes Loch befindet, das wohl einen Stock mit königlichen Insignien aufnehmen sollte. Zu jeder Kapelle gehört ein kleines Sanktuarium an dessen Seiten Scheintüren und Holzverschlüsse zu sehen sind. Die ersten zwei Kapellen des zweiten Typs zeigen noch eine weitere Besonderheit auf: Auf der Außenseite jeder Kapelle fällt eine Nische auf, die man über eine kleine Treppe erreicht, in der wahrscheinlich eine Statue des Königs aufbewahrt wurde. Man vermutet, dass diese Kapellen der zweifache Krönung des Königs als Herrscher über Ober- und Unterägypten zusammenhingen.

An der Ostseite des Hofes befanden sich 13 Kapellen des dritten Typs, mit glatter Fassade und einem gewölbten Dach, von denen zwei rekonstruiert wurden.

G

G An der Ostseite des Heb-sed-Hofes wurden zwei der ursprünglich 13 Kapellen, deren Baustil sich von denen auf der Westseite unterscheidet, wieder aufgebaut: Ihr Dach ist gewölbt, und sie haben keine Säulen. Man nimmt an, dass in diesem Hof während des Sedfestes die rituelle Doppelkrönung des Königs als Herrscher über Ober- und Unterägypten statt fand.

H

H Der Heb-sed-Hof liegt östlich des Großen Hofes, an seinen beiden längeren Seiten standen zwei Reihen von Kapellen in drei unterschiedlichen Baustilen. Die Überreste der Kapellen sind auf der Westseite des Hofes deutlicher zu erkennen.

I

I An der Westseite des Heb-sed-Hofes befinden sich diese unvollendeten Djoser-Statuen, die wohl als Säulen eines Bauwerks geplant waren. Ihr ursprünglicher Standort ist unbekannt.

J

J Eine Besonderheit der Säulen einiger Kapellen an der Westseite ist ihr Kapitell in Form von zwei hängenden Blättern, in deren Mitte sich ein Loch befindet, das wohl die königlichen Insignien aufnehmen sollte.

K

K Diese in Stein gehauene Nachbildung eines hölzernen Zaunes befindet sich in den kleinen Korridoren, durch die man in die an der Westseite des Heb-sed-Hofes liegenden Kapellen mit kannelierten Säulen gelangt.

A

C *Die Fassade im Osten des Hofes vor dem Nordhaus ist mit drei Papyrussäulen verziert: Papyrus war die Wappenpflanze von Unterägypten, dem nördlichen Teil des Landes.*

D *Gesamtansicht des Nordhauses und des Hofes; der Baustil weist mit dem des nahegelegenen Südhauses große Ähnlichkeiten auf: In diesen Gebäuden nahm der König nach seiner rituellen, zweifachen Krönung den Tribut der Bevölkerung als Herrscher von Ober- und Unterägypten entgegen.*

A *Das sogenannte Südhaus wurde, ausgehend von den im davor liegenden Hof gefundenen Steinblöcken, vollständig wieder aufgebaut. Oberhalb des Architravs der Tür, die zwischen zwei kannelierten Halbsäulen liegt, befindet sich ein Cheker-Fries.*

B *Im Inneren des Südhauses wurden Graffiti in hieratischer Schrift gefunden, die von unbekannten Besuchern in der Zeit der 18. und der 19. Dynastie hinterlassen wurden: In diesen Inschriften taucht zum ersten Mal der Name Djoser für Hor Netjerchet auf. Das Foto zeigt eine Inschrift aus der Zeit Ramses II., die bezeugt, dass der Schatzschreiber Hadnachte im 47. Jahr der Herrschaft eine Vergnügungsreise in den Westen von Memphis unternahm.*

Das „Nordhaus“ und das „Südhaus“

Im Norden des Heb-sed-Hofes befindet sich das sogenannte Südhaus, vor dem auf gleicher Höhe mit der Pyramide wiederum ein Hof liegt, dessen Mauer auf der Ostseite mit einer zylindrischen Säule verziert ist, die ursprünglich ein Kapitell aus Lotosblumen hatte, der Symbolpflanze für Oberägypten.

Im Inneren dieser Kapelle, deren Fassade durch vier kannelierte Halbsäulen gegliedert wird, befindet sich ein kreuzförmiges Sanktuarium mit drei Nischen, in das man über einen gewundenen Korridor mit zwei aufeinanderfolgenden, rechtwinkligen Biegungen gelangt, auf dessen Wände Besucher in der Zeit des Neuen Reiches Graffiti in hieratischer Schrift hinterließen, auf denen zum ersten Mal der Name Djoser auftaucht: Im Alten Reich wurde dieser König nämlich nur Hor Netjerchet genannt. Unmittelbar nördlich des Südhauses schließt sich ein kleiner Hof an, dessen östliche Mauer von kannelierten Halbsäulen mit Papyruskapitellen geschmückt ist, also mit der symbolisch für Unterägypten stehenden Pflanze. In dem Hof steht ein Gebäude, das dem vorher beschriebenen ähnlich ist und als „Nordhaus“ bezeichnet wird. Wahrscheinlich spielten diese beiden Gebäude beim Ablauf des Sedfestes eine Rolle, bei dem der König, nach seiner zweifachen Krönung zum Herrscher von Ober- und von Unterägypten, vom Norden und vom Süden des Landes seinen Tribut entgegennahm.

B

C

D

Der Serdabhof

Westlich vom „Nordhaus“ steht der „Serdabhof“; hier wurde 1924–25 ein an die nördliche Seite der Pyramide angrenzender Serdab entdeckt, in dem sich die lebensgroße Statue des Königs Djosers befand, die heute im Museum von Kairo ausgestellt ist.

E und F Bei der nordöstlichen Ecke der Stufenpyramide wurde das Serdab entdeckt (E), in dem sich die berühmte Sitzfigur des Djoser (F) befand, die sich heute im Museum von Kairo befindet.

G An der Nordseite der Stufenpyramide stehen die Überreste des Totentempels für den Kult des vergöttlichten Königs. Dies ist das erste Beispiel für diesen Gebäudetypus.

E

F

G

Der Totentempel

An der Nordseite der Pyramide des Djoser sind westlich des Serdab die Überreste des großen Totentempels zu sehen. Obwohl er sehr verfallen ist, kann man noch den Grundriss des Gebäudes erkennen, der eine doppelte Anordnung von symmetrischen Bauteilen (Hof und Reinigungshalle) aufweist, die sich wahrscheinlich auf Ober- und Unterägypten bezogen. Auffallend ist, dass der Zugang zur unterhalb der Pyramide liegenden Grabkammer sich bei dem Totentempel befand. Bei den nachfolgenden Pyramiden bleibt der Eingang unverändert an der Nordseite, der Totentempel jedoch wurde später immer an der Ostseite des Bauwerks errichtet.

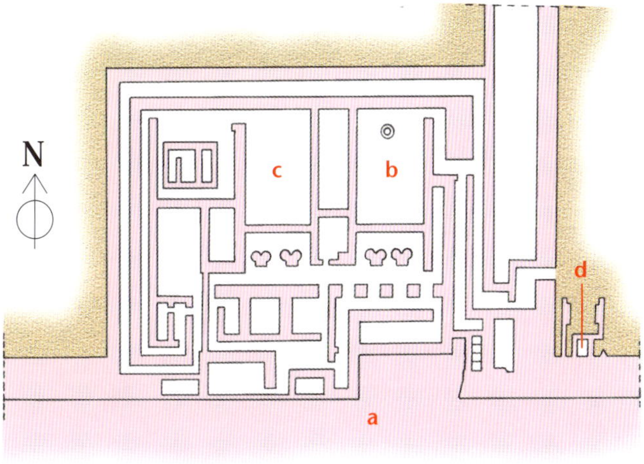

Plan des Totentempels des Djoser

a. Pyramide
b. Osthof
c. Westhof mit Eingang zur Grabanlage
d. Serdab

Die Stufenpyramide

Name in der Antike: unbekannt
Ursprüngliche Höhe: 60 m
Basislänge: 123 m (Ost-West-Seite) x 107 m (Nord-Süd-Seite)

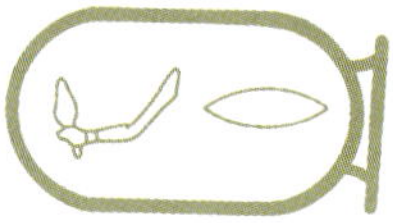

D

A

A Gesamtansicht des Djoser-Bezirks von Süden aus: Südöstlich der Stufenpyramide ist der Pavillon des Königs und der Heb-sed-Hof zu erkennen. Im Vordergrund sieht man den Aufweg des Unas, seitlich davon befindet sich eine Reihe großer Mastabas.

B

B An der Süd-West-Ecke der Pyramide des Djoser zeigen sich dem Betrachter noch die Überreste der äußersten der sechs Stufen aus Phase III.

C

C Der Eingang zum sogenannten saitischen Galeriegrab an der Südseite der Stufenpyramide führt in einen tiefen unterirdischen Grabschacht: Dieser endet in der aus Granit gebauten Grabkammer des Königs, über der die erste Mastaba errichtet wurde. Diese Galerie wurde etwa 2000 Jahre nach dem Bau der Pyramiden-Anlage mit dem Ziel angelegt, das Innere der Pyramide zu erforschen.

D Diese Foto zeigt die Originalstatue des Djoser, die im Serdab gefunden wurde und heute im Museum von Kairo ausgestellt ist; im Serdab hingegen befindet sich eine exakte Nachbildung der Sitzfigur.

Die Pyramide des Djoser, weist einen leicht rechteckigen Grundriss mit der längeren Seite in Ost-West-Richtung auf und ist das Ergebnis der schrittweisen Vergrößerung einer ursprünglichen Mastaba mit einer Höhe von etwa acht Metern und einer Seitenlänge von etwa 63 Metern. Diese Mastaba verbarg unter sich einen quadratischen, 28 Meter tiefen Schacht, in dem sich die Grabkammer befand; an diese waren für die Grabbeigaben vorgesehene Magazine angeschlossen, außerdem ein Bereich aus Kammern und Gängen, die mit blaugrünen Fayencekacheln dekoriert waren. Diese bildeten die Grabanlage, die Wohnstätte des königlichen Ka. An der Ostseite wurden dann elf Schächte etwa 32 Meter tief in die Erde getrieben, zu denen jeweils ein waagrechter Gang gehörte, diese waren für den königlichen Harem bestimmt und wurden in Folge der Ausweitung des bereits bestehenden Baus nach Osten darin integriert.
Später setzte sich die Idee durch, das Grab durch das Hinzufügen von Stufen zu vergrößern; so sollte die Form einer Treppe entstehen, über die die Seele des Königs in den Himmel aufsteigen konnte. Daher wurde die Mastaba in einem ersten Schritt mit vier Stufen erhöht (Phase II) und dann noch um weitere zwei (Phase III).
Am ursprünglichen Eingangsbereich, der sich an der Nordseite befindet, wurde dann zum ersten

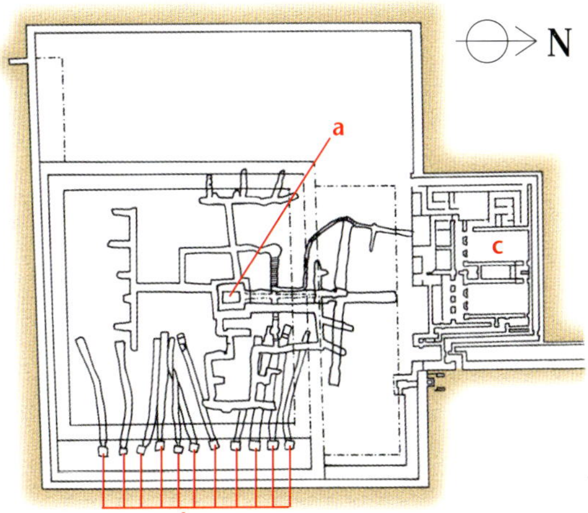

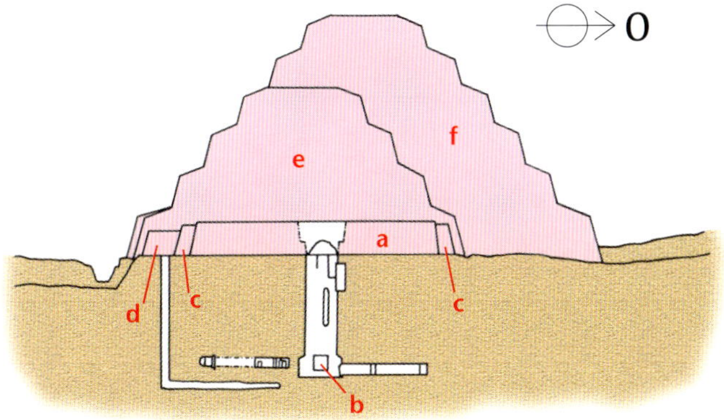

PLAN DER KOMPLEXEN GRABANLAGE DER STUFENPYRAMIDE

a. Grabkammer
b. Schächte an der Ostseite der geplanten Mastaba, die für Mitglieder der königlichen Familie vorgesehen waren.
c. Totentempel

E

F

QUERSCHNITT DURCH DIE STUFENPYRAMIDE MIT VERDEUTLICHUNG DER UNTERSCHIEDLICHEN BAUABSCHNITTE

a. Mastaba
b. Grabschacht
c. Erste Vergrößerung der Mastaba an vier Seiten
d. Nachfolgender Ausbau der Mastaba nach Osten (Phase I)
e. Erste Erweiterung zu einer vierstufigen Pyramide (Phase II)
f. Zweite Erweiterung bis zur sechsstufigen Pyramide (Phase III)

E An der Basis der Pyramide auf der Ostseite erkennt man noch Spuren der drei übereinander liegenden Schichten aus Stein, mit denen der aus ungebrannten Nilschlammziegeln gebaute Pyramidenkern verkleidet war.

H

G

F Diese Kachelwand aus blaugrünen Fayencen wurde in einer der unterirdischen Kammern der Stufenpyramide entdeckt, deren Wände in ähnlicher Weise verkleidet sind. (Kairo, Ägyptisches Museum)

G Dieses Alabastergefäß, das im unterirdischen Bereich gefunden wurde, hat eine genau umrissene symbolische und rituelle Bedeutung: Der im unteren Bereich dargestellte kniende Mann mit erhobenen Händen, Ausdruck des Hieroglyphenzeichens für die Jahrmillionen, hält einen Baldachin, auf dem man, in den Henkel geschnitten, den Thron von Oberägypten und Unterägypten erkennt, die für die Krönung des Königs beim Sedfest bestimmt waren; eine Zeremonie, die sich für Millionen von Jahren wiederholen soll. (Kairo, Ägyptisches Museum)

H Zehntausende von Steingefäßen, Gegenstände, denen im Alten Reich ein hoher Wert zukam, wurden in den unterirdischen Galerien der Pyramide des Djoser gefunden. (Kairo, Ägyptisches Museum)

Mal ein Tempel gebaut, der dem Kult des verstorbenen Königs diente, und rings um die Pyramide eine Reihe von Gebäuden, die im Zusammenhang mit dem Sedfest standen (Heb-sed-Hof und -Tempel, Nordhaus und Südhaus). Durch diese Anlagen sollte dem Ka des Königs ermöglicht werden, auch über den Tod hinaus sein Königtum zu feiern, denn nur so konnte seine Regeneration gewährleistet werden.
Das Grab des Djoser wurde schon in der Antike betreten, an der südlichen Seite der Pyramide ist deutlich der Eingang eines in saitischer Zeit gegrabenen Stollens zu erkennen, der in den großen mittleren Schacht mündet. Handelte es sich dabei um das Werk von Grabräubern oder war es ein erster Versuch, das Bauwerk freizulegen? Es ist kaum möglich, hierauf eine klare Antwort zu geben. Interessant ist, dass die Baumeister der in Sakkara angelegten saitischen Gräber mit ihren tiefen Schächten zweifellos durch die Bauwerke Djosers inspiriert wurden.

Diese räumliche Darstellung der Stufenpyramide ermöglicht es, eine Vorstellung von der Komplexität und Größe der unterirdischen Grabkammern zu bekommen, die um die tief im Inneren des Monuments liegende Grabkammer herum angeordnet sind.

- **a.** *Ursprünglicher, absteigender Gang (Phase I)*
- **b.** *Zweiter Gang (Phase II)*
- **c.** *Großer Schacht*
- **d.** *Grabkammer*
- **e.** *Sarkophag*
- **f.** *Kammer „der Königin“*
- **g.** *Mit Fayencekacheln verkleidete Kammer*
- **h.** *Verschlussvorrichtung der Grabkammer*
- **i.** *Kammer „der Kinder“*
- **j.** *Kammer „des Lepsius“*
- **k.** *„Sternenkammer“*
- **l.** *Galerie mit Steingefäßen*
- **m.** *Elf Schächte für die Grabanlagen von Prinzen und Prinzessinnen*
- **n.** *Anlage der ursprünglichen Mastaba*
- **o.** *Erste Vergrößerung der Mastaba*
- **p.** *Zweite Vergrößerung der Mastaba nach Osten hin (Phase I)*
- **q.** *Erste Erweiterung zur Pyramide (Phase II)*
- **r.** *Zweite Erweiterung der Pyramide (Phase III)*

r
q
p
o
n
m
m
m
m
m
m
m
m
m
m
m
c
k
g
h
j
f
e
d
l
i

Die Pyramide des Userkaf

Name in der Antike: „Rein sind die Stätten des Userkaf"
Ursprüngliche Höhe: 49 m
Basislänge: 73,5 m
Neigungswinkel: 53°7'48''

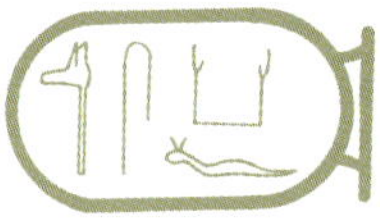

A

A Die nordöstlich des Djoser-Bezirks gelegene Pyramide des Userkaf befindet sich heute in einem sehr verfallenen Zustand, da die äußere Verkleidung aus Kalksteinblöcken entfernt wurde und als Baumaterial wiederverwendet wurde.

B Der Totentempel des Userkaf war ursprünglich mit fein gearbeiteten Reliefs geschmückt, von denen einige zum ersten Mal naturalistische Motive zeigten. Dieses 1928 entdeckte Bruchstück eines früher einmal mehrfarbigen Reliefs, auf dem Vögel auf Papyrusbüscheln im Sumpf dargestellt sind, ist alles, was von der anfänglichen Dekoration des Gebäudes geblieben ist. (Kairo, Ägyptisches Museum)

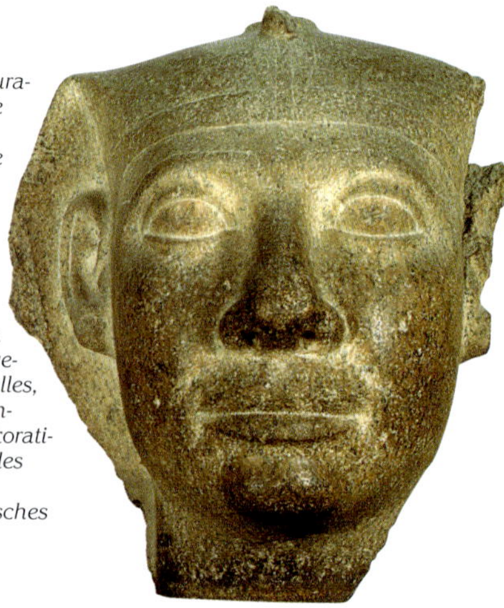

C

C Dieser große Kopf des Userkaf aus rosa Granit wurde 1926 von dem englischen Archäologen Cecil M. Firth im Totentempel entdeckt, der im Gegensatz zur sonst üblichen Bauart im Süden der Pyramide steht. Userkaf war der Nachfolger des Schepseskaf, des letzten Königs der 4. Dynastie, er heiratete die Tochter des Mykerinos, Chentkaues und regierte nur sieben Jahre lang. (Kairo, Ägyptisches Museum)

Die im Jahr 1928 von dem englischen Archäologen Cecil M. Firth identifizierte Pyramide des Userkaf, des ersten Pharaos der 5. Dynastie, befindet sich vor der Nordostecke des Bezirks von Djoser. Sie wurde aus grob behauenen Blöcken aus lokalem Kalkstein gebaut und mit Tura-Kalkstein überzogen. Schon im Altertum wurde sie als Quelle für Baumaterial genutzt und ist heute ziemlich verfallen. Der rekonstruierte Grundriss des gesamten Bezirks zeigt einige bemerkenswerte Besonderheiten auf. An der Ostseite befand sich nur ein kleines Sanktuarium, während der eigentliche Totentempel südlich der Pyramide gebaut worden war, wo sich auch eine Nebenpyramide befand, und wo in saitischer Zeit ein großes Schachtgrab angelegt worden war. Zum Totentempel gehörte ein von Granitpfeilern umgebener Hof mit einem Boden aus Basaltplatten. Hier stand eine Kolossalstatue des Königs, von der nur noch der Kopf erhalten ist. Südlich des Tempels stand die Pyramide der Königin Neferhetpes, von der nur noch einige große Kalksteinblöcke sichtbar sind.

B

D Räumliche Darstellung der Grabanlage der Pyramide des Userkaf (nach Stadelmann).

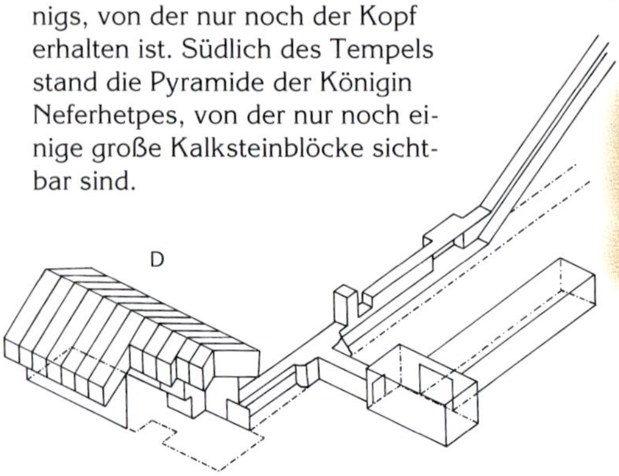

D

PLAN DES PYRAMIDENBEZIRKS DES USERKAF

- **a.** Pyramide des Userkaf
- **b.** Eingang
- **c.** Totenopferkapelle
- **d.** Totentempel
- **e.** Opferhof
- **f.** Vestibül
- **g.** Spätzeitgrab
- **h.** Kultpyramide
- **i.** Königinpyramide
- **j.** Aufweg

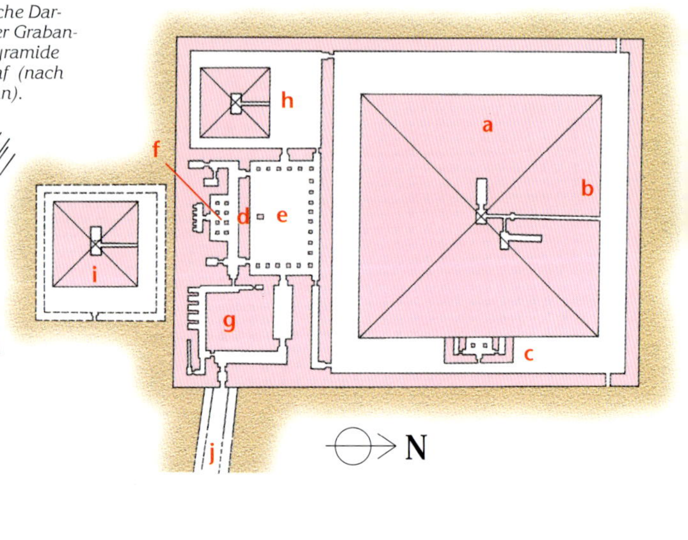

Der nördliche Sektor

Die Nekropole der Frühzeit

Im nördlichsten Bereich der Fundstätte von Sakkara befindet sich die frühzeitliche Nekropole mit einer Reihe von großen Gräbern, die der englische Archäologe W. Emery zwischen 1936 und 1956 entdeckte und freilegte, und die als Königsgräber der Pharaonen der 1. Dynastie identifiziert wurden. Es handelt sich um bis 40 Meter lange Monumentalbauwerke aus ungebrannten Nilschlammziegeln, deren Mauern mit der charakteristischen Palastfassade verziert waren. Da aber Gräber derselben Könige der 1. Dynastie auch in der Königsnekropole von Abydos gefunden wurden, wurde diskutiert, welches nun der tatsächliche Ort der Bestattung dieser Könige war. Sind die Gräber in Abydos nur Kenotaphe der Könige, die ja auch über Oberägypten herrschten, oder verhält es sich gerade anders herum, und als tatsächlicher Ort der Beisetzung der Pharaonen der 1. Dynastie muss Abydos angesehen werden, so dass die Nekropole in Sakkara nur die Kenotaphe und die Gräber der höchsten memphitischen Würdenträger enthält? Bisher lässt sich nicht feststellen, wo die Leichname dieser Könige tatsächlich beigesetzt wurden. Noch weiter nördlich dieser Nekropole befindet sich die wichtige Ziegelmastaba von Hesire, einem Würdenträger aus der Zeit der späten 3. Dynastie, östlich davon wurden die Nekropolen der heiligen Tiere entdeckt: Weit verzweigte, aus der Spätzeit stammende Gänge und Galerien, die die Mumien von über einer Million Ibisse und einer unbestimmten Zahl von Pavianen enthielten.

E

E In der Mastaba des Hemaka, eines hohen Würdenträgers unter Den, König der 1. Dynastie, wurden etwa vierzig runde Scheiben aus bemaltem Kalkstein gefunden. (Kairo, Ägyptisches Museum)

F

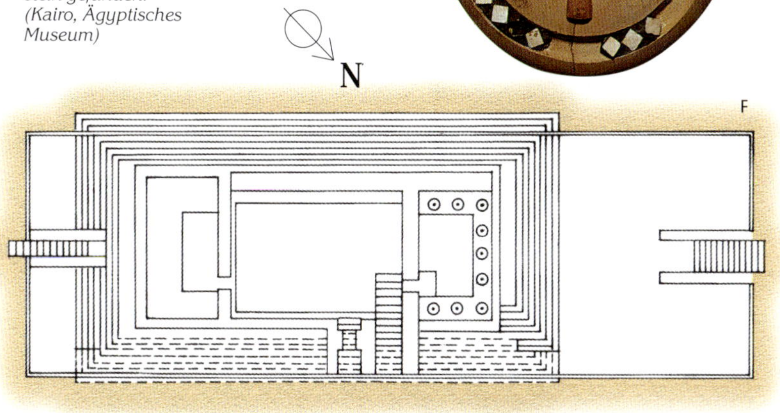

F Plan einer großen Mastaba der 1. Dynastie im nördlichen Sektor von Sakkara (nach Emery).

G

G Im nördlichen Sektor von Sakkara befindet sich die Nekropole der Gräber aus der 1. bis 3. Dynastie mit großen Ziegelmastabas von Königen der 1. Dynastie, deren Außenmauer als Palastfassade verziert ist, sowie kleinere Mastabas der 2. Dynastie. Diese Nekropole wurde zwischen 1936 und 1956 von dem großen englischen Archäologen Walter Emery ausgegraben.

H

H Der Hieroglyphentext dieser kleinen Elfenbeintafel, die in einem der Gräber im nördlichen Sektor entdeckt wurde, nennt König Djet, den dritten König der 1. Dynastie. (Kairo, Ägyptisches Museum)

Der Sektor der Pyramide des Teti

Dieser zwischen der frühzeitlichen Nekropole und dem Djoser-Bezirk liegende Bereich wird von der Pyramide des Teti beherrscht, in deren Umgebung sich einige der größten und bedeutendsten Mastabas von Sakkara befinden, wie etwa die Gräber von Mereruka und von Kagemni.

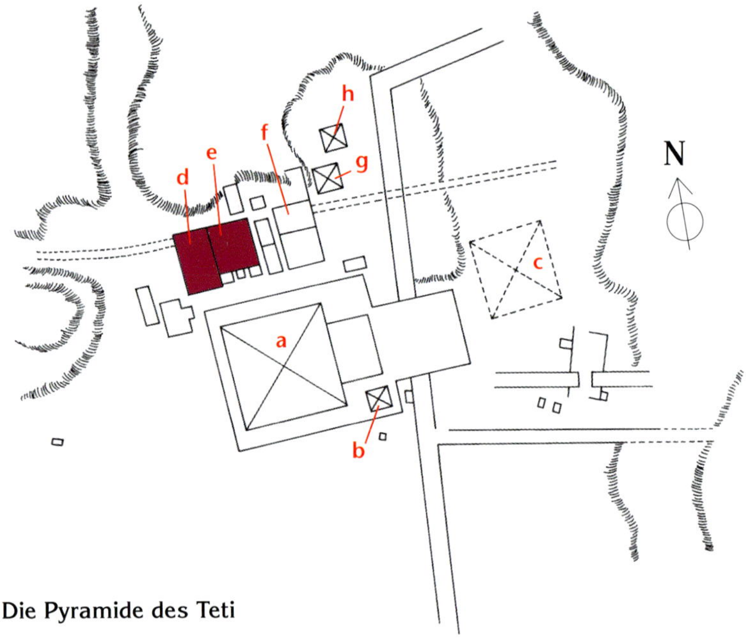

Plan des Sektors der Pyramide des Teti
- **a.** *Pyramide des Teti*
- **b.** *Kultpyramide*
- **c.** *Überreste einer unerforschten Pyramide, König Merikare zugeschrieben.*
- **d.** *Mastaba des Mereruka*
- **e.** *Mastaba des Kagemni*
- **f.** *Mastaba des Anchmehor*
- **g.** *Pyramide der Königin Chuit*
- **h.** *Pyramide der Königin Iput*

A

A Teti, der Nachfolger des Unas, dessen Tochter Iput er heiratete, war der erste König der 6. Dynastie. Seine Pyramide, hier von Osten aus gesehen, steht nordöstlich von der des Userkaf. Auf der Fotografie erkennt man die Überreste des Totentempels und der Kultpyramide.

Plan und Querschnitt der Grabanlage
- **a.** *Eingang*
- **b.** *Absteigender Gang*
- **c.** *Horizontaler Gang*
- **d.** *Fallsteine aus Granit*
- **e.** *Vestibül*
- **f.** *Kapelle mit drei Nischen*
- **g.** *Grabkammer*

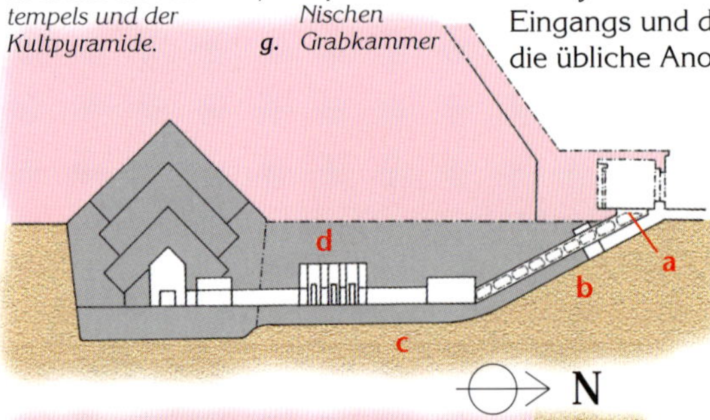

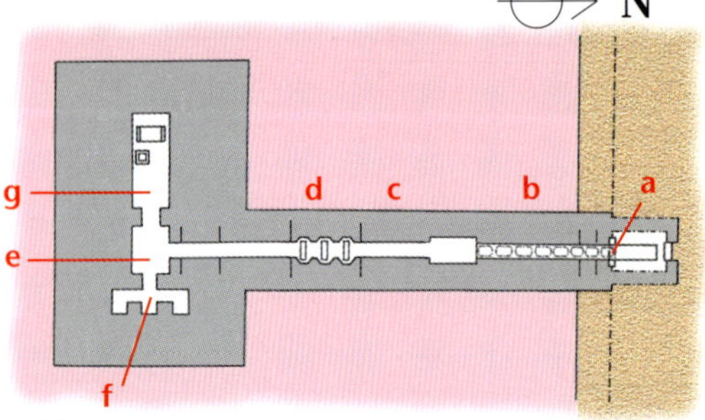

Die Pyramide des Teti

Name in der Antike: „Es dauern die Stätten des Teti"
Ursprüngliche Höhe: 52,5 m
Basislänge: 78,5 m
Neigungswinkel: 53°7'48"

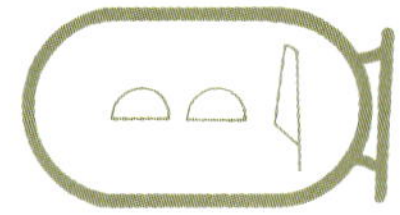

Auch die Pyramide des Teti, des ersten Königs der 6. Dynastie, wurde durch die Arbeit von Steinbrechern stark beschädigt, die nicht nur die Verkleidung und einen großen Teil der Granitblöcke aus dem angrenzenden Totentempel entfernten, sondern auch Kalksteinplatten aus dem Inneren des Monuments. Die Pyramide weist hinsichtlich des Eingangs und der Nebengebäude die übliche Anordnung auf. Zu dem

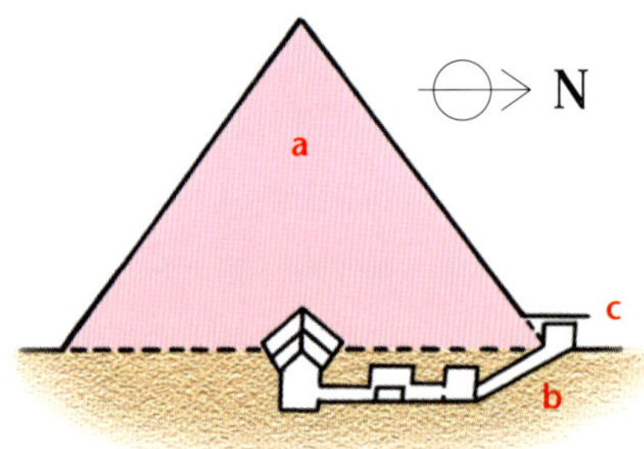

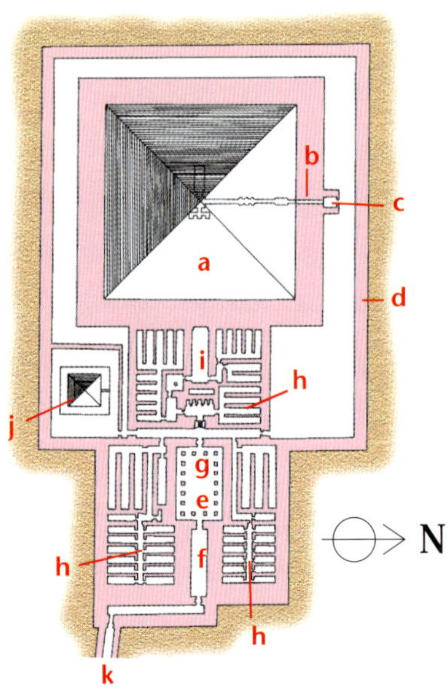

Plan und Querschnitt der Pyramide des Teti
- **a.** *Pyramide des Teti*
- **b.** *Eingang*
- **c.** *Reste einer kleinen Kapelle*
- **d.** *Umfassungsmauer aus ungebrannten Ziegeln*
- **e.** *Totentempel*
- **f.** *Vestibül*
- **g.** *Hof*
- **h.** *Magazine*
- **i.** *Totenopfersaal*
- **j.** *Kultpyramide*
- **k.** *Aufweg*

B An der Westwand der Grabkammer steht ein großer Sarkophag, auf dem Texte eingemeißelt sind. Da er mit einer Länge von 2,78 x 1,31 Meter größer ist als die Eingangstüren, muss der Sarkophag bereits während der Bauphase in die Grabkammer gebracht worden sein.

auf der Nordseite gelegenen Eingangskorridor gehörte eine kleine Kapelle, von der noch einige Überreste erhalten sind; er führt in ein Vestibül und schließlich in die Grabkammer, in dem noch der aus einer besonderen Art der Grauwacke gebaute Sarkophag in situ zu besichtigen ist. Die Wände der inneren Kammern sind, wie auch in der Pyramide des Unas, mit hieroglyphischen Texten überzogen; zu einem großen Teil wurden diese durch die Arbeit von Steinbrechern

B

C

C Die in senkrechte Zeilen eingemeißelten Texte enthalten magische Formeln und religiöse Sprüche, die dem König in seinem Leben im Jenseits helfen sollten. Die Wanddekorationen in diesen Räumen wurde nie vollendet, vielleicht aufgrund seines verfrühten Todes. Der Erzählung des griechischen Historikers Manetho zufolge soll er von seinen Wächtern umgebracht worden sein.

entfernt oder zerstört, erst in jüngerer Zeit wurden sie dank der geduldigen Arbeit der französischen Archäologen der Equipe unter der Leitung von Jean Leclant wieder zusammengefügt.

An der Ostseite sieht man die Überreste eines großen Totentempels, dessen Zerstörung wahrscheinlich schon während der Zweiten Zwischenzeit einsetzte, er umfasste einen weiten, ursprünglich von Säulen gesäumten Hof, in dem sich ein Altar aus Alabaster befand.

In der südöstlichen Ecke steht noch eine kleine Nebenpyramide, die relativ gut erhalten ist; an der nordöstlichen Seite des Teti-Bezirks hingegen sind die kaum sichtbaren Überreste von zwei kleinen Pyramiden zu sehen, die den Königinnen Iput und Chuit zugewiesen wurden, beides Gemahlinnen von Teti.

D

E

D Die inneren Kammern der Pyramide des Teti sind mit Pyramidentexten beschrieben, wie auch bei seinem Vorgänger Unas, in dessen Pyramide sie zum ersten Mal auftauchen. Leider sind die Texte der Grabkammer fast völlig abgetragen, da das Bauwerk in den vergangenen Jahrhunderten als Steinbruch genutzt wurde.

E Die riesigen, spitzwinklig angeordneten Kalksteinplatten, die die Decke des Vestibüls und der Grabkammer bilden, wurden in einer langwierigen Restauration verstärkt. Dieses Satteldach ist mit unzähligen Sternen dekoriert, an deren Unvergänglichkeit die Seele des Königs teilhat.

Die Mastaba des Mereruka

Wichtigste Titel: Wesir und Oberrichter, Gutsverwalter, Vorsteher der Priester der Pyramide des Teti
Epoche: 6. Dynastie

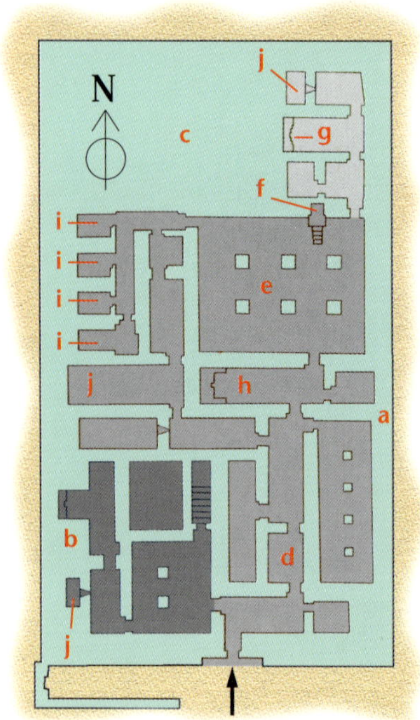

Die Mastaba von Mereruka ist die größte heute bekannte Grabanlage des Alten Reiches. Es handelt sich um ein Familiengrab, das in gut 32 Kammern unterteilt ist, von denen 17 für Mereruka, Wesir zur Zeit Tetis, bestimmt waren, die anderen Kammern für seine Gemahlin, die Prinzessin Seschseschet Watetchet-hor, Tochter des Teti, und für den Sohn Meriteti. Nicht alle Kammern sind dekoriert, denn einige dienten nur als Magazin oder als Lager. Es gibt nur einen einzigen kleinen Eingang, der sich – anders als üblich – an der Südseite befindet; die Türpfeiler sind mit Flachreliefs dekoriert, die den Verstorbenen und seine Gattin darstellen. Das Innere der Grabanlage ist so aufgebaut, dass die ganze östliche Seite dem Mereruka gewidmet ist, am Ende dieses Bereiches ist eine große, von sechs Pfeilern getragene Opferkammer, in der sich in einer Nische eine lebensgroße Statue des Verstorbenen befindet. Der hinterste Teil der Anlage ist dem Sohn gewidmet, der Grabteil der Heruatetchet befindet sich im südwestlichen Bereich.

Plan der Mastaba des Mereruka

- a. *Grabteil des Mereruka*
- b. *Grabteil der Watet-chet-hor*
- c. *Grabteil des Meriteti*
- d. *Raum A III*
- e. *Opferkammer mit sechs Säulen (oder Raum A XIII)*
- f. *Nische mit Statue des Mereruka*
- g. *Scheintür des Meriteti*
- h. *Schacht*
- i. *Magazine*
- j. *Serdab*

A *Die Mastaba des Mereruka, die nordöstlich der Pyramide des Teti liegt, ist mit ihren 32 Räumen die größte bekannte Privatmastaba überhaupt. In der Grabanlage wurden neben Mereruka auch seine Gemahlin Watetchet-hor, Tochter des Teti, und der Sohn Meriteti beigesetzt.*

B *und* ***C*** *Auf dem Türrahmen der Eingangstür sind zwei fein gearbeitete Darstellungen des Mereruka und seiner Titel. Mereruka lebte zur Zeit der Herrschaft Tetis, dessen Wesir und Schwiegersohn er war.*

G

D An der Nordseite der großen Opferkammer (Raum A XIII) steht in einer tiefen Nische eine lebensgroße Statue des Verstorbenen vor einer Opfertafel; seitlich von den Nischen sind zwei weitere Darstellungen des Verstorbenen mit seiner Frau und seiner Mutter, die in üblicher Art klein vor seinen Knien dargestellt sind, während sie die auf den angrenzenden Wänden dargestellten Szenen betrachten.

F

H

I

L

J

K

E Eine kleine Tür in der Nord-Ost-Ecke der Opferkammer, führt in den Grabteil des Meriteti: Die Reliefs auf dem Architrav zeigen Jugendliche bei Turnspielen.

F Ein Relief auf der Südwand der Opferkammer, westlich vom Eingang, zeigt eine Gruppe von Frauen, die den Tod Mererukas beklagen.

G Dieses interessante Relief gehört zu einer Szene, die einem ziemlich ungewöhnlichen Motiv gewidmet ist: Die Fütterung der Hyäne. Zwei Männer halten das Tier fest, um es dann zum Verzehren von Fleischstücken zu zwingen. Damit sollte verhindert werden, dass die Hyäne, die bei den Ägyptern fast als ein Haustier galt und als Jagdhund benutzt wurde, das Wild fraß.

H,I und J Die Metallverarbeitung und die Herstellung von Schmuckstücken und Halsketten nehmen unter den Themen der Grabdekorationen einen wichtigen Platz ein; sie sind auch das Motiv eines großen Reliefs in dem kleinen, als A III bekannten Raum. Man erkennt kleinwüchsige Goldschmiede, die an der Herstellung von Halsbändern und Schmuckstücken arbeiten (H und J), Abbildung I zeigt, wie die Edelmetalle gewogen werden, was von einem Schreiber genauestens festgehalten wird.

K Auf der Ostseite der Opferkammer (Raum A XIII) sind die wichtigsten Landbauarbeiten dargestellt: Das Foto zeigt einen Bauern bei der Mahd.

L Im Grabteil des Meriteti (Raum C III) befindet sich eine große Scheintür, die von einem dreifachen Türrahmen umrahmt ist: Über dem Architrav ist auf einem Relief der Verstorbene vor einem Opfertisch dargestellt.

A

B

Mastaba von Kagemni

Wichtigste Titel: Wesir und Oberrichter, Vorsteher der Priester an der Pyramide, Verwalter im Pyramidenbezirk des Teti
Epoche: 6. Dynastie

K. R. Lepsius entdeckte diese Grabanlage im Jahr 1843, freigelegt wurde sie 1893 von Jacques de Morgan, von 1897 bis 1899 von Victor Loret und von 1920 bis 1926 von Cecil M. Firth. Sie befindet sich nicht weit entfernt von der Mastaba des Mereruka und gehörte Kagemni (Gemnikai), der zu Beginn von Tetis Herrschaft das Amt des Wesirs bekleidete und die Prinzessin Seschseschet Nebtinubchet heiratete. Obwohl sie nur acht verzierte, dem Beisetzungskult dienende Kammern hat, stellt sie doch eine beachtenswerte Anlage dar, denn sie verfügt über fünf an einem Gang liegende Magazine und erstreckt sich auf einer Fläche von etwa 1000 Quadrat-

A Analog zur Mastaba des Mereruka befindet sich auch hier über dem Türrahmen des Eingangs zur Mastaba des Kagemni eine doppelte Darstellung des Verstorbenen mit seinen Titeln.

B Dieses schöne Relief befindet sich an der Nordwand der von drei Pfeilern getragenen Halle: Es ist eine Darstellung des Fischfangs in den Sümpfen mit Netz und Harpune von einem Papyrusboot aus. Im Wasser erkennt man Lotuspflanzen.

C Zwei Personen sitzen sich auf einer Matte gegenüber; in der Hand halten sie Schlegel, die an einem Ende verbreitert sind, mit denen sie die Matte klopfen, um die Fasern glatt zu machen. Die Hieroglyphen erläutern die Szene.

D Diese Melkszene ist sehr wirklichkeitsgetreu abgebildet: Die Kuh, deren Hinterbeine mit dem Kopf zusammen gebunden sind, streckt als Zeichen der Auflehnung die Zunge weit heraus.

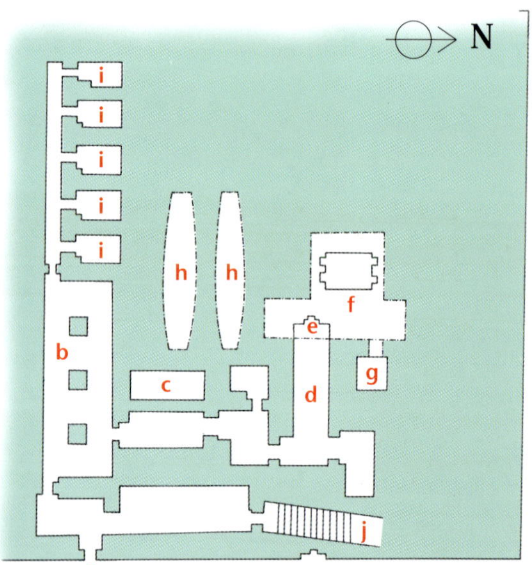

PLAN DER MASTABA DES KAGEMNI

a. Eingang
b. Raum mit drei Pfeilern (Raum III)
c. Serdab
d. Opfersaal (Raum VII)
e. Scheintür
f. Grabkammer
g. Schacht
h. Bootsgruben
i. Magazine
j. Treppe

C

D

E Die von einem dreifachen Türrahmen umgebene Scheintür weist eine enge Öffnung auf. Im oberen Teil ist der Verstorbene vor einem Tisch voller Speisen dargestellt: Der dazugehörige Text („Tausende von Broten, Tausende von Süßspeisen, Tausende Krüge Bier") garantierte dem Verstorbenen die für ein Weiterleben notwendigen Nahrungsmittel.

E

F Gesamtansicht des Raumes VIII, dessen Dekor die Opfergaben und deren Überbringer darstellen. Dieses ist der einzige Bereich des Grabes, in dem die Originalfarben noch zum größten Teil erhalten sind.

G Auf der Nordwand des Raumes VIII ist Kagemni dargestellt, während er eine Prozession von Trägern mit Opfergaben empfängt; unter den Gaben sieht man Gefäße mit Salben und Leintüchern, Gegenstände, die der Verstorbene für sein Leben im Jenseits benötigte.

F

G

metern. Zu der Mastaba gehörte auch ein vollständig gemauerter Serdab, der von der übrigen Grabanlage isoliert war, und, was selten in einem Privatgrab vorkam, zwei bootsförmige Kammern auf dem Dach, die an die zur Pyramide des Unas gehörenden Bootsgruben erinnern. Der an der östlichen Seite gelegene Eingang ist ähnlich wie der in der Mastaba von Mereruka verziert, mit Türpfeilern, deren Flachreliefs den Verstorbenen mit seinen verschiedenen Titeln darstellen. Die behandelten Themen sind typisch für die Grabanlagen aus dieser Zeit: Darstellungen von Totenopfern, Szenen aus der Landwirtschaft, der Jagd und der Fischerei in den Sümpfen.

PLAN DER GRÄBER AN DER NORDSEITE DER PYRAMIDE DES TETI

- *a. Pyramide des Teti*
- *b. Mastaba des Mereruka*
- *c. Mastaba des Kagemni*
- *d. Mastaba des Anchmehor*
- *e. Pyramide der Chuit*
- *f. Pyramide der Iput*

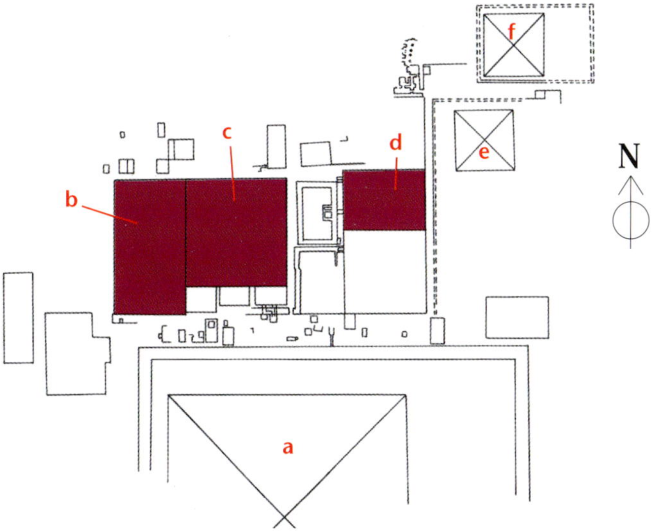

Andere Mastabas

Weiter östlich an der nördlichen Seite der Umfassungsmauer des Teti-Bezirks befinden sich noch andere Mastabas der 6. Dynastie, die 1899 von Victor Loret ausgegraben wurden und zur Zeit nicht zugänglich sind. Die bekannteste davon ist die von Anchmehor, der die Titel des Wesirs, des „Ersten nach dem König" und des „Verwalters des Großen Hauses" innehatte. Diese Grabanlage wird auch „Ärztegrab" genannt, da einige ihrer Reliefs eine Zehenoperation und eine Beschneidung darstellen.

Der westliche Bereich

Die Mastaba des Ti

Wichtigste Titel: Verwalter der Pyramiden des Niuserre und des Neferirkare, Verwalter der Sonnenheiligtümer des Sahure, Niuserre und Neferirkare
Epoche: 5. Dynastie

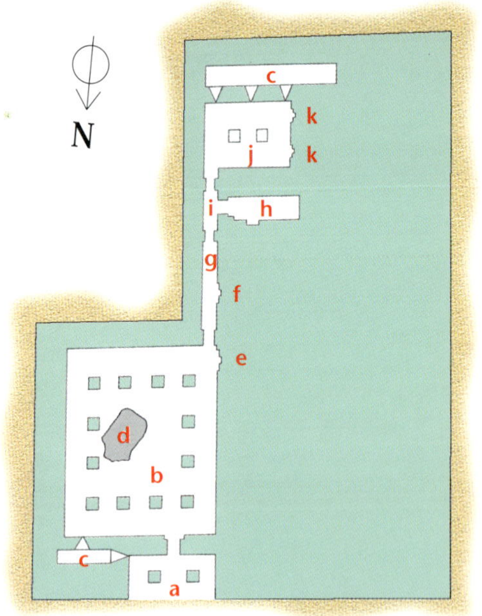

A

B

Ti war ein hoher Hofbeamter aus der Zeit der 5. Dynastie, der den Titel des „Verwalters der Pyramiden von Niuserre und Neferirkare" trug; obwohl seine Grabanlage, die 1865 von Auguste Mariette entdeckt wurde, eher klein ist, ist sie vielleicht aufgrund der hohen künstlerischen Qualität ihrer Verzierungen die schönste der ganzen Nekropole, außerdem hinsichtlich der ausgefallenen Darstellungen eine der interessantesten.
Das Grab besteht aus einem kleinen Durchgang, der auf einen großen Pfeilerhof führt; in dessen Mitte befindet sich ein Schacht, von dem aus ein schräg absteigender Gang in die Grabkammer mündet, die ohne Verzierungen

PLAN DER MASTABA DES TI
- a. *Eingang*
- b. *Hof*
- c. *Serdab*
- d. *Schacht, der in die Grabkammer führt*
- e. *Scheintür des Demedji*
- f. *Scheintür der Neferhetpes*
- g. *Korridor*
- h. *Seitenkammer*
- i. *Vestibül*
- j. *Grabkapelle*
- k. *Scheintür des Ti*

C Der wichtigste Raum der Grabanlage ist die große Grabkapelle, deren Decke von zwei Pfeilern getragen wird; an der Westseite der Kapelle befinden sich zwei Scheintüren.

D Vor der Scheintür des Ti im nördlichen Bereich der Westwand steht ein Opfertisch aus Alabaster.

C

D

A Ein großer Pfeilerhof, dessen Portikus von zwölf quadratischen Pfeilern getragen wird, befindet sich vor der Grabkapelle der Mastaba des Ti, einer der schönsten in Sakkara. In der Nähe der nordöstlichen Ecke des Hofs befindet sich ein erster Serdab. Ti, ein hoher Hofbeamter in der 5. Dynastie, heiratete Neferhetpes, Priesterin der Neith und der Hathor, und hatte einen Sohn, den er Demedji nannte. Im Hof sieht man einen großen Schacht, der zur Grabkammer führt, wo der leere Sarkophag des Grabherrn gefunden wurde.

B Die Seitenkammer des Grabs, die wahrscheinlich als Magazin für Opfergaben diente, hat einen langen, schmalen Grundriss und ist vollständig mit ausgemalten Reliefs überzogen, die sich auf sieben Register verteilen. Die wichtigsten Darstellungen beziehen sich auf die Zubereitung von Speisen und Getränken, die Herstellung von Tongefäßen und die Darbietung von Opfergaben durch Träger.

und Inschriften ist. Die Wandmalereien mit Szenen aus dem Leben des Verstorbenen, mit denen ursprünglich die Mauern des Hofes dekoriert waren, sind ziemlich zerstört und von geringem Interesse. An der Nordseite des Hofes befindet sich ein erster Serdab; von der nordwestlichen Ecke des Hofes aus führt ein enger Korridor zu zwei Räumen, beides Kammern, die mit wundervollen polychromen Reliefs ausgestattet sind.
Der erste Raum liegt westlich des Korridors, wobei ihre längere Achse im rechten Winkel auf den Gang trifft, sie ist verziert mit Opferdarstellungen, die auf neun Registern angeordnet sind, sowie mit Darstellungen von Speisen und Getränken. Danach führt der Korridor in den zweiten und größeren Raum, dem ein kleiner Vorraum vorangeht. Diese Opferkammer, deren Decke von zwei starken Pfeilern getragen wird, ist durch einen kleinen Spalt in der Südseite mit einem zweiten Serdab verbunden, in dem sich heute eine Kopie der Statue des Verstorbenen befindet; das Original wurde in das Museum von Kairo gebracht. Die Ostseite dieser Kammer zeigt zu einem großen Teil die bekannten Darstellungen des Schiffbaues, auf denen man die Arbeiten auf einer Werft in all ihren Einzelheiten verfolgen kann. Die nördliche Seite ist mit einem großen Relief verziert, das den Verstorbenen in Lebensgröße zeigt, während er in den Sümpfen des Deltas an der Jagd auf ein Nilpferd teilnimmt.

E

E Die bemalte Kalksteinstatue des Ti, die Mariette im Serdab fand, ist heute durch eine Kopie ersetzt, während sich das Original im Museum von Kairo befindet. Der Kopf des Beamten ist mit einer runden Perücke geschmückt, die an beiden Seiten die Ohren verdeckt.

F

F Das berühmteste Relief der Grabanlage des Ti befindet sich auf der Ostwand des Opferraumes. Es gibt eine in allen Einzelheiten beschriebene Darstellung des Schiffbaus wieder, der sich unter der Aufsicht des Grabherrn vollzieht. Das Foto zeigt, wie an der Breitseite der erhöhte Teil angebracht wird, auf dem die Ruder aufliegen sollen.

G

G Im östlichen Teil der Südwand des Opferraumes öffnet sich ein enger Spalt, der in den Serdab führt. Darin befindet sich eine lebensgroße Statue des Verstorbenen, der durch die kleine Öffnung mit der Welt der Lebenden in Verbindung blieb und Opfergaben erhalten konnte. Seitlich des Schlitzes erkennt man zwei Personen, die Diener des Ka des Verstorbenen, bei der Beräucherung. Rechts richten zwei Handwerker die Pfähle auf, die als Stütze für die Zelte dienen; links sind zwei Beamte abgebildet, denen ein Schreiber folgt.

H

H Dieses wundervolle Relief, das sich über einen großen Teil der Nordwand in der Grabkapelle erstreckt, stellt Ti auf einem Papyrusboot bei der Nilpferdjagd dar.

I

I Diese Darstellung auf der Südwand der Grabkapelle zeigt Schreiner, die den Stamm eines großen Baumes bearbeiten, nachdem sie ihn gefällt haben.

Die Mastaba des Ptahhotep und des Achethotep

Wichtigste Titel:
Ptahhotep – Wesir und Oberrichter, Vorsteher der Priester der Pyramiden des Mykerinos und des Djedkare-Isesi, Vorsteher der Priester der Pyramide des Niuserre.
Achethotep – Wesir und Oberrichter, Aufseher der Pyramidenstadt und Vorsteher der Priester der Pyramiden des Niuserre, des Djedkare-Isesi und des Mykerinos.
Epoche: Ende der 5. Dynastie, unter der Herrschaft von Djedkare-Isesi und Unas

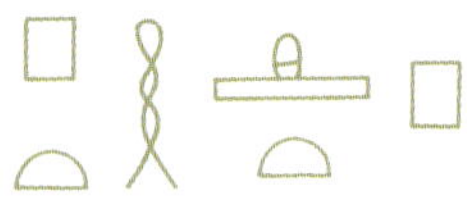

Wenige Hunderte Meter von der Mastaba des Ti entfernt befindet sich die Doppelmastaba von Ptahhotep und Achethotep.
Achethotep war ein hoher Würdenträger aus der Zeit der 6. Dynastie, man nimmt an, dass er diese Grabanlage für sich selbst bauen ließ; in einem Bereich des Grabes wurde aber auch sein Sohn Ptahhotep bestattet, der zwar auf dem Sarkophag, aber sonst nirgendwo im Grab mit dem Titel des Wesirs und Oberrichter bezeichnet wird.
Die wunderbaren Reliefs in dem Grabteil des Sohnes waren ausschlaggebend dafür, dass die Grabanlage allgemein „Mastaba des Ptahhotep" genannt wird.
Der Eingangskorridor, dessen Verzierungen unvollendet geblieben sind, führt direkt in den Bereich des Achethotep, in einen großen Saal mit vier Pfeilern, von dessen westlicher Seite eine Tür in die Kapelle des Ptahhotep führt, die mit wundervollen polychromen Reliefs geschmückt ist. Besonders fein

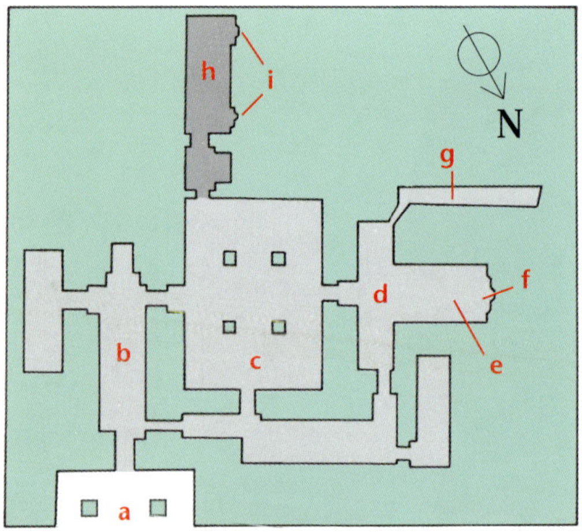

Plan der Mastaba des Ptahhotep und des Achethotep

a. *Eingang*
b. *Vestibül*
c. *Pfeilersaal*
d. *Grabteil des Achethotep*
e. *Opferkammer des Achethotep*
f. *Scheintür des Achethotep*
g. *Serdab*
h. *Opferkammer des Ptahhotep*
i. *Scheintüren des Ptahhotep*

A

B

C

D

A Vor dem Eingang zur Mastaba des Ptahhotep und des Achethotep, wahrscheinlich Vater und Sohn, die gegen Ende der 5. Dynastie lebten, befindet sich ein Säulengang mit zwei Pfeilern.

B Die Scheintür des Achethotep ist von einem dreifachen Türrahmen umgeben und in ihrem oberen Bereich unvollendet. Im unteren Teil erkennt man sechs kleine Abbildungen des Verstorbenen.

C An der Westwand der Opferkammer der Ptahhotep sind zwei Scheintüren. Die südliche ist von einem doppelten Türrahmen eingerahmt. Auf den beiden mittleren Türpfosten ist Ptahhotep stehend, links auf einer Sänfte und rechts in einem Kiosk dargestellt.

D *Ein enger Durchgang in der Mitte der Westwand der Pfeilerhalle führt in die umgekehrt T-förmige Opferkammer des Achethotep. Ganz im Hintergrund ist die Scheintür zu erkennen.*

E *Auf diesem hervorragenden Relief ist Ptahhotep auf einem Stuhl sitzend dargestellt, während er an einer Salbe riecht, die in einem Steingefäß aufbewahrt ist.*

F *Der Erste der Opferüberbringer, die auf dem mittleren Register dargestellt sind, hält in der Hand Lotusblüten und unter dem linken Arm lange Papyrusstängel.*

G *Noch im gleichen Bereich der Wand befindet sich diese unglaublich realistisch dargestellte Szene, auf der ein Löwe ein zu Tode erschrockenes Rind angreift.*

H *An der Ostseite befinden sich die üblichen Darstellungen aus der Tierwelt, darunter zwei Igel, von denen einer eine Grille fängt, als er aus seinem Bau herauskommt.*

I *Am Anfang der Ostwand der Opferkammer sieht man den Verstorbenen in Begleitung seines Sohnes Achethotep; neben Rindern, die von den Hirten begleitet werden (oberes Register), werden ihnen Enten und Kraniche dargeboten (unteres Register).*

gearbeitet sind vor allem die von zwei Scheintüren eingerahmten Verzierungen auf der Westseite, in denen das Darbringen der Totenopfer für den vor dem Opfertisch sitzenden Verstorbenen dargestellt ist, obwohl die zweifellos interessantesten Wandreliefs sich an der Ostwand befinden, auf denen zwei große symmetrische Szenen dargestellt sind: Jede Szene zeigt den Verstorbenen, der vor neun Registern mit wunderschönen Flachreliefs sitzt, auf denen zum Teil auch ungewöhnliche Themen behandelt werden, wie Kampfszenen, Darstellungen von seltenen Tieren und Szenen aus der Nautik.

E

F

G

H

I

J *In den gewölbten Kammern des Serapeums befinden sich die ungeheuer großen Sarkophage mit Deckeln, in denen die einbalsamierten Leichname der heiligen Apisstiere beigesetzt wurden.*

J

Das Serapeum

Östlich der Mastabas von Ptahhotep und Ti, befindet sich der Bezirk des Serapeum, das dem Bestattungskult der heiligen Apisstiere diente. Riesige unterirdische, aus saitischer Zeit stammende Galerien mit enormen Sarkophagen, die früher die Mumien dieser Tiere enthielten sind noch erhalten. Die schon 1738 von Pococke gefundene Gruft-Galerie, wurde 1851 von Mariette wieder entdeckt, der dort unter anderem das Grab des Prinzen Chaemwese fand.

Der Sektor des Unas

PLAN DES UNAS-SEKTORS

- *a.* *Pyramide des Unas*
- *b.* *Persergräber (Psammetich, Tja-en-nehebu, Ped-en-Isis)*
- *c.* *Kultpyramide*
- *d.* *Grab des Amen-Tefnacht*
- *e.* *Mastaba der Chenut*
- *f.* *Mastaba der Nebet*
- *g.* *Grab des Chenu*
- *h.* *Mastaba der Seschseschet Idut*
- *i.* *Mastaba des Mehu*
- *j.* *Südwand der Umfassungsmauer des Djoser-Bezirks*
- *k.* *Bootsgruben*
- *l.* *Grab des Neferherptah („Vogelgrab“)*
- *m.* *Grab des Irukaptah („Grab des Schlächters“)*
- *n.* *Grab des Nefer*
- *o.* *Mastaba des Nianchchnum*
- *p.* *Mastaba des Achethotep*
- *q.* *Kloster des hl. Jeremias*

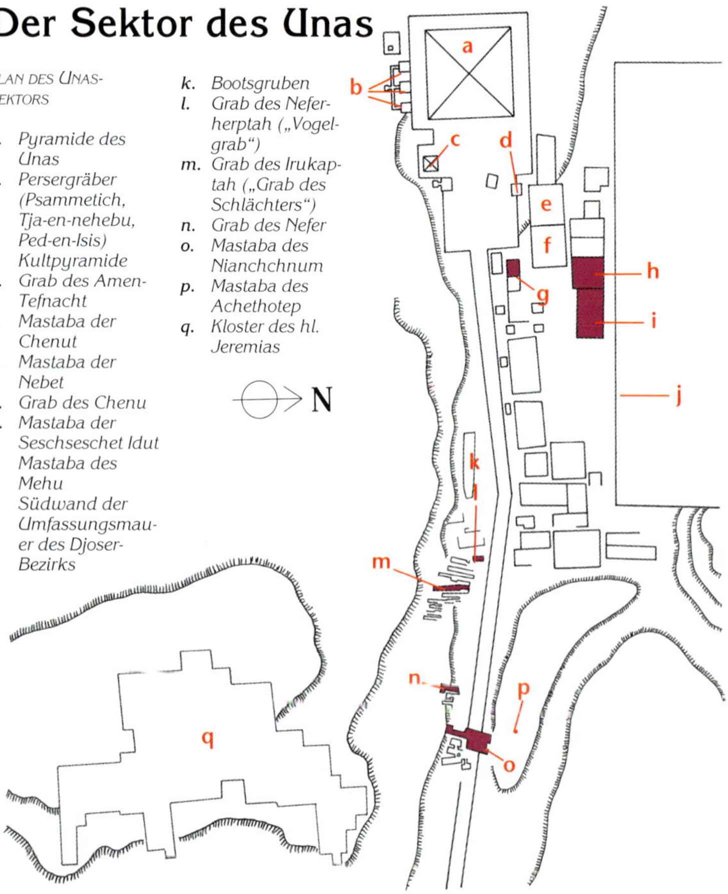

Pyramide des Unas

Name in der Antike: „Vollkommen sind die Stätten des Unas“ Ursprüngliche Höhe: 43 m Basislänge: 57,5 m Neigungswinkel: 56°18’35’’

Die Pyramide des Unas, letzter König der 5. Dynastie, ist weitgehend verfallen. Die äußere Verkleidung ist bis auf einige Kalksteinblöcke, die an der Südseite wieder in situ angebracht worden sind, verloren gegangen, dort sieht man auch eine Hieroglypheninschrift, die berichtet, dass Prinz Chaemwese, der Hohepriester von Ptah in Memphis, auf Befehl seines Vaters Ramses II. die Pyramide restaurierte und den Namen des Unas neu anbrachte. Die in diesem Bezirk von dem italienischen Ägyptologen Alessandro Barsanti und von Cecil M. Firth durchgeführten Ausgrabungen ermöglichten es, auch die anderen

A Die Pyramide des Unas, hier von Süden aus gesehen, liegt einige Hundert Meter südwestlich des Djoser-Bezirks. Wie alle Pyramiden der 5. Dynastie ist sie in einem schlechten Erhaltungszustand im Hinblick auf die äußeren Anlagen.

A

PLAN UND QUERSCHNITT DER PYRAMIDE DES UNAS

- *a.* *Pyramide des Unas*
- *b.* *Eingang*
- *c.* *Absteigender Gang*
- *d.* *Zweiter Gang*
- *e.* *Fallsteine aus Granit*
- *f.* *Grabkammer*
- *g.* *Vorkammer*
- *h.* *Dreinischenraum*
- *i.* *Totentempel*
- *j.* *Kultpyramide*
- *k.* *Totenopfersaal*
- *l.* *Offener Hof*
- *m.* *Magazine*
- *n.* *Vestibül*
- *o.* *Aufweg*

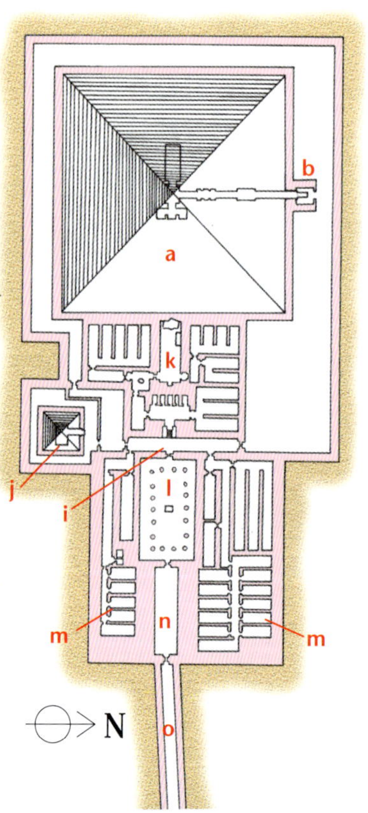

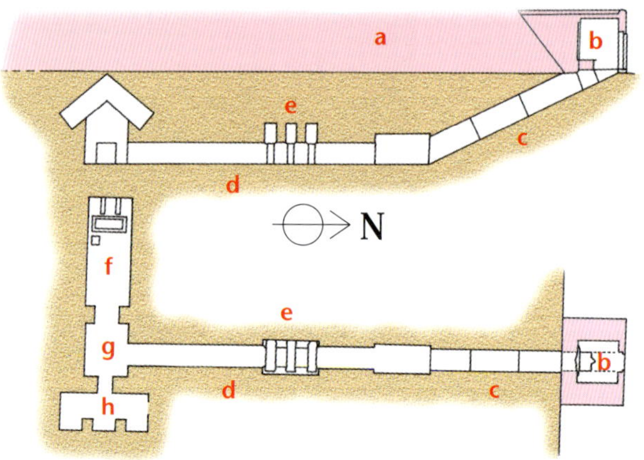

B In der Pyramide des Unas sind zum ersten Mal die Wände der Grabanlage mit Hieroglyphentexten, den sogenannten Pyramidentexten, überzogen.

C Die Pyramidentexte sind in senkrechten Spalten angeordnet; sie gehören zu den ältesten magisch-religiösen Texten der Menschheit.

D Die äußere Kalksteinverkleidung der Pyramide des Unas ist nur in den untersten Schichten erhalten; bereits im Neuen Reich war eine erste Restauration notwendig, die von Prinz Chaemwese durchgeführt wurde.

E Eine große Inschrift an der Südseite der Pyramide belegt die Arbeit von Chaemwese.

F Die Decke der Sarkophagkammer ist, wie auch der Vorraum, mit einem Sternenhimmel aus kleinen Sternen mit fünf Spitzen dekoriert. Der Sarkophag, der ohne Inschriften ist, wurde aus einem Block schwarzen Sandsteins gehauen.

D

E

Bauteile des Pyramidenbezirks zu bestimmen: Den Totentempel, den Aufweg und den Taltempel. Die Ausgrabungen von Alessandro Barsanti brachten auch einen südwestlich der Pyramide gelegenen tiefen Schacht zum Vorschein, der zu den drei sogenannten „Persergräbern“ führte. Eines der drei Gräber wurde kürzlich von einer Gruppe der Universität Pisa unter Leitung von Edda Bresciani freigelegt und erforscht.

Der an der Ostseite gelegene Totentempel ist fast vollständig verfallen. Ursprünglich gehörte zu diesem Bauwerk ein Vestibül, das auf einen Pfeilerhof führte, über den man in den eigentlichen Tempel gelangte. Südlich von diesem Tempel fällt eine rechteckige Ausgrabung auf, die die Position der Kultpyramide kennzeichnet; im Norden befindet sich ein tiefer Schacht, der in saitischer Zeit für das Grab des Fürsten Amen-Tefnacht ausgehoben wurde, das den Sarkophag mit der Mumie enthält; weiter westlich ist ein Graben mit einem absteigenden Gang, der mit einem System unterirdischer Galerien verbunden ist, die sich unterhalb des Tempels fortsetzen, wo Hor Hetepsechemui und vielleicht auch Hor Raneb, die ersten beiden Könige der 2. Dynastie bestattet sind. Im Norden des Totentempels liegen die großen Mastabas der königlichen Gemahlinnen von Unas, Chenut und Nebet.

Von der nördlichen Seite führt ein absteigender Korridor, der durchschnittlich 140 cm hoch ist, in das Innere der Pyramide und mündet in eine Vorhalle. Von hier aus verläuft noch ein zweiter Korridor, schließlich gelangt man in den ersten Raum: Eine kleine Öffnung in der westlichen Wand führt in eine kleine rechteckige Kammer, in der drei Nischen zu sehen sind, die wahrscheinlich für die Statuen des königlichen Ka vorgesehen waren; auf der gegenüberliegenden Seite befindet sich ein Zugang zur Grabkammer, an dessen Ende der große Dioritsarkophag des Königs steht. In die Wände beider Kammern, die von großen Kalksteinplatten abgedeckt sind, sind Hieroglyphen eingeschnitten und mit blauer Farbe ausgestrichen. Es handelt sich hierbei um die sogenannten Pyramidentexte, magische Formeln, die der Seele des verstorbenen Königs helfen sollten, über feindliche Mächte zu siegen und Schwierigkeiten auf der Reise ins Jenseits zu meistern. Diese im Jahr 1881 von Gaston Maspero in einwandfreiem Zustand entdeckten Texte, die in dieser Pyramide zum ersten Mal auftauchten, sollten auch bei seinen Nachfolgern Teti, Pepi I., Merenre und Pepi II. verwendet werden. Die Veröffentlichung der aus diesen Pyramiden stammenden Texte wurde von Kurt H. Sethe vorgelegt und später um die Beiträge von Gustave Jéquier und R. Faulkner erweitert.

B

F

C

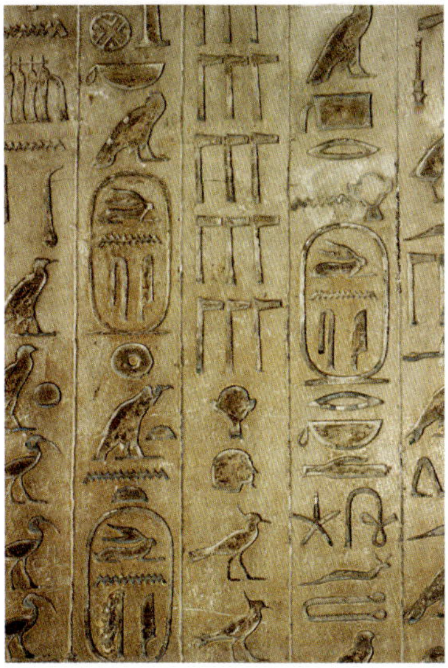

Der Aufweg und die Bootsgruben

A Der etwa einen Kilometer lange Aufweg des Unas führt zu Anfang in Richtung Osten, dann ändert er die Richtung und macht einen Knick nach Süden, wo er schließlich zum Taltempel führt, dessen Überreste sich am Eingang zur Fundstätte befinden. Ursprünglich war der gesamte Aufweg mit wundervollen Reliefs überdeckt, von denen heute nur noch ein kleiner Teil erhalten ist.

B Seitlich des Aufwegs, etwa 150 Meter von den Resten des Totentempels entfernt, sieht man zwei große Bootsgruben, die etwa 44 Meter lang sind und aus Kalksteinblöcken errichtet wurden; sie waren Abbilder von Booten.

A

B

C

D

Am Rand des Tempels beginnt ein Aufweg, der den Totentempel mit dem Taltempel verbindet. Ursprünglich war der Aufweg gedeckt und mit wundervollen Reliefs verziert, zu denen auch die bekannte Darstellung verhungernder Beduinen gehörte, wodurch die Not der übrigen Völker im Gegensatz zur geordneten Welt Ägyptens gezeigt werden sollte (heute im Museum von Kairo und im Louvre). Einige der Originalreliefs wurden wieder in situ angebracht, ein kleiner Abschnitt des Aufwegs wurde außerdem wieder gedeckt, um dem Besucher eine Vorstellung seines ursprünglichen Aussehens zu geben. Die Flachreliefs zeigen den Transport der granitenen Monolithe aus Assuan auf den Booten, die Herstellung von Gefäßen und die Zubereitung des Elektrons, der berühmten Gold- und Silberlegierung. Kurz vor dem gedeckten Aufweg befinden sich seitlich zwei nebeneinander liegende, mit Kalksteinblöcken verkleidete Bootsgruben, Abbilder von Sonnenschiffen.

E

F

C Eines der interessantesten Reliefs, die im Aufweg des Unas waren, zeigt sehr wirklichkeitsnah eine Gruppe von Menschen (wahrscheinlich Beduinen), deren abgemagerte Körper von der Hungersnot gezeichnet sind. Ein Teil dieses Reliefs befindet sich heute im Louvre.

D Der aus großen Kalksteinplatten errichtete Aufweg ist 2,6 Meter breit und war ursprünglich zu beiden Seiten von gut drei Meter hohen Mauern begrenzt, die im oberen Bereich mit wundervollen Reliefs verziert waren. Außerdem war er mit Kalksteinplatten abgedeckt, in deren Mitte ein Spalt war, um Licht hereinzulassen. Über einen kleinen Bereich des Aufwegs wurde die Abdeckung rekonstruiert, wie man im Hintergrund erkennen kann.

E Die Granitpfosten dieser großen Tür, die den Zugang zum Totentempel ermöglichte, sind mit den Kartuschen des Königs dekoriert.

F Dieses Relief zeigt die Ankunft der Boote aus Assuan, die die großen, für die Errichtung der Bauwerke notwendigen Steinblöcke transportierten.

Der Bezirk von Hor Sechemchet

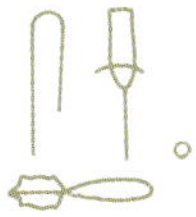

G *Zum Grabbezirk des Hor Sechemchet gehört eine nischengegliederte Umfassungsmauer aus Kalksteinblöcken, die Reste einer Stufenpyramide und ein Südgrab.*

Einige Hundert Meter südwestlich der Pyramide des Unas befindet sich ein großer Bezirk, zu dem eine nischengegliederte Umfassungsmauer gehört, die der des Djoser ähnelt; ab einer Höhe von 3,10 Meter wurde sie aber nicht mehr weiter erhöht und später in einen Erdwall integriert. Im Inneren der Umfassungsmauer befinden sich die Überreste einer unvollendet gebliebenen Pyramide, die lange als Steinbruch verwendet wurde, so dass heute neben wenigen Ziegelschichten nur noch die unterirdischen Bauteile erhalten sind: Ein tiefer Schacht, der zur Grabkammer, in der ein Alabastersarkophag gefunden wurde, und zu einer aus 136 Kammern bestehenden Grabanlage führt. Dieser Anfang der 50er Jahre von dem ägyptischen Archäologen Zakaria Ghoneim entdeckte Bezirk wird Hor Sechemchet zugeschrieben, dem Nachfolger von Djoser, der nur über einen kurzen Zeitraum von sechs oder sieben Jahren regierte; auch hier befindet sich ein „Südgrab“, das Jean-Philippe Lauer 1956 entdeckte. Die archäologischen Forschungen deuten jedoch darauf hin, dass Hor Sechemchet niemals in dieser Grabanlage beigesetzt wurde. Die im Laufe der letzten Jahre in diesem Bezirk erstellten fotogrammetrischen Untersuchungen haben die Existenz eines weiteren großen Bezirkes ergeben, der westlich von dem des Sechemchet liegt.

Plan des Grabbezirks des Hor Sechemchet

a. *Djoser-Bezirk*
b. *Königsgräber der 2. Dynastie, von Ninetjer und Hetepsechemui*
c. *Pyramide des Unas*
d. *Grabbezirk des Hor Sechemchet*
e. *Überreste der Umfassungsmauer*
f. *Überreste der Pyramide*
g. *Südgrab*

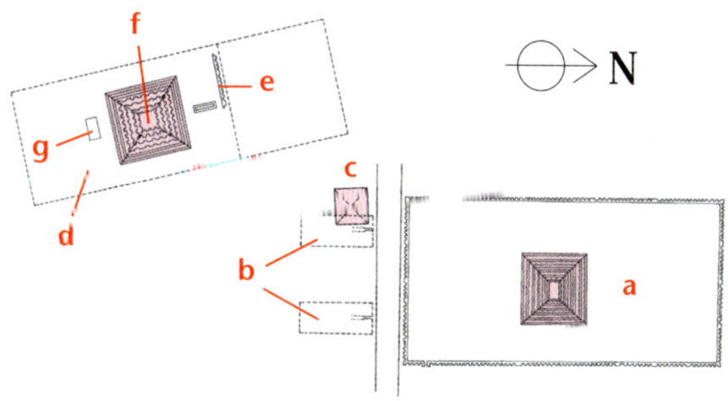

H *Diese kleine Schatulle aus Gold wurde 1950 zusammen mit anderen Schmuckstücken im Grabbezirk des Hor Sechemchet gefunden. (Kairo, Ägyptisches Museum)*

I *Die Ausgrabungsarbeiten an der Mastaba des Achethotep, werden durch eine französische Forschergruppe des Louvre durchgeführt.*

Die Grabanlagen im Bezirk des Unas

Gräber nördlich des Aufweges

Zwischen Aufweg und der Umfassungsmauer des Djoser-Bezirks liegen außer den Mastabas der Königinnen Chenut und Nebet auch die von Unas-haischtef, Iynefert (6. Dynastie), Unas-anch (6. Dynastie), des Wesirs Mehu und der Prinzessin Idut; die Mastaba der Idut ist die einzige Grabanlage, die zu besichtigen ist. Südlich befindet sich die kleine Grabstätte von Chenu sowie die Mastaba von Achethotep, einem Würdenträger der 5. Dynastie unter Niuserre. Zur Zeit werden durch eine Gruppe des Louvre unter Leitung von Christiane Ziegler an dieser Mastaba Ausgrabungsarbeiten durchgeführt.

Das Grab des Chenu

Wichtigste Titel: Vorsteher der Pyramide des Unas, Vertrauter des Königs
Epoche: Ende der 6. Dynastie

Dieses kleine offene Grab, nördlich des Aufwegs von Unas, wird einem Beamten zugeschrieben, der wahrscheinlich am Ende der 6. Dynastie lebte und unter anderem den Titel des „Vorstehers der Pyramide des Unas“ trug. An der Westseite sieht man zwei Darstellungen des Verstorbenen; die erste zeigt ihn bei der Anbetung zusammen mit seinem Sohn Sieunis, die zweite, während er mit einem anderen Sohn namens Ihy vor dem Opfergabentisch sitzt. Weiter im Inneren befindet sich eine schöne Scheintür.

A Die kleine Grabanlage des Chenu, eines Beamten, der gegen Ende der 6. Dynastie lebte, liegt nördlich des Aufwegs des Unas.

B Auf einem der viereckigen Pfeiler im Vestibül der Grabanlage ist der Verstorbene in Begleitung eines jungen Sohnes dargestellt, während er vor der Kartusche des Unas seine Ehrerbietung zeigt.

Die Mastaba der Seschseschet Idut

Wichtigster Titel: Tochter des Königs
Epoche: Ende der 5. Dynastie, Anfang der 6. Dynastie

Cecil M. Firth fand im Jahr 1927 dieses Grab, das gebaut worden war für den Wesir Ich, der zur Zeit des Unas am Ende der 5. Dynastie lebte, und dann von der Prinzessin Seschseschet Idut, zu Beginn der 6. Dynastie in Besitz genommen wurde. Sie ließ beachtliche Veränderungen an der ursprünglichen Dekoration vornehmen, von der vor allem an der Ostwand der zweiten Kammer noch Teile erhalten geblieben sind. Diese Grabanlage sticht wegen der Schönheit seiner Reliefdarstellungen besonders hervor. Zu den wichtigsten Darstellungen gehören die aus der Nautik, die sich in den ersten beiden Kammern befinden, während sich in den restlichen Kammern übliche Totenopferreliefs befinden.

C Auch eine gut erhaltene Scheintür befindet sich in der Grabanlage.

D Die Reliefs in der Grabanlage der Prinzessin Seschseschet Idut sind von besonders feiner Machart: Hier sieht man Bauern, die auf einem Papyrusboot einen Kanal überqueren und Vögel und Vieh (hier nicht sichtbar) mit sich führen.

E Ein Schreiber mit der klassischen Palette bei seinen Aufzeichnungen.

Plan der Mastaba der Seschseschet Idut

a. Eingang
b. Erster Raum
c. Zweiter Raum
d. Opfersaal
e. Scheintür

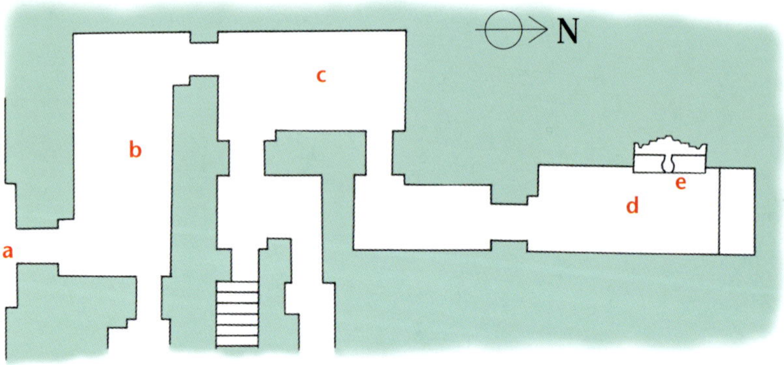

Die Mastaba des Mehu

Wichtigster Titel: Wesir
Epoche: Beginn der 6. Dynastie

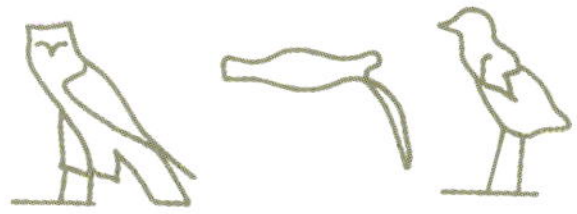

Die Mastaba des Wesirs Mehu wurde von dem ägyptischen Archäologen Zaki Saad entdeckt und im Jahr 1940 von Abdel Salam Hussein freigelegt. Die Anlage umfasst vier verzierte Kammern und einen Hof. Die Reliefs von beachtlicher Schönheit, die ihre ursprüngliche Mehrfarbigkeit kaum eingebüßt haben, wurden erst kürzlich von der Ägyptischen Altertümerverwaltung restauriert. Hinter dem Eingang führt ein schmaler Weg in eine erste Kammer, die mit Jagd- und Fischfangszenen verziert ist; danach beginnt ein langer gerader Korridor, der nach Westen abzweigt und in einen kleinen quadratischen Opferraum führt. Hier sind die Überbringer von Totenopfern, sowie Mehu, während er die Opfergaben entgegennimmt dargestellt. Von diesem Raum aus gelangt man nördlich in den Hauptkultraum, in der die Reliefdarstellungen sich vor einem wundervollen, graublauen Hintergrund abheben, bemerkenswert ist weiterhin eine prächtige Scheintür mit Hieroglyphen in gelber Farbe, die sich von dem wie Granit wirkenden, dunkelrot bemalten Hintergrund deutlich abheben. Im Westen befindet sich eine kleine Kapelle, dem Merireanch, einem Würdenträger geweiht. Ein großer Hof mit zwei Pfeilern befindet sich nördlich des geraden Korridors und ist mit Reliefs dekoriert, die Mehu und seinen Sohn Kahotep darstellen.

F

G

H

I

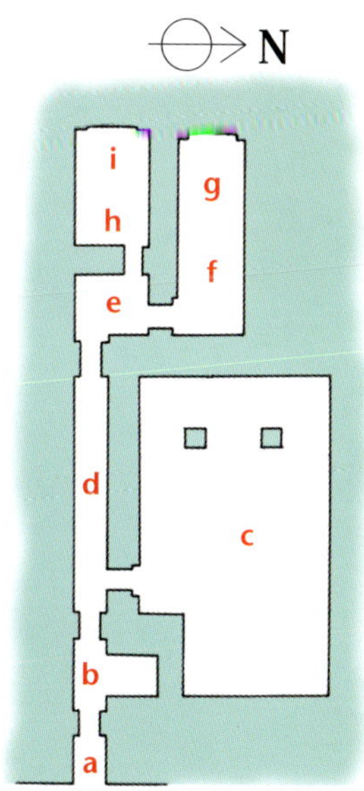

F Diese wundervolle Scheintür in der Mastaba des Mehu ist in einer besonderen Art dekoriert: Der Kalkstein ist dunkelrot bemalt, wodurch er wie Granit wirkt, die Hieroglyphen sind in Gelb ausgemalt und heben sich deutlich vom Hintergrund ab.

G Die Reliefs in der Grabanlage haben eine wunderbare Farbfrische erhalten. Auf ungewöhnlichem, blaugrauem Hintergrund sieht man Träger, die dem Grabherrn Opferspeisen (ein Korb mit Feigen) und Tiere (Oryxantilopen und eine Gazelle) darbringen.

H Andere Träger bringen Gazellen (teilweise auf dem Foto sichtbar), ein Kalb und Vögel.

I Ein Priester vollzieht vor dem Verstorbenen eine Kultwaschung mit Wasser.

Plan der Mastaba des Mehu

a. Eingang
b. Erster Raum
c. Hof
d. Korridor
e. Zweiter Raum
f. Opferkapelle des Mehu
g. Scheintür des Mehu
h. Kapelle der Merireanch
i. Scheintür der Merireanch

Die Gräber südlich des Aufweges

Hier befinden sich einige sehr schöne Grabanlagen, fast alles Felsengräber, die in das Kalksteinplateau gehauen sind. Angelegt wurden diese Gräber, die von Ahmed Moussa bei Ausgrabungsarbeiten von 1964 bis 1972 entdeckt wurden, zur Zeit der 5. Dynastie, mit Sicherheit aber vor Unas Regentschaft. Sie weisen einen sehr einfachen Grundriss auf, der meist eine einzige Kammer mit einem nach Norden ausgerichteten Eingang umfasst. Außergewöhnlich sind sie durch ihre lebhaften, wundervoll erhaltenen Farben. Es handelt sich um Grabstätten von Menschen unterschiedlicher, nie eindeutig bestimmter sozialer Schichten, die am Hofe des Königs als Beamte, Handwerker, königliche Frisöre oder Maniküren lebten.

Die Mastaba des Neferherptah (oder „Das Vogelgrab")

Wichtigster Titel: Oberster königlicher Perückenmacher
Epoche: 5. Dynastie, um 2315 v. Chr.

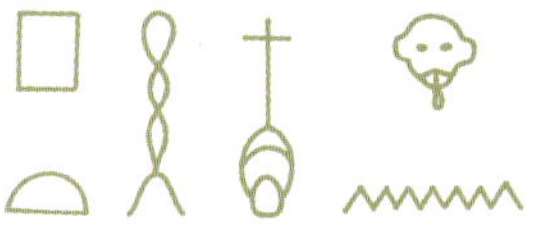

Einige Dutzend Meter vom letzten Grab entfernt und etwas höher gelegen als dieses (der Zugang erfolgt über eine moderne Treppe, die gleich unter dem Aufweg liegt) befindet sich die kleine Mastaba von Neferherptah, dem „Aufseher der königlichen Perückenmacher"; deren Fertigstellung aufgrund des Baus des darüber liegenden Aufweges von Unas abrupt unterbrochen worden sein musste; daraus läßt sich schließen, dass diese Mastaba auf die Zeit unmittelbar vor der Thronbesteigung von Unas zu datieren ist, die etwa um 2310 v. Chr. stattfand. Das unvollendet gebliebene Grab ist zum größten Teil mit einfachen, aber fein ausgearbeiteten Darstellungen aus den Bereichen Landwirtschaft, Zubereitung von Speisen und Getränken, Weinernte, Ernte der Früchte der Sykomore und Gartenarbeit verziert. Auf dem obersten Register befindet sich eine große Darstellung der Vogeljagd, die zu dem Namen dieser Mastaba führte.

A

B

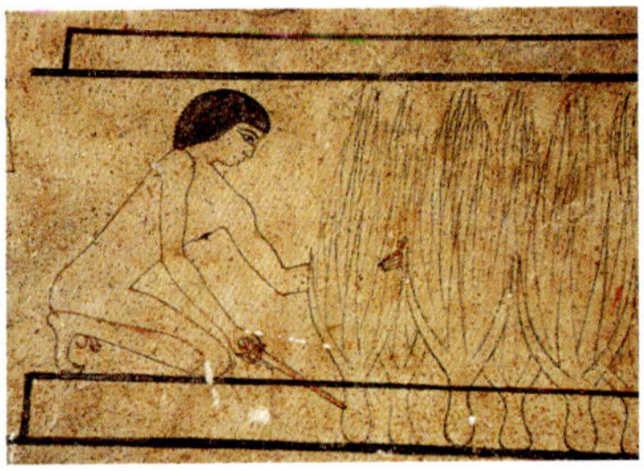

C

D

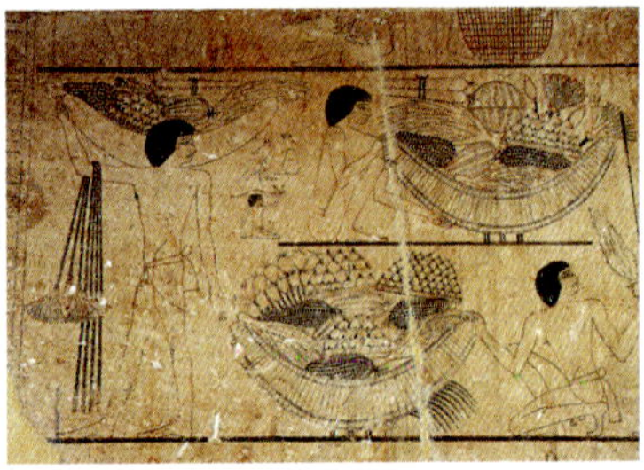

E

Plan der Mastaba des Neferherptah

a. *Eingang*
b. *Opferkapelle*
c. *Bereich des Grabs mit Reliefs*
d. *Nur mit Malereien verzierte Grabwand*
e. *Unvollendete Scheintür*

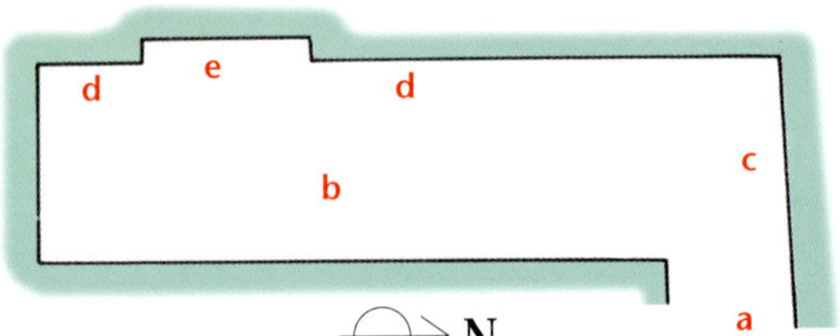

***A, B** und **C** Die kleine, unvollendete Grabanlage des Neferherptah, Aufseher der Friseure am Hof zur Zeit der 5. Dynastie, unterscheidet sich deutlich von den anderen Gräbern im Unas-Sektor, da der größte Teil der Wände mit wundervollen, noch nicht in der Gravur ausgeführten Vorzeichnungen bedeckt ist, die zuerst mit rotem Ocker aufgetragen und dann mit Holzkohle nachgearbeitet wurden. Die Fotografien A und B zeigen Darstellungen aus dem Gartenbau, und auf der Fotografie C kann man eine der wenigen gemeißelten Szenen der Grabanlage beobachten, auf der das Melken einer Kuh dargestellt ist.*

***D** Drei Bauern ernten Obst und Hülsenfrüchte in großen gebogenen Körben.*

***E** Diese herrliche Darstellung eines Vogelschwarms hat der Grabanlage den Namen „Vogelgrab" eingebracht, mit dem es üblicherweise bezeichnet wird.*

***F** Kaha, Vater des Nefer, beaufsichtigt, auf einen Rohrstock gestützt, in Begleitung seiner Gemahlin und seiner Tochter die Darbietung von Vieh. Im oberen Register hört Kaha den Bericht an, den ihm ein Beamter, gefolgt von zwei Schreibern, vorträgt, während ihm zwei Gesetzesbrecher vorgeführt werden.*

***G** Die gesammelten Papyrusstämme werden für den Bau eines kleinen Kanu verwendet, das für die Fahrt in den Sümpfen gut geeignet ist. Im unteren Register sind Bauern dargestellt, die das Vieh versorgen.*

***H** Ein Bauer mit einer Axt fällt einen Baum.*

Das Grab des Nefer

Wichtigste Titel: Inspektor des königlichen Hofes, Leiter der Sänger
Epoche: Beginn der 5. Dynastie, um 2400 v. Chr.

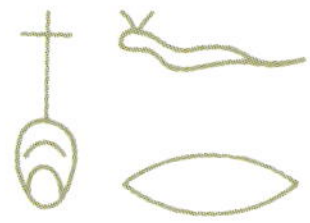

Das kleine Felsengrab des Nefer, das eine ähnliche Bauart wie das des nahe gelegenen Grabes von Irukaptah hat, war eine einfache Grabanlage, in der neun Personen bestattet waren; dazu gehörten unter anderem Nefer, der zu Beginn der 5. Dynastie lebte und unter anderem den Titel des „Leiters der Chorsänger" trug, seine Frau Chons, der Vater Kaha, auch er mit dem Titel „Leiter der Chorsänger", und die Mutter Mertiotes, „Priesterin der Hathor".
In einem der neun Schächte, die die Leichname der Verstorbenen enthielten, wurde eine zwar gut erhaltene, aber nicht identifizierte Mumie gefunden, vielleicht ist es die von Nefer selbst. Die gut erhaltenen polychromen Reliefs zeigen die klassischen Szenen: Opfergaben an die Verstorbenen und ihre Gemahlinnen, Landwirtschaft, Weinernte und Keltern der Trauben, Jagd und Fischerei mit dem Netz, Speisen und Getränke. Aber auch einige ungewöhnlichere Motive, wie der Bau eines Transportbootes aus Holz und eines Kanus, ein Papyrusboot und verschiedene Schreinerarbeiten sind an den Wänden dargestellt.

F

G

H

I *Auf diesem Bild erkennt man einen Schäfer, der versucht, die Ziegen davon abzuhalten, an den Blättern des Baumes zu knabbern.*

J *Diese Darstellung zeigt die Papyrusernte; nachdem sie in großen Bündeln zusammengefasst wurden, werden sie zu ihrem Bestimmungsort gebracht.*

K *Eine der Scheintüren ist dem Bruder des Nefer, Werbau, und seiner Gemahlin Chentkaus gewidmet, oben während des Beisetzungsmahls abgebildet. Er befindet sich auch auf dem Architrav und an der symbolischen Öffnung der Scheintür zwischen Chentkaus und der Mutter Mertiotes.*

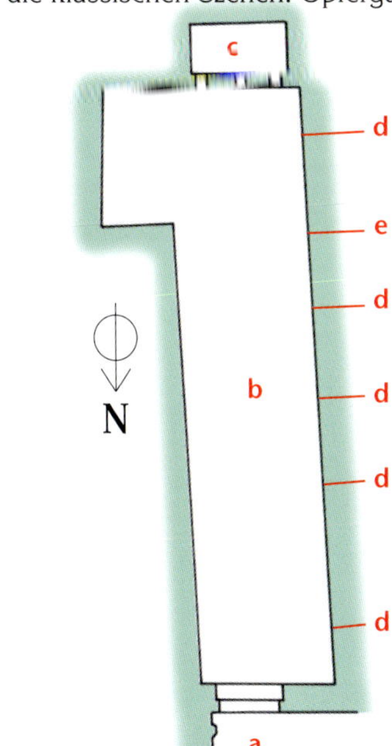

PLAN DER GRABANLAGE DES NEFER

- a. *Eingang*
- b. *Opferkapelle*
- c. *Serdab*
- d. *Scheintür*
- e. *Scheintür mit Palastfassade*

I

J

L *Nefer auf einem Boot mit beigesetzten Segeln auf dem Weg nach Süden. Das Segel diente dazu, auf der Fahrt nilaufwärts gegen die Strömung anzukommen.*

K

L

Das Grab des Irukaptah (oder „Das Grab des Schlächters“)

Wichtigste Titel: Leiter der königlichen Schlachthöfe, Wab-Priester (Reinigungspriester) des Königs
Epoche: 5. Dynastie

B

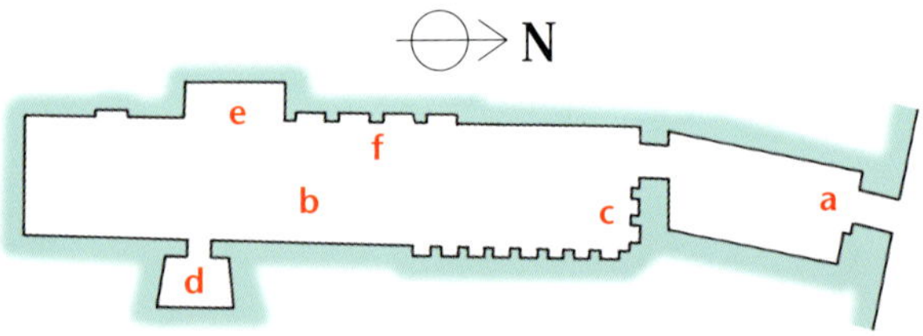

Plan der Grabanlage des Irukaptah

- *a. Eingang*
- *b. Opferkapelle*
- *c. Gruppe von zehn polychromen Statuen*
- *d. Nische*
- *e. Scheintür*
- *f. Gruppe von vier unbemalten Statuen*

***A, D** und **I** Schlachtszenen stehen in dieser Grabanlage im Vordergrund, denn ihr Besitzer, der zur Zeit der 5. Dynastie lebte trug den Titel „Leiter der königlichen Schlachthöfe“, und so wird dieses Grab meist mit dem Namen „Grab des Schlächters“ bezeichnet.*

***B** An der Ostwand sind Schiffe auf vier Registern dargestellt, von denen nur die zwei oberen in einem guten Zustand sind. Es handelt sich um Schiffe, wahrscheinlich Transportschiffe, mit gehisstem Segel und einer geschlossenen Kabine am Heck, die mit einem Schachbrettmuster verziert ist.*

Dieses in den Fels gehauene Grab des Irukaptah, einem Würdenträger, der unter anderem den Titel des „Leiters der königlichen Schlachthöfe“ trug, wird mit Bezug auf die Schlachtszenen, mit denen die Ostwand verziert ist, auch das „Grab des Schlächters“ genannt. Im östlichen Teil des Grabes, in dem mindestens zehn seiner Familienangehörigen bestattet sind,

A

sieht man zehn aus dem Fels gearbeitete Statuen, eine Technik, die sonst nur in einigen Gräbern von Gizeh zu finden ist. Hier sind die berühmten Schlachtszenen abgebildet, die sich vor den Augen des Verstorbenen abspielen. Noch tiefer im Grab befanden sich fünf – heute zugeschüttete – Schächte, in diesem Bereich finden sich Schifffahrts- und Jagdszenen.
An der gegenüberliegenden Westseite sind nur vier große, nicht bemalte Statuen und eine Scheintür zu sehen.

D

E

F

C An der Ostwand des Grabs von Irukaptah befinden sich acht der aus dem Fels gehauenen großen, polychromen Statuen, die die hier beigesetzten Angehörigen des Verstorbenen darstellen. Es handelt sich hierbei um das einzige bekannte Beispiel dieser Art in der Nekropole von Sakkara; typischer ist diese Art der Darstellung für die Gräber von Gizeh.

C

G

H

E Ebenfalls auf der Ostwand sind im oberen Bereich die Speiseopfer für die Verstorbenen dargestellt.

F Der Verstorbene bei dem Beisetzungsmahl, er sitzt vor zahlreichen Gefäßen, die Speisen enthalten.

G Der Kopf von einer der Statuen an der Ostwand.

H Dies ist eine mit Ocker skizzierte Vorzeichnung für die Statue eines Familienangehörigen: An die Nachbearbeitung in Schwarz hätte sich die Arbeit der Bildhauer angeschlossen, und dann die der Stukkateure und Maler.

I

Die Mastaba des Nianchchnum und des Chnumhotep

Wichtigste Titel: Priester des Re am Sonnenheiligtum des Niuserre, oberste königliche Handpfleger
Epoche: Mitte der 5. Dynastie, um 2340 v. Chr.

Dieses große Doppelgrab wurde für zwei Würdenträger erbaut: Nianchchnum und Chnumhotep, Brüder, wahrscheinlich sogar Zwillinge, die beide die Titel „Priester des Re am Sonnenheiligtum von Niuserre und Aufseher der königlichen Handpfleger" trugen. Es wurde 1964 unter dem Aufweg des Unas entdeckt und ist eine der schönsten und größten Anlagen der gesamten Nekropole. Da während der Bauphase mehrfach Veränderungen und Vergrößerungen durchgeführt wurden, weist es einen komplexen Aufbau auf.
Der älteste Teil der Mastaba, die eigentliche Opferkammer, wurde in den Felsen geschnitten, später wurden drei Kammern aufgemauert.

A Im Vestibül ist eine schöne Darstellung des Fischfangs mit dem Netz zu sehen. Unter den vielen naturnah dargestellten Fischen kann man auch die große Tilapia nilotica *und den* Lates niloticus *erkennen. Unten rechts sieht man einen Fischer auf einem Papyrusboot.*

B Der Transport von Papyrusstauden auf einem Kanu in den Sümpfen.

C Auf den Türpfosten des Eingangs zum zweiten Raum sind die zwei Grabherren stehend dargestellt; Chnumhotep, begleitet von seinem Sohn Ptahschepses links, und Nianchchnum mit seinem Sohn Hemra rechts. Beide sind auch auf dem Architrav in sitzender Position dargestellt.

C

A

B

Plan der Mastaba des Nianchchnum und des Chnumhotep

a. *Eingang*
b. *Vestibül*
c. *Erster Raum*
d. *Hof*
e. *Zweites Vestibül*
f. *Kapelle*
g. *Kleiner Opfersaal*
h. *Scheintür*

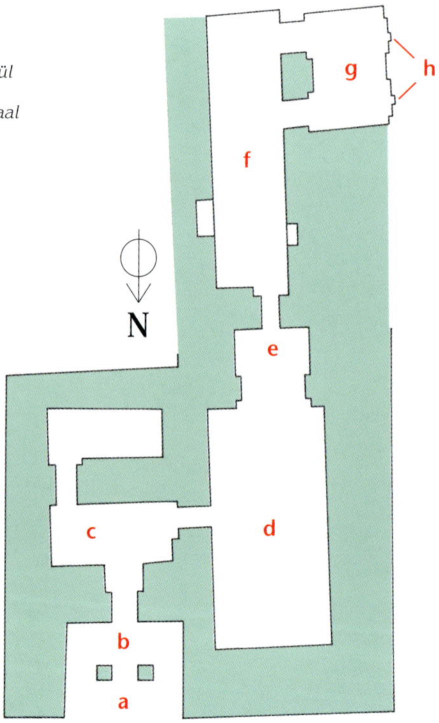

D Vor den Statuen der zwei Grabherren, die auf Schlitten in das Grab gezogen werden, zelebriert ein Priester das Totenritual mit Weihrauch. Im unteren Register vollzieht sich die Zeremonie vor einer Paarstatue in einer Ädikula.

E Zwei Männer jagen im Sumpf Vögel mit kleinen Netzen.

E

F

D

G

Zur Grabanlage gehören ein Vestibül, in dem die zwei Grabherren und die Beisetzungsprozession abgebildet sind. Man gelangt in zwei Kammern, von denen nur die Erste mit Reliefs geschmückt ist, die nochmals die Beisetzungsprozession sowie Szenen vom Markt und von der Jagd zeigen, außerdem Nianchchnum und Chnumhotep, die unter anderem die Arbeit auf den Feldern beaufsichtigen und die Werkstätten der Handwerker begutachten. Die Westseite dieser Kammer ist mit dem Hof verbunden, in dessen südlichen Bereich sich der Zugang zu der Felsenkammer befindet, die die Grabkapelle bildet; der Grundriss der Kapelle ist rechteckig, mit der längeren Seite auf der Nord-Süd-Achse. Ihr angeschlossen ist eine kleine Kultkammer. Die Ostwand der Kapelle ist mit Darstellungen aus der Landwirtschaft und dem Handwerk verziert, die gegenüberliegende Seite hingegen ist dem Thema der Jagd und der Fischerei gewidmet. Auf dem Teil der Westwand, der sich zwischen den beiden zur Kultkammer führenden Öffnungen befindet, ist eine wundervolle Darstellung von Nianchchnum und Chnumhotep zu sehen, die sich voller Zuneigung umarmen. In diesem letzten Teil des Grabes, an dessen Westwand zwei Scheintüren sind, sieht man zwei gleichartige Darstellungen: Auf der Südwand ist es Nianchchnum, der die Totenopfer entgegennimmt, auf der Nordwand Chnumhotep.

H

I

F Auf der Ostwand des Vestibüls zieht die Prozession mit Priestern und Überbringern von Opfergaben an den beiden Grabherren (auf dem Foto nicht zu sehen) vorbei. Auf dem unteren Register sieht man zwei Boote.

G Dieses Register zeigt oben die Zubereitung von Fisch und unten die Darbietung der Totenopfer.

H Einige Fährleute erproben sich auf Papyrusbooten im Kampf und in Wasserspielen.

I Die zwei eng verbundenen Brüder umarmen einander auf dieser Darstellung und berühren ihre Nasen, d.h. sie küssen sich. Das Bild befindet sich zwischen den Türen zum kleinen Opfersaal.

Der östliche Sektor

In diesem Bereich am Fuße des Plateaus von Sakkara, wo sich auch der Zugang zu der Ausgrabungsstätte befindet, sind die Reste des Taltempels der Pyramide des Unas am Ende des langen Aufwegs zu sehen, und ein Stück weiter westlich die Ruinen des Klosters des heiligen Jeremias, das im 5. Jh. gegründet wurde und in der zweiten Hälfte des 10. Jh. von den Arabern zerstört wurde.
Vom Taltempel sind nur wenige Bauteile erhalten, darunter die Fundamente und zwei Säulen mit Palmenkapitellen aus rosa Granit. Die Ausgrabungen im Bezirk des Klosters, die 1907 von Quibell begonnen wurden und 1968 vom Deutschen Archäologischen Institut weitergeführt wurden, legten die Überreste der dreischiffigen Basilika, die aus dem 6. Jh. stammt und Teile des Krankenhauses und des Refektoriums frei.

A

B

C

Der südliche Sektor

Dieser Teil der Ausgrabungsstätte von Sakkara ist nur mit einer Sondergenehmigung der Ägyptischen Altertümerverwaltung, einem Führer und einem Geländewagen zu besichtigen, er bietet aber eine große Anzahl von sehr interessanten Bauwerken.

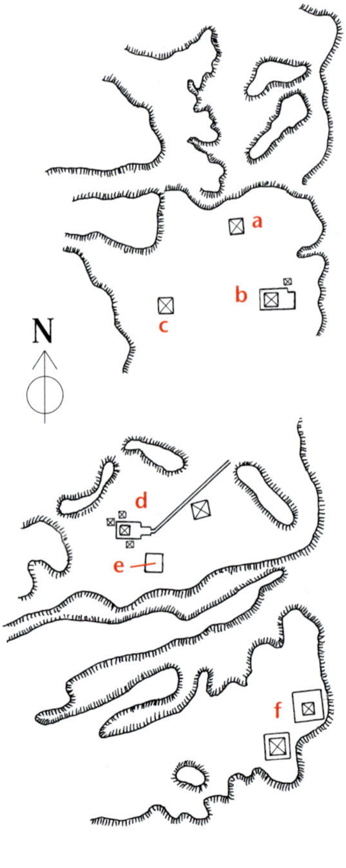

A Die archäologische Fundstätte von Sakkara liegt auf einem Kalksteinplateau am Wüstenrand, das an die Fruchtebene des Nils angrenzt, wo sich Palmenwälder und große Pflanzungen erstrecken. Rechts sieht man die asphaltierte Straße, über die man zur Fundstätte gelangt und links die Pyramiden des Userkaf und des Djoser.

PLAN DES SÜDLICHEN SEKTORS

a. *Pyramide des Pepi I.*
b. *Pyramide des Djedkare Isesi*
c. *Pyramide des Merenre*
d. *Pyramide des Pepi II.*
e. *Mastabat el-Faraun*
f. *Pyramiden von Mazghuna*

B Der östliche Sektor von Sakkara ist gekennzeichnet von zahlreichen Säulenschäften und Kapitellen, die auf die Position der Ruinen des großen Klosters des hl. Jeremias hinweisen, dessen Gründung in das 5. Jahrhundert zurückgeht. Zum Kloster gehörte eine dreischiffige Basilika, ein Krankenhaus und ein Refektorium.

C Das erste Monument, auf das der Besucher beim Eintritt in die Ausgrabungsstätte von Sakkara trifft, sind die Überreste des Taltempels des Unas, der durch zwei Palmstammsäulen aus Granit markiert ist. Zu dem Tempel, dessen Ausgrabung im Jahr 1937 begonnen wurde, gehörte eine T-förmige Hafenanlage.

Die Pyramide des Pepi I.

Name in der Antike: „Es dauert die Vollendung des Pepi" Ursprüngliche Höhe: 52,5 m Basislänge: 78,5 m Neigungswinkel: 53°7'48"

Pepi I., der seinem Vater Teti als zweiter König der 6. Dynastie folgte, ließ sich diese schöne, ursprünglich 52 Meter hohe Pyramide bauen, die Men-nefer genannt wurde „Dauerhaft und vollendet". Aus einer Umformung dieser Bezeichnung entstand der Name Memphis, der heute verwendet wird, um die Hauptstadt des Alten Reiches zu bezeichnen, deren eigentlicher Name Inebu Hedj war, „die weißen Mauern", was sich entweder auf einen großen Damm, der dort am Nil gebaut worden war bezog, oder auf die Farbe der Stadtmauer, die aus weißen Kalksteinblöcken errichtet worden war. Diese durch ständige Raubzüge fast völlig zerstörte Pyramide ist aufgrund der 1880 entdeckten und anfangs von Gaston Maspero erforschten Texte, die in die Wände der Grabanlagen geschnitten sind, von großer Bedeutung. Sie war Gegenstand zahlreicher Grabungskampagnen, die 1968 unter der Leitung von Jean-Philippe Lauer und Jean Leclant begonnen wurden und auch heute noch andauern. Im Laufe der französischen Mission in Sakkara, stellten die Archäologen gut 2500 Blöcke mit vielen bislang unveröffentlichten Pyramidentexten sicher, die katalogisiert, übersetzt und wieder an ihren ursprünglichen Standort gebracht wurden. Die Ausgrabungen haben auch den Totentempel freigelegt, der sich an der Ostseite der Pyramide befindet, und die komplexen Nebengebäude an der Südseite, wozu drei namenlose Pyramiden der Gemahlinnen von Pepi I. gehören, deren Höhe und Länge 20,96 Meter betrug; Texte wurden in keiner der drei Grabanlagen gefunden.

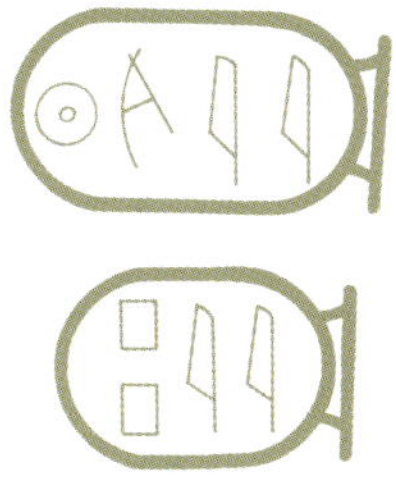

D

D Pepi I., Nachfolger seines Vaters Teti, war der zweite König der 6. Dynastie. Er führte den Brauch ein, dem Geburtsnamen einen Thronnamen hinzuzufügen: Merire, „Geliebter des Re". (Kairo, Ägyptisches Museum)

E

F

G

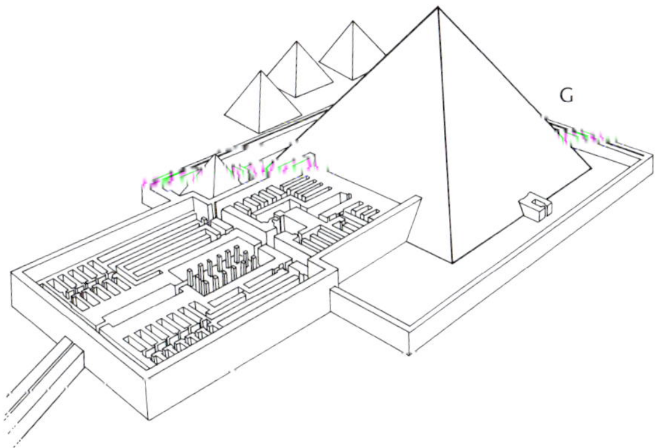

E Der Grabbezirk von Pepi I., von dem man hier die Überreste sieht, war Gegenstand von 20 Jahre andauernden Ausgrabungen durch den berühmten Ägyptologen Jean Leclant, dabei kamen die einzelnen Bauteile der Anlage zum Vorschein, und die mit Pyramidentexten überzogenen unterirdischen Kammern konnten erforscht werden.

H

F Die Pyramide des Pepi war ursprünglich 52,5 Meter hoch mit einer Basislänge von 78,5 Metern. Auch die Strukturen des an der Ostseite der Pyramide liegenden Totentempels wurden freigelegt.

G Rekonstruktion der Pyramiden-Anlage anhand der Forschungsergebnisse der französischen Archäologischen Mission unter der Leitung von Jean Leclant und Audran Labrousse; sie zeigt deutlich den Totentempel an der Ostseite der Pyramide, die Kultpyramide und die drei Königinnenpyramiden (nach Audran Labrousse).

H Die Ausgrabungen ermöglichten es auch, mit Hilfe des Anastylose-Verfahrens die Strukturen der Kultpyramide wiederherzustellen, die wie üblich an der südöstlichen Ecke der Pyramide liegt.

Die Pyramide des Pepi II.

Name in der Antike: „Es bleibt das Leben des Pepi“
Ursprüngliche Höhe: 52,5 m
Basislänge: 78,5 m
Neigungswinkel: 53°7’48’’

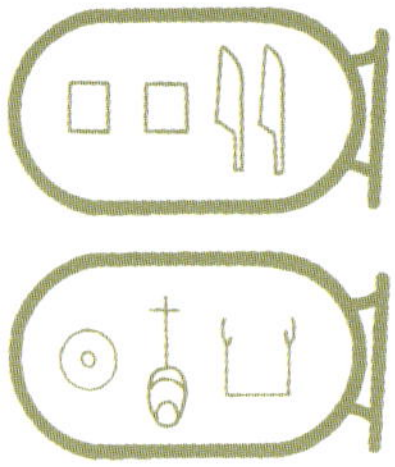

A

A Die Pyramide von Pepi Neferkare, besser bekannt als Pepi II., liegt direkt südlich von der des Djedkare Isesi, des Vorgängers von Unas. Trotz seiner langen Herrschaft, Manetho zufolge waren es 95 Jahre, entsprechen die Maße der Pyramide denen seiner Vorgänger Merenre und Pepi I.

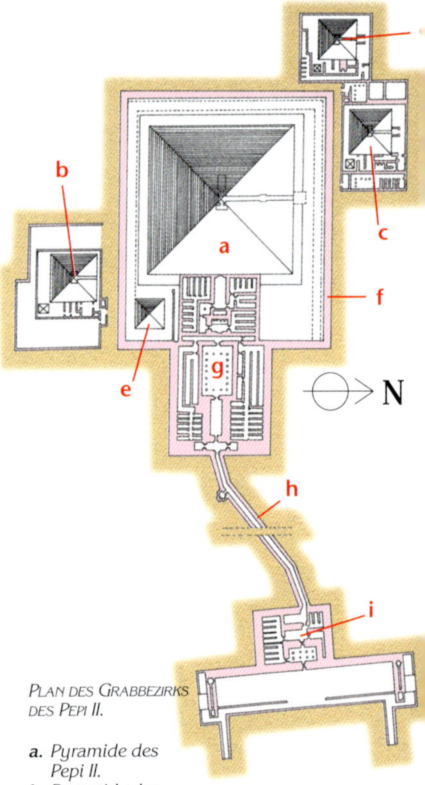

Plan des Grabbezirks des Pepi II.

a. *Pyramide des Pepi II.*
b. *Pyramide der Königin Udjebten*
c. *Pyramide der Königin Neith*
d. *Pyramide der Königin Ipuit*
e. *Kultpyramide*
f. *Umfassungsmauer*
g. *Totentempel*
h. *Aufweg*
i. *Taltempel*

Pepi II., der Sohn des Merenre, errichtete seine Pyramide unmittelbar nördlich von der seines Vaters. Sie ist eine der am besten erhaltenen in diesem Bereich. Die von G. Jequier freigelegte und erforschte Pyramide des Pepi II. weist an der Ostseite, wo sich auch eine Nebenpyramide befindet, einen großartigen Totentempel auf, der durch den Aufweg mit seinem Tempel im Tal verbunden ist; der Taltempel selbst befindet sich in einem sehr schlechten Zustand. Der letzte Teil des absteigenden Ganges und die inneren Kammern sind, wie auch in den anderen Pyramiden aus dieser Periode, mit Texten überzogen. Außerhalb des Bezirks von Pepi II. befinden sich auch drei Königinnenpyramiden: Vor der südöstlichen Ecke steht die der Königin Udjebten, nordwestlich hingegen die der Königinnen Ipuit und Neith, Tochter des Pepi I. und Gemahlin von Merenre. Die Erforschung des Pyramidenbezirks von Pepi II. wird zur Zeit von der Ägyptischen Altertümerverwaltung unter der Leitung von Zahi Hawass durchgeführt.

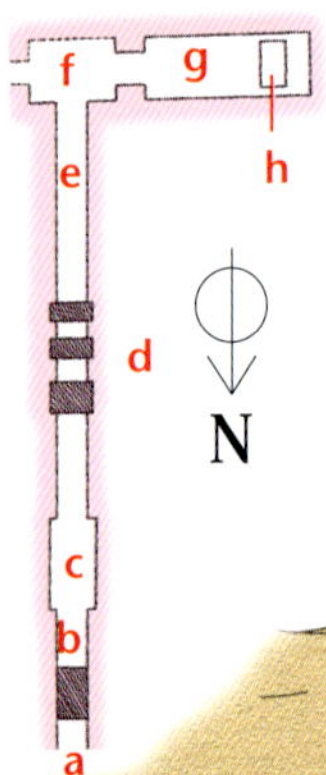

Plan der Grabanlage des Pepi II.

a. *Eingang*
b. *Erster Korridor*
c. *Vestibül*
d. *Fallsteine aus Granit*
e. *Zweiter Korridor*
f. *Vorkammer*
g. *Grabkammer*
h. *Sarkophag*

B Rekonstruktion des Taltempels von Pepi II. Auffällig ist die große Terrasse mit zwei Zugangsrampen (nach Lauer).

B

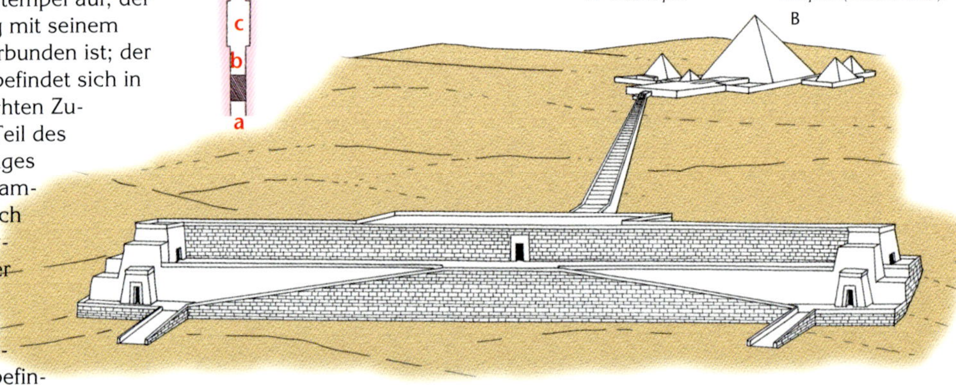

Die Pyramide des Djekare-Isesi

Name in der Antike: „Schön ist die Pyramide des Isesi“
Ursprüngliche Höhe: 52,5 m
Basislänge: 78,5 m
Neigungswinkel: 53°7’48’’

Die Pyramide des Djekare-Isesi, des Vorgängers von Unas, befindet sich unmittelbar südlich des Bezirks von Pepi I. und hatte ursprünglich etwa die gleiche Größe wie die von Pepi II. Die äußeren Bauteile der Pyramide sind heute noch 25 Meter hoch, die Anordnung der inneren Kammern gleicht der in der Pyramide des Unas, weist aber keine Texte an den Wänden auf.

Die Pyramide des Merenre

Name in der Antike: „Merenre erscheint in der Vollendung“
Ursprüngliche Höhe: 52,5 m
Basislänge: 78,5 m
Neigungswinkel: 53°7’48”

Als Pepi I. nach einer langen Regierungszeit von 50 Jahren starb, folgte ihm sein Sohn Merenre auf den Thron, der sich eine Pyramide in der Nähe der seines Vaters bauen ließ. In seiner Grabkammer fand man 1881 den Sarkophag mit der Mumie von Merenre, die zur Zeit älteste bekannte Mumie eines Königs.
Auch in dieser fast völlig verfallenen Pyramide befinden sich Kammern mit Pyramidentexten, die denen von Pepi I. gleichen; auch sie werden von der französischen Mission erforscht. Die mit Hilfe der elektronischen Datenverarbeitung durchgeführten gekoppelten Untersuchungen der Texte von Merenre, Pepi I. und Teti, ermöglichten die Erstellung eines Lexikons und eines corpus, der alle bis heute bekannten Pyramidentexte enthält, sowie eine neue Nummerierung, die auch ihre Position auf den Wänden berücksichtigt.

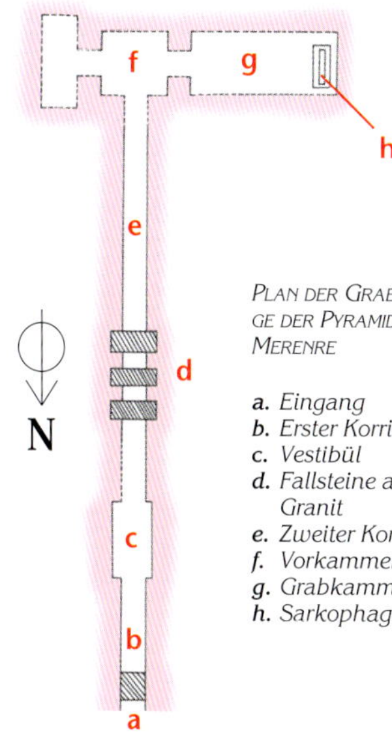

Plan der Grabanlage der Pyramide des Merenre

a. Eingang
b. Erster Korridor
c. Vestibül
d. Fallsteine aus Granit
e. Zweiter Korridor
f. Vorkammer
g. Grabkammer
h. Sarkophag

Mastabat el-Faraun

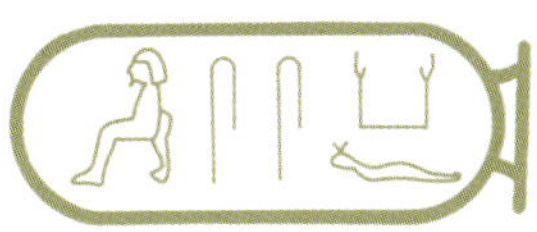

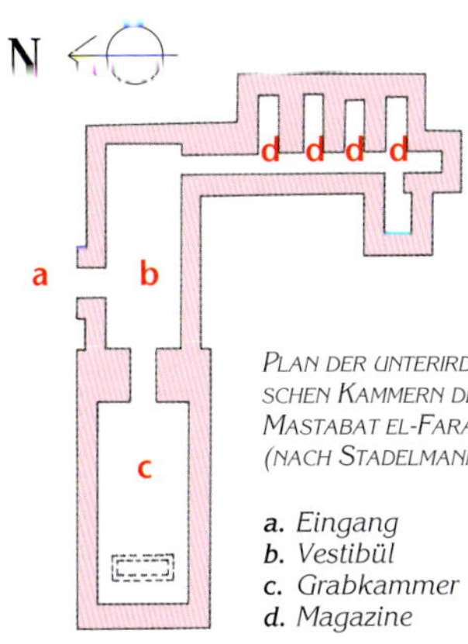

Plan der unterirdischen Kammern der Mastabat el-Faraun (nach Stadelmann)

a. Eingang
b. Vestibül
c. Grabkammer
d. Magazine

C

D

Mit dem Namen Mastabat el-Faraun, „die Bank des Pharao“, bezeichnen die Araber eine riesige, aus gewaltigen Steinblöcken gebaute Mastaba, die ursprünglich mit Platten aus Tura-Kalkstein überzogen war. Sie gehörte Schepseskaf, dem Sohn des Mykerinos und letztem Pharao der 4. Dynastie, der nur vier Jahre regierte. Die längere Seite des rechteckigen Bauwerks misst beinahe 100 Meter. Vom Eingang an der Nordseite führt ein schräger Korridor zum Vestibül, auf die der Sarkophagraum folgt, und zu einer Reihe von Magazinen.

C und D Die äußere Form der 1858 von Mariette geöffneten Mastabat el-Faraun, hier von Südwesten (oben) und von Norden (unten) gesehen, erinnert an einen Sarkophag. Ursprünglich war sie mit den großen Kalksteinblöcken und der Verkleidung aus Tura-Kalkstein 99,5 x 73,3 Meter groß.

E

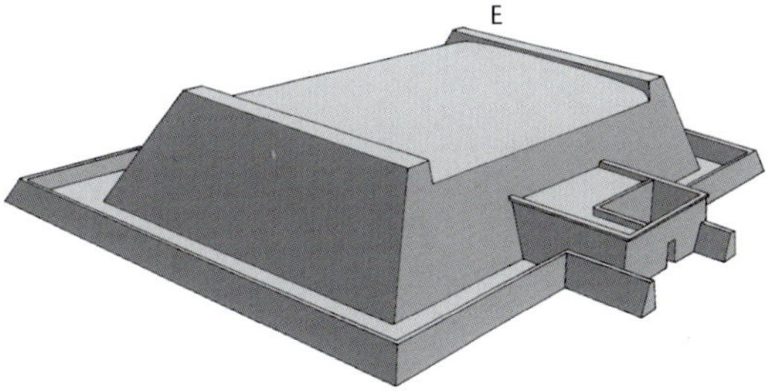

E Rekonstruktion der Mastabat el-Faraun, wie im Arabischen das Grab des Schepseskaf, Sohn des Mykerinos und letzter König der 4. Dynastie, genannt wird (nach Jequier und Lauer).

Die Pyramiden von Dahschur

A

B

Die Fundstätten von Dahschur, die im Oktober 1996 zum ersten Mal vollständig für den Tourismus freigegeben wurden, befinden sich, wenn man der asphaltierten Straße folgt, etwa zehn Kilometer südlich von Sakkara.

In Dahschur stehen drei Pyramiden des Mittleren Reiches (12. Dynastie), die von Amenemhet II., Sesostris III. und Amenemhet III. gebaut wurden, sie sind auf einer Linie von Norden nach Süden im östlichsten Teil des Gebietes angeordnet; die interessantesten Bauwerke von Dahschur sind allerdings die beiden außergewöhnlichen Pyramiden, die Snofru, der Begründer der 4. Dynastie, hatte errichten lassen: Die rätselhafte Knickpyramide und die Rote Pyramide, die als die erste echte Pyramide Ägyptens angesehen werden kann. Lange hat man gerätselt, warum ein und derselbe König sich am selben Ort zwei Pyramiden errichten ließ und welche von beiden zuerst gebaut wurde. Der gegenwärtige Stand der Kenntnisse lässt nun den Schluss zu, dass die Knickpyramide die ältere der beiden ist.

Die neuesten Forschungen und Ausgrabungen im Gräberfeld von Dahschur werden vom Deutschen Archäologischen Institut in Kairo, von der Expedition des Metropolitan Museum von New York und von der Universität von Waseda (Japan) durchgeführt.

A *Die Knickpyramide (oder südliche Pyramide) des Snofru ist das charakteristischste Bauwerk der Ausgrabungsstätte von Dahschur, die etwa zehn Kilometer südlich von Sakkara liegt und erst 1996 für die Öffentlichkeit zugänglich gemacht wurde.*

B *Die Rote Pyramide (so genannt wegen der Färbung ihrer Kalksteinblöcke) oder nördliche Pyramide des Snofru kann als die erste echte Pyramide angesehen werden, die in Ägypten gebaut wurde; in ihrer Größe steht sie nur der Pyramide des Cheops nach.*

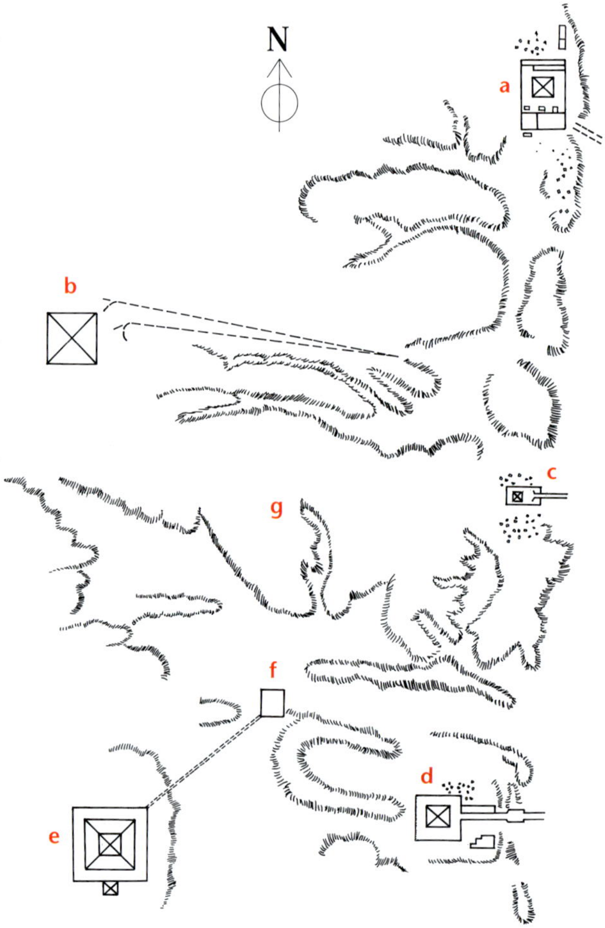

Gesamtplan der Fundstätte von Dahschur

a. *Pyramide des Sesostris III.*
b. *Rote Pyramide*
c. *Pyramide des Amenemhet II.*
d. *Pyramide des Amenemhet III.*
e. *Knickpyramide*
f. *Taltempel der Knickpyramide*
g. *Nekropole der 4. Dynastie*

Die Pyramiden der 4. Dynastie

Die Rote Pyramide oder nördliche Steinpyramide des Snofru

Name in der Antike: „Snofru glänzt“
Ursprüngliche Höhe: 104 m
Basislänge: 220 m
Neigungswinkel: 43°22’

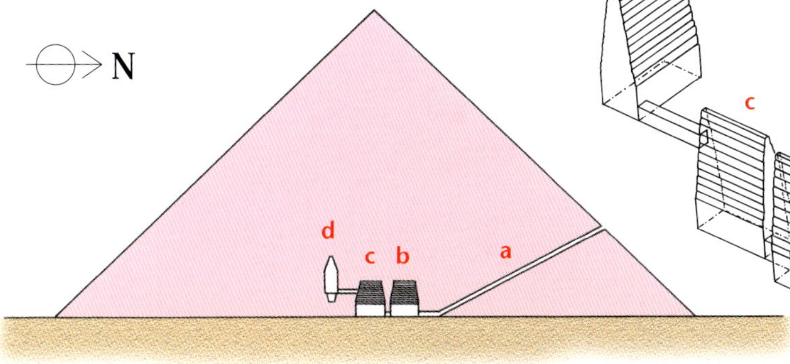

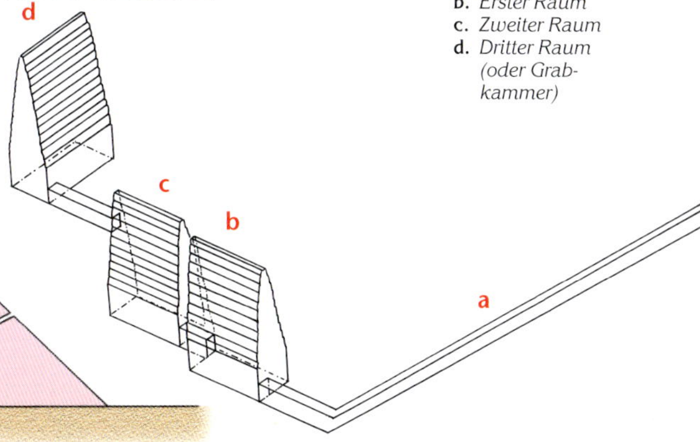

QUERSCHNITT DER PYRAMIDE UND RÄUMLICHE DARSTELLUNG DER INNEREN KAMMERN

a. *Absteigender Gang*
b. *Erster Raum*
c. *Zweiter Raum*
d. *Dritter Raum (oder Grabkammer)*

Die nördliche Steinpyramide des Snofru, die wegen der Farbe des verwendeten Kalksteins „Rote Pyramide“ genannt wird, weist einen Neigungswinkel von 43°22' auf, was dem Neigungswinkel des oberen Bereichs der Knickpyramide entspricht. Man wollte wohl Erfahrungen berücksichtigen und einen weniger großartigen, dafür aber sicheren Bauplan ausführen. Ursprünglich war sie mit weißem Tura-Kalkstein verkleidet, dem sie ihren Namen verdankt. Der Eingang befindet sich an der Nordseite in 28 Metern Höhe. Nach 60 Metern erreicht man einen Raum von außergewöhnlicher architektonischer Schönheit, dessen Decke durch ein mehr als zwölf Meter hohes Kraggewölbe gebildet wird, das aus elf Kalksteinschichten besteht, von denen jede um einige Zentimeter über die darunterliegende herausragt. Von hier gelangt man in einen zweiten Raum, dessen Zentrum genau unter der Pyramidenspitze liegt: Auch diese Kammer hat ein Kraggewölbe. Von hier aus kommt man über einen Durchstieg in die höher gelegene dritte Kammer, deren längere Achse im rechten Winkel zu den vorigen liegt. Etwa 400 Meter östlich der Pyramide erstreckt sich eine große Nekropole der 4. Dynastie, die vom Deutschen Archäologischen Institut unter der Leitung von Rainer Stadelmann ausgegraben und erforscht wurde.

C

D

E

F

G

C *Auch die Rote Pyramide des Snofru war ursprünglich mit Platten aus Tura-Kalkstein verkleidet. Die jüngsten Forschungen führen zu der Annahme, dass dies das Grab ist, in dem Snofru, der Vater des Cheops, tatsächlich beigesetzt wurde.*

D *Bei den jüngsten Forschungen, durchgeführt vom Deutschen Archäologischen Institut Kairo, konnte das Pyramidion entdeckt werden, das früher die Spitze der Pyramide bildete; nach der Restauration wurde es an der Ostseite in der Nähe der Ruinen des Totentempels aufgestellt.*

E *Im Inneren der Pyramide finden sich zahlreiche Graffiti von Reisenden aus dem vergangenen Jahrhundert, zu ihnen gehörte auch der aus Piemont stammende Bernardino Drovetti, der in den ersten Jahrzehnten des 19. Jahrhunderts französischer Konsul in Ägypten war.*

F *Ein enger viereckiger Durchgang im Inneren der Roten Pyramide trennt die erste Kammer von der zweiten.*

G *Die Decke der zweiten Kammer, deren Mittelpunkt mit dem der Pyramidenbasis übereinstimmt, besteht aus einem wundervollen Kraggewölbe, das mehr als zehn Meter hoch ist.*

Die Knickpyramide des Snofru

Name in der Antike: „Die südliche Pyramide: Snofru glänzt"
Ursprüngliche Höhe: 105 m; geplante Höhe 128,5 m
Basislänge 188,60 m
Neigungswinkel: 54°27'44"; 43°22'

A *Die Knickpyramide des Snofru ist etwa zwei Kilometer von der Roten Pyramide entfernt. Die Änderung des Neigungswinkels ihrer Seiten, die zu dieser außergewöhnlichen Form führte, wurde in der letzten Bauphase vorgenommen, wahrscheinlich hatten statische Gründe diese Planänderung notwendig gemacht. Die Höhe der Pyramide verringerte sich dadurch um etwa 23 Meter. Rechts, an der Südseite, ist die Kultpyramide zu sehen.*

B *Rekonstruktion des Stelenheiligtums an der Ostseite der Knickpyramide (nach Ricke).*

C *An der Ostseite der Pyramide befindet sich ein kleines Heiligtum für den Königskult – ähnlich wie bei der Pyramide in Medum –, das aus einem Opfertisch mit zwei großen, seitlichen Stelen besteht.*

Diese einzigartige Pyramide, die der nördlichen Steinpyramide zeitlich vorauszugehen scheint, war das erste Bauwerk, das nicht mehr als ein Stufenbau geplant war, sondern als echte Pyramide. Ein großartiges Vorhaben, das, wäre es nach den ursprünglichen Vorstellungen fertiggestellt worden, die größte Pyramide von ganz Ägypten geworden wäre. Aber während der Bauphase, als das Monument bereits fast zwei Drittel seiner geplanten Größe erreicht hatte, entschieden die Architekten plötzlich, den Neigungswinkel um mehr als 10° von 54°27'44" auf 43°22' zu verringern. Dadurch wurde die endgültige Höhe um 23,5 Meter vermindert; sie ist dennoch die vierthöchste nach der von Cheops, der nahegelegenen Roten Pyramide und der von Chephren. Der deutsche Archäologe Ludwig Borchardt hatte die Vermutung aufgestellt, dass diese Änderung aus der Notwendigkeit heraus beschlossen worden sei, den Bau der Pyramide aufgrund des plötzlichen Todes des Königs rascher fertigzustellen. Wahrscheinlicher aber ist es, dass die Architekten ein Absinken der Gewölbe in den inneren Kammern feststellten, weshalb sie die statische Last verringern wollten. Dadurch erhielt die Pyramide ihre eigenartige, rhombische Form. Eine weitere Besonderheit dieser Pyramide sind die zwei getrennten Eingänge, einer an der Nordseite und einer an der Westseite. Es ist anzunehmen, dass auch diese Tatsache mit dem Auftreten von Bauschäden in Verbindung stand. Der Zutritt zur Grabanlage erfolgt über den 11,50 Meter hoch liegenden Eingang auf der Nordseite: Von hier aus führt der absteigende Gang in eine erste Kammer, die mit einem 17 Meter hohen Kraggewölbe gedeckt ist. Von der ersten Kammer aus führt der Weg einige Meter nach oben, um zwei weitere Kammern mit Kraggewölbe zu erreichen, die sich auf verschiedenen Ebenen befinden. Zur Pyramide gehörte eine auf der Nordseite liegende Neben-

D *Etwa 700 Meter nordöstlich der Pyramide liegen die Überreste des Taltempels des Snofru. Bemerkenswert ist, dass dieser Tempel sehr hoch und weit von der Nilebene entfernt steht, ihm daher wohl eine andere Bedeutung zugekommen sein musste, als sonst dieser Gebäudeart zugeschrieben wird. Wahrscheinlich stand er mit dem Kult des Königs in Zusammenhang.*

E *Die Kultpyramide war ursprünglich 26 Meter hoch – erreicht heute aber nur noch etwa 20 Meter – und hatte ein kleines Heiligtum an ihrer Ostseite. Man nimmt an, dass sie die gleiche Funktion hatte wie das Südgrab des Djoser-Bezirks.*

Plan der Knickpyramide

a. *Nördlicher Eingang*
b. *Westlicher Eingang*
c. *Grabkammer*
d. *Kultpyramide*
e. *Stelenheiligtum*
f. *Aufweg*

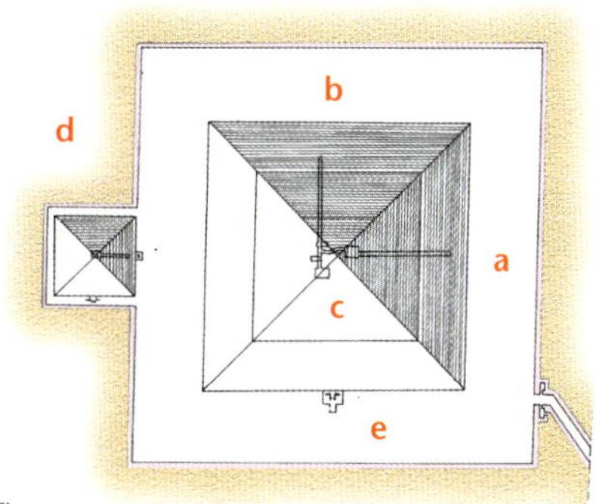

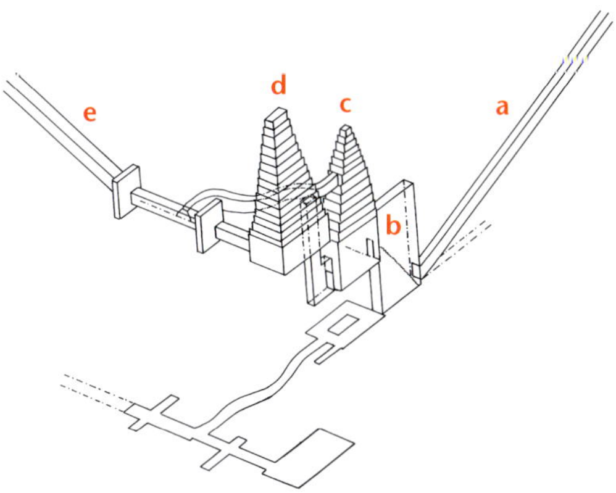

Räumliche Darstellung der inneren Kammern

a. *Nördlicher absteigender Gang*
b. *Erster Raum*
c. *Zweiter Raum*
d. *Dritter Raum (oder Grabkammer)*
e. *Westlicher absteigender Gang*

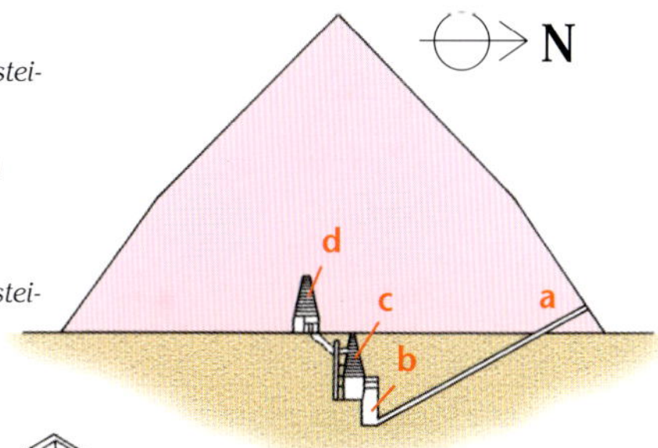

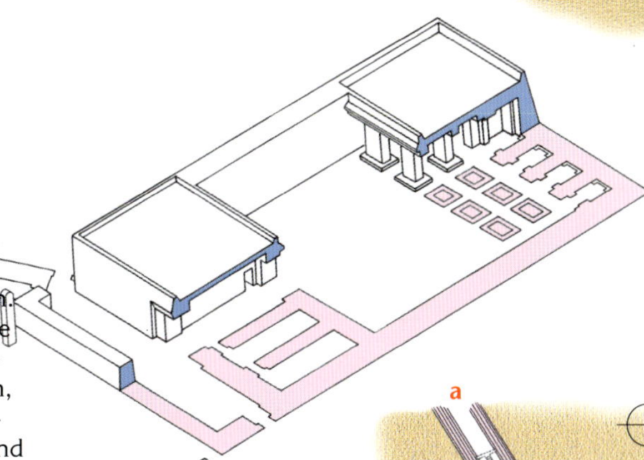

Rekonstruktion des Taltempels des Snofru (nach Stadelmann)

pyramide, an der Ostseite hingegen befand sich ein kleiner, aus ungebrannten Lehmschlammziegeln gebauter offener Opferplatz mit Altar und zwei Kalksteinstelen. Von der Nord-Ost-Ecke aus führte der Aufweg in nordöstlicher Richtung bis zu dem beeindruckenden, aus Tura-Kalkstein gebauten Taltempel, der 47 x 26 Meter groß und von einer Umfassungsmauer aus luftgetrockneten Ziegeln umschlossen war. Zu diesem Bauwerk, das zu Beginn der 50er Jahre von dem ägyptischen Archäologen Ahmed Fakhry freigelegt wurde, gehörte ein Vorhof, an dessen beiden Enden außen je eine Kalksteinstele stand, auf der Namen und Titulatur des Königs eingeschnitten waren, sowie ein offener Hof mit sechs Kultkammern an der Rückseite.

Plan des Taltempels des Snofru (nach Ricke)

a. *Aufweg*
b. *Vestibül*
c. *Offener Hof*
d. *Kapellen*

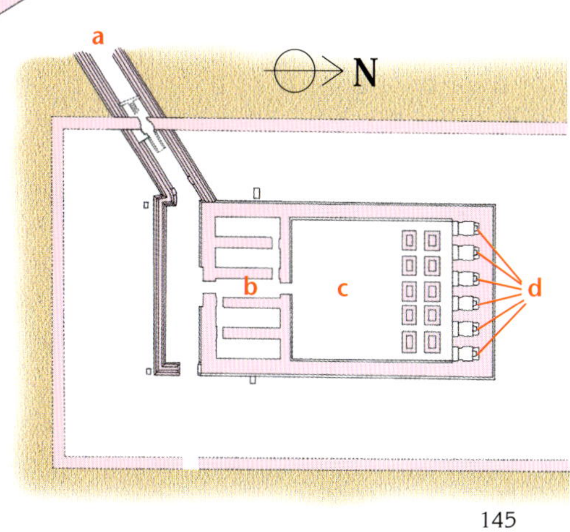

Die Pyramiden des Mittleren Reiches

Die Pyramide des Sesostris III.

Name in der Antike: unbekannt
Ursprüngliche Höhe: 78,5 m
Basislänge: 105 m
Neigungswinkel: 56°18’35”

Diese aus schwarzen Nilschlammziegeln gebaute nördlichste Pyramide von Dahschur gilt als das Grabmal von König Sesostris III. Wie fast alle Pyramiden des Mittleren Reiches war sie ursprünglich mit Platten aus weißem Tura-Kalkstein verkleidet, die heute fast alle verschwunden sind. Leider ist sie heute so verfallen, dass sie nur noch wie ein 30 Meter hoher Krater wirkt. Außerdem ist ihr Kern durch einen großen Graben zweigeteilt, der von den ersten Forschern Richard William H. Vyse und John Shea Perring 1839 gegraben wurde, um in das Bauwerk zu gelangen.
Der Zugang zur Grabanlage befindet sich an der Westseite, von wo

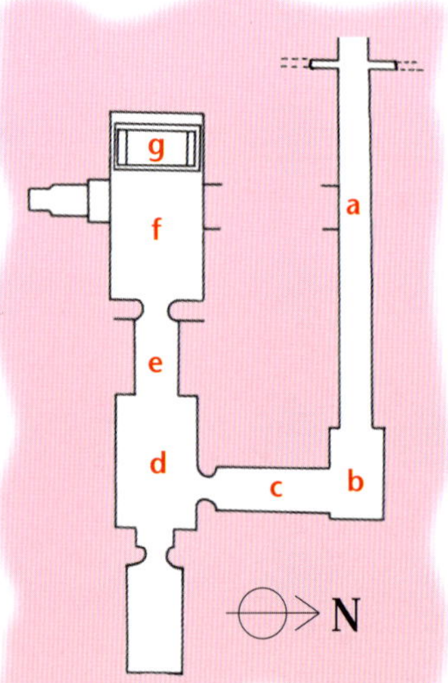

PLAN DER GRABANLAGE DES SESOSTRIS III.

a. *Korridor*
b. *Erster Raum*
c. *Zweiter Raum*
d. *Vestibül*
e. *Vorkammer*
f. *Grabkammer*
g. *Sarkophag*

B Dieser Gürtel aus Gold und Amethyst, und das Fußbändchen gehörten zum Grabschmuck der Mereret, Tochter von Sesostris III. Der Gürtel besteht aus doppelreihig angeordneten Amethystperlen im Wechsel mit Gliedern aus gegenständigen Pantherköpfen. (Kairo, Ägyptisches Museum)

A

A Sesostris III., Sohn und Nachfolger von Sesostris II., dessen Pyramide in Illahun in der Oase Faijum steht, ließ seine Pyramide im nördlichsten Teil des Gräberfeldes errichten. Heute ist von diesem Bauwerk, das mit seiner Basislänge von 105 Metern die größte Pyramide der 12. Dynastie war, nur noch ein Haufen Schutt übrig. Bei der Nordseite der Pyramide fand de Morgan während Ausgrabungen im Jahr1894 die intakten Gräber der Prinzessin Mereret und Sit-Hathor.

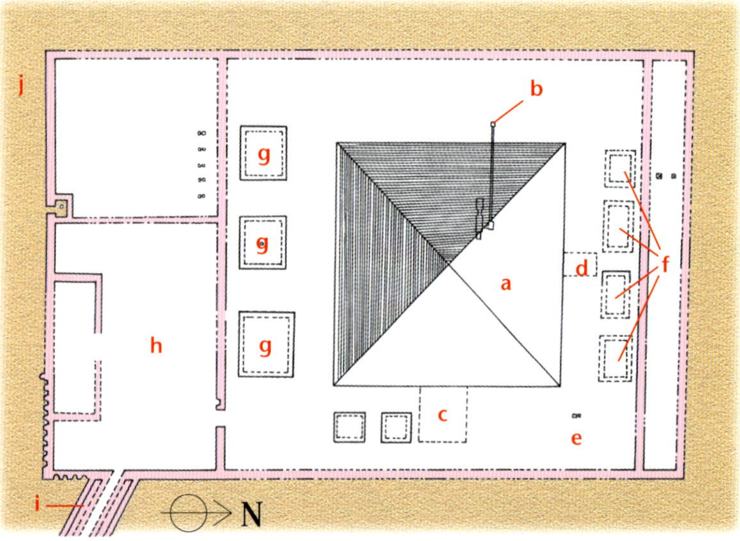

PLAN DER PYRAMIDEN-ANLAGE DES SESOSTRIS III.

a. *Pyramide des Sesostris III.*
b. *Eingang*
c. *Überreste der östlichen Kapelle*
d. *Überreste der nördlichen Kapelle*
e. *Schacht*
f. *Mastabas der Prinzessinnen*
g. *Südliche Mastabas*
h. *Hof*
i. *Aufweg*
j. *Unterirdischer Fundort der Schiffe*

B

C Dieses Pektorale wurde beim Grabschmuck der Sit-Hathor gefunden, Tochter des Sesostris II. und Schwester (vielleicht auch Gemahlin) von Sesostris III. Die Kartusche des Sesostris II. bildet den Mittelpunkt des Schmuckstücks, daneben sind zwei Falken mit der Doppelkrone, die gleichzeitig den Gott Horus und den König symbolisieren. Ein weiteres Pektorale dieser Art befindet sich im Metropolitan Museum von New York. (Kairo, Ägyptisches Museum)

***D** und **E** Die prächtigen Pektorale in Form einer Kapelle aus Gold mit Amethyst-, Türkis-, Lapislazuli- und Karneoleinlagen gehörten zum Grabschmuck der Mereret. Im Ersten (D) thront die Göttin Nechbet mit ausgebreiteten Flügeln über der Kartusche von Sesostris III., neben dem zwei Greife, die für die Macht des Königs stehen, die Feinde zu Boden treten. Im Zweiten steht die Göttin über der Kartusche von Amenemhet III., daneben ist der König, dieses Mal in menschlicher Form, abgebildet, während er seine Feinde tötet. (Kairo, Ägyptisches Museum)*

aus ein Schacht zur Grabkammer führt, in der ein großer Granitsarkophag gefunden wurde. Ein zweiter Schacht an der nordöstlichen Ecke, der 1894 von Jacques de Morgan entdeckt wurde, ist mit unterirdischen Galerien verbunden, in denen sich Grabkammern befanden, darunter die der Prinzessinnen Sit-Hathor und Mereret, in denen kostbarer Grabschmuck gefunden wurde. Bei der südlichen Ecke der Pyramide entdeckte de Morgan auch drei Mastabas und südöstlich der Pyramide ein unterirdisches Bootsgrab mit sechs Holzbarken. Im Jahr 1990 begann eine Reihe

C

D

E

systematischer Ausgrabungen, bei denen 1994 der Eingang zu einer der von de Morgan entdeckten Mastabas wieder aufgefunden wurde, die der Königin Chenmetnefer-hedjet, der Mutter von Sesostris III. zugewiesen wird. Sie enthielt wundervollen Grabschmuck, zu deren interessantesten Stücken zwei Armreifen mit Djed-Pfeilern und zwei Amethyst-Skarabäen gehören, auf denen der Name Amenemhets II. eingraviert war. Im darauffolgenden Jahr entdeckte man zwei weitere Mastabas nördlich der Pyramide, die dem Wesir Nebit und seiner Frau Sitwerut zugeschrieben werden.

Die Pyramide des Amenemhet II. oder „Weiße Pyramide“

Name in der Antike: „Amenemhet ist stark“
Ursprüngliche Höhe: nicht bestimmbar
Basislänge: etwa 50 m
Neigungswinkel: nicht bestimmbar

Die Pyramide des Amenemhet II., Sohn des Sesostris I. und dritter König der 12. Dynastie, befindet sich etwa eineinhalb Kilometer südlich der Pyramide des Sesostris III. Nur wenige Reste sind von der Pyramide erhalten geblieben, die aus Kalkstein gebaut war, worauf ihr Name „Weiße Pyramide“ zurückzuführen ist. Im Westen der Pyramide brachten von 1894/95 durchgeführte Ausgrabungen die Gräber der Königin Keminub, des Kanzlers Amenhotep und der Prinzessinnen Itaweret, Sit-Hathor-Merit, Ita und Chnumit ans Tageslicht. Die zwei letzten Gräber, die unbeschädigt vorgefunden wurden, enthielten einen fantastischen Grabschmuck.

A In dem 1894 von de Morgan an der Westseite der Pyramiden-Anlage von Amenemhet entdeckten Grab der Prinzessin Chnumit befanden sich zwei mit Halbedelsteinen und Glas verzierte Kronen aus Gold, mit der die Mumie geschmückt war. (Kairo, Ägyptisches Museum)

B Dieser breite, an den Enden mit zwei Falkenköpfen verzierte Halsschmuck aus Gold, Lapislazuli, Halbedelsteinen und Glas gehört vielleicht zu den schönsten Fundstücken im Grab der Chnumit. (Kairo, Ägyptisches Museum)

A

B

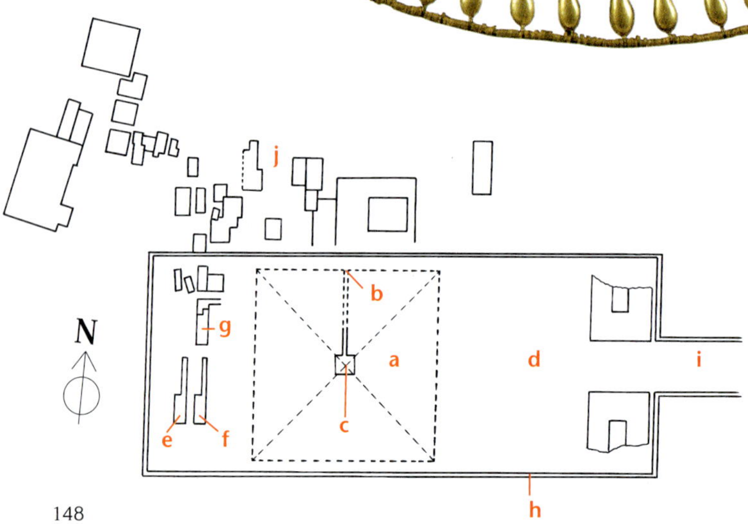

Plan der Pyramide des Amenemhet II.

- a. *Pyramide des Amenemhet II.*
- b. *Eingang*
- c. *Grabkammer*
- d. *Überreste des Totentempels*
- e. *Grab der Itaweret und Sit-Hathor*
- f. *Grab des Keminub und Amenhotep*
- g. *Grab der Chnumit und Ita*
- h. *Umfassungsmauer*
- i. *Aufweg*
- j. *Mastabas aus der*

Die Pyramide des Amenemhet III. oder „Schwarze Pyramide“

C

Name in der Antike: unbekannt
Ursprüngliche Höhe: 81,5 m
Basislänge: 105 m
Neigungswinkel: 57°15’50”

Die Pyramide des Amenemhet III., Sohn von Sesostris III., wird auch die „Schwarze Pyramide“ genannt, denn sie ist aus dunklen Baumaterialien wie ungebrannte Ziegel und Basalt errichtet worden; ihr schwarzer und unregelmäßiger Baukörper, der eine Höhe von etwa 30 Metern hat, hebt sich einzigartig am Horizont ab.
Diese Pyramide, die Jacques de Morgan 1894–95 freilegte, der dort auch das heute im Museum von Kairo ausgestellte Basalt-Pyramidion fand, weist eine aufwendige Grabanlage mit einem großen Sarkophag aus rosa Granit auf; der Eingang befindet sich außerhalb der Pyramidenumfassung an der südöstlichen Ecke. An der Nordseite wurden zwölf Schachtgräber von Mitgliedern der Königsfamilie gefunden, in einem davon war König Hor Auibre aus der frühen 13. Dynastie beigesetzt, dessen wundervolle Holzstatue, die sein *Ka* darstellt, heute im Museum von Kairo aufbewahrt wird. Die Pyramide selbst wurde nie als königliches Grab benutzt, denn Amenemhet III. ließ sich in Hawara im Faijum eine zweite Pyramide errichten, in der er beigesetzt wurde.

D

E

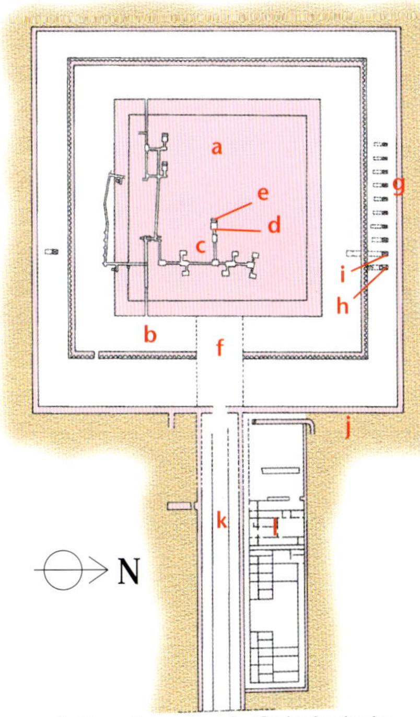

3. Dynastie
PLAN DER PYRAMIDE DES AMENEMHET III.

- a. *Pyramide des Amenemhet III.*
- b. *Eingang*
- c. *Grabanlage*
- d. *Grabkammer des Amenemhet III.*
- e. *Sarkophag*
- f. *Überreste des Totentempels*
- g. *Grabschächte der Könige und Prinzen*
- h. *Grabschacht des Königs Hor Auibre*
- i. *Grab der Prinzessin Nubhotep*
- j. *Umfassungsmauer*
- k. *Aufweg*
- l. *Überreste von Wohnanlagen des Tempelpersonals*

C *Die ungewöhnliche Form der aus Nilschlammziegeln errichteten Pyramide des Amenemhet III. entstand durch Wind und Wetter, nachdem die äußere Kalksteinverkleidung abgetragen worden war.*

D *Dieses Bild zeigt Amenemhet III., genau wie Snofru ließ er sich zwei Pyramiden errichten: Eine in Dahschur und eine in Hawara im Faijum, in der er auch beigesetzt wurde.*

E *Diese Abbildung zeigt die wunderbare hölzerne Ka-Statue des Hor Auibre. Sie wurde in einem der Grabschächte gefunden, die de Morgan 1894-95 an der Nordseite der Pyramide des Amenemhet III. entdeckte. (Kairo, Ägyptisches Museum)*

Die Pyramiden von Mazghuna

Etwa vier Kilometer südlich der Nekropole von Dahschur befinden sich die Reste zweier weiterer kleiner Pyramiden aus ungebrannten Ziegeln aus der Zeit des Mittleren Reiches, nach einem nahegelegenen Dorf werden sie als die „Pyramiden von Mazghuna“ bezeichnet. Es könnte sich um die Pyramiden der beiden letzten Könige der 12. Dynastie handeln.

Die Pyramiden von Lischt

Lischt ist heute ein kleines Dorf zwischen Sakkara und Medum.
Am Ende der Ersten Zwischenzeit, als Memphis zugunsten von Theben als Hauptstadt hatte zurückweichen müssen, bestieg Amenemhet I. als erster König der 12. Dynastie den Thron; er beschloss, die Hauptstadt des Landes wieder nach Norden zu bringen und gründete die neue Residenzstadt Itjtaui, die „Beherrscherin der zwei Länder". Diese Stadt, deren genaue Lage bis heute unbekannt geblieben ist, befand sich zwischen Memphis und dem Faijum; Lischt war ihre Hauptnekropole, genau wie es 700 Jahre zuvor bei Memphis und Sakkara der Fall war. Amenemhet nutzte die Nähe der alten Hauptstadt, die weniger als 30 Kilometer entfernt lag, und zögerte nicht, die dort vorhandenen Materialien beim Bau der neuen Stadt, wieder zu verwenden. Itjtaui musste sich in der Nähe der Nekropole von Lischt befinden, die zwischen 1894 und 1895 Institut Français d'Archéologie Orientale erforscht wurde. Gegenwärtig werden vom Metropolitan Museum in New York Forschungsarbeiten weitergeführt.
Bei den Ausgrabungen kamen die Überreste von zwei Pyramiden mit ihren Nebenbauten zum Vorschein, sowie die Grabmale von Amenemhet I. beziehungsweise von Sesostris I. sind, und eine beachtliche Zahl von privaten Mastabas. Die ersten Könige der 12. Dynastie hatten offensichtlich beschlossen, sich durch die Verlegung der Hauptstadt in das memphitische Gebiet bei der Art der Beisetzung auf die Traditionen des Alten Reiches zurück zu besinnen: sie führten die Pyramide wieder als Königsgrab ein.

A In Lischt wurde diese Statuettengruppe aus Elfenbein gefunden, eine Darstellung von drei Pygmäen, die sich dank einer Vorrichtung aus kleinen Schnüren wie in einem Tanz um sich selbst drehen konnten. (Kairo, Ägyptisches Museum)

B

B Die ersten beiden Könige der 12. Dynastie, Amenemhet I. und Sesostris I., gründeten zwischen Memphis und dem Faijum eine neue Stadt mit dem Namen Itjtaui. Dort in der Nähe, im heutigen Lischt, ließen sie ihre Pyramiden errichten. Das Foto zeigt durch die Palmen hindurch die Pyramide von Amenemhet I.

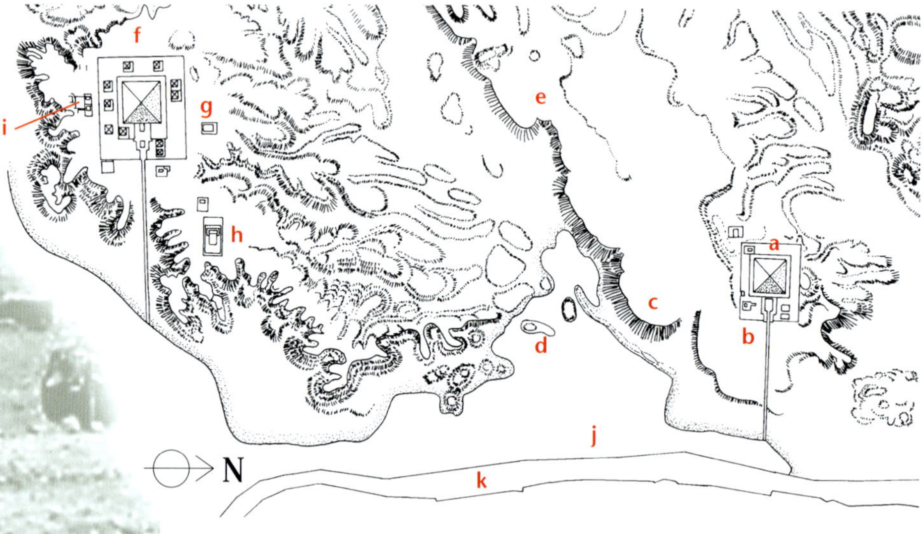

Plan des Fundortes Lischt

a. *Pyramide des Amenemhet I.*
b. *Moslemischer Friedhof*
c. *Gräber des Alten Reiches*
d. *Griechisch-römische Gräber*
e. *Haus der archäologischen Mission*
f. *Pyramide von Sesostris I.*
g. *Nördliche Mastaba*
h. *Mastaba des Senusret-anch*
i. *Südliche Gräber*
j. *Lischt (Dorf)*
k. *Kanal*

Pyramide des Amenemhet I. (Lischt Nord)

Name in der Antike: „Amenemhet ist hoch und schön"
Ursprüngliche Höhe: 55 m
Basislänge: 78,5 m
Neigungswinkel: 54°27'44''

C

D

Die Pyramide des Amenemhet I. wurde auf einem ansteigenden Gelände errichtet, die Nebenbauten wie Totentempel und Aufweg wurden auf einer tiefer liegenden Terrasse angeordnet. Für den Bau der Pyramide wurden nicht nur ungebrannte Ziegel, sondern auch Material aus schon bestehenden Bauwerken wiederverwendet. Der an der Ostseite gelegene Totentempel ist auf einer tieferen Felsterrasse errichtet als die, auf der die Pyramide steht; im Westen der Pyramide befinden sich außerhalb der Umfassungsmauer eine Reihe von Gräbern für die Angehörigen der königlichen Familie. Der Eingang zur Grabanlage der Pyramide, die nie systematisch erforscht wurde, befand sich an der Nordseite, von wo aus ein granitverkleideter Gang in die Grabkammer führte. Wie auch in der Pyramide des Teti in Sakkara lag vor dem Gang eine kleine Kapelle.

E

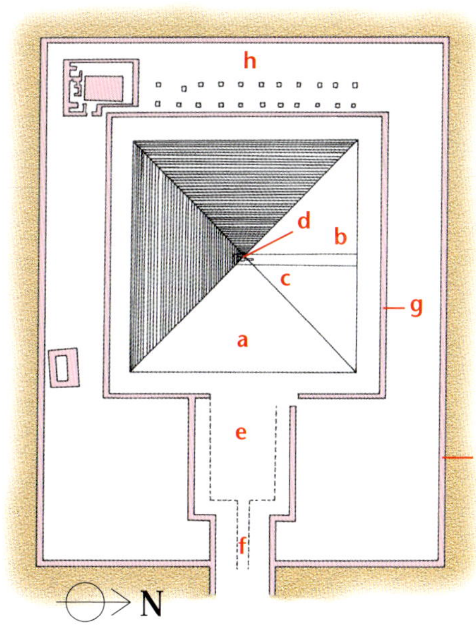

Plan der Pyramide des Amenemhet I.

- **a.** *Pyramide des Amenemhet I.*
- **b.** *Eingang*
- **c.** *Gang*
- **d.** *Grabkammer*
- **e.** *Totentempel*
- **f.** *Aufweg*
- **g.** *Innere Umfassungsmauer*
- **h.** *Gräber der Prinzessinnen*
- **i.** *Äußere Umfassungsmauer*

***C** und **D** Die Pyramide des Amenemhet I. steht im nördlichen Bereich der Ausgrabungsstätte von Lischt und hat heute eine Höhe von wenig mehr als 20 Meter. Der an der Ostseite liegende Totentempel ist fast völlig verfallen.*

***E** Im Bereich der Pyramide des Amenemhet I. wurde während der Ausgrabungsarbeiten durch das Metropolitan Museum von New York im Jahr 1908 dieser Frauenkopf gefunden, der eine Prinzessin oder eine Hofdame darstellt. Der mit außergewöhnlicher Kunstfertigkeit hergestellte Kopf wurde unter Verwendung zweier verschiedener Holzarten angefertigt.*

Die Pyramide des Sesostris I. (Lischt Süd)

Name in der Antike: „Sesostris überblickt die beiden Länder“
Ursprüngliche Höhe: 61 m
Basislänge: 105 m
Neigungswinkel: 49°23’55’’

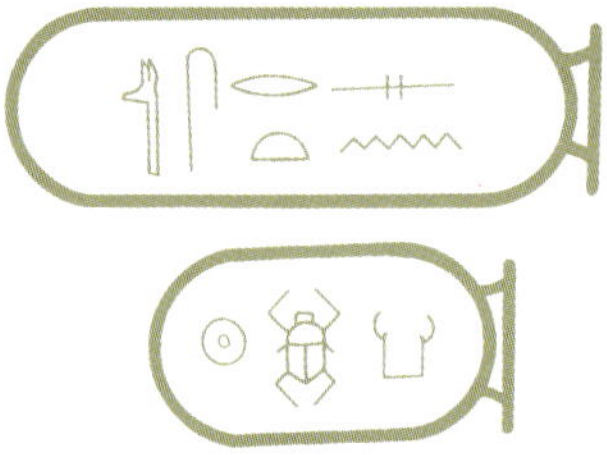

A *Diese hölzerne Standfigur, die in einem Privatgrab in Lischt in der Nähe der Pyramide gefunden wurde, stellt Sesostris I. mit der Weißen Krone Oberägyptens dar. (Kairo, Ägyptisches Museum)*

PLAN DER PYRAMIDE DES SESOSTRIS I.

- **a.** *Pyramide des Sesostris I.*
- **b.** *Eingang*
- **c.** *Grabkammer*
- **d.** *Totentempel*
- **e.** *Kultpyramide*
- **f.** *Innere Umfassungsmauer*
- **g.** *Hof*
- **h.** *Aufweg*
- **i.** *Nebenpyramiden von weiblichen Angehörigen der Königsfamilie*
- **j.** *Äußere Umfassungsmauer*
- **k.** *Pyramide der Königin Nefru, Gemahlin des Sesostris*

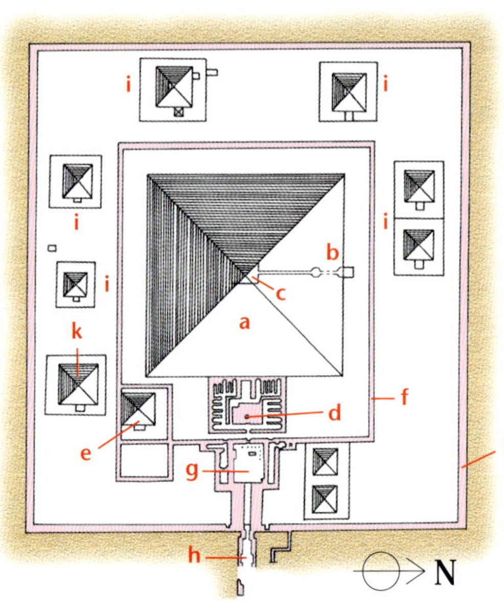

B *und* ***D*** *Die Pyramide von Sesostris I., oder nördliche Pyramide von Lischt, stellt eine architektonische Neuentwicklung dar, wie sie auch bei später gebauten Pyramiden zu finden ist. Ihr Aufbau besteht aus einer Reihe sternförmig angeordneter Stützmauern aus großen Blöcken, deren Zwischenräume mit Steinen und Sand aufgefüllt wurde.*

C

B

D

E

C Der Totentempel der Pyramide des Sesostris I. ist weitaus besser erhalten als der von Amenemhet I. Sein Grundriss ähnelt den Totentempeln der 6. Dynastie, die zweifellos als Vorbild gedient hatten.

Die 1600 Meter südlicher gelegene Pyramide des Königs Sesostris I. ist interessanter und besser erhalten als die vorher beschriebene. Das im Jahr 1882 von Gaston Maspero lokalisierte Bauwerk wurde 1894 von J. E. Gautier und G. Jéquier, und 1908 bis 1934 von der Expedition des Metropolitan Museum von New York ausgegraben. Die bei ihr angewandte Bautechnik wurde später auch bei der Pyramide von Illahun eingesetzt: Um einen zentral gelegenen Felskern wurden zuerst mit großen, sternförmig angeordneten Kalksteinblöcken Stützmauern gebaut, die dann mit Schlammziegeln ausgefüllt wurden, schließlich wurde das Bauwerk mit einer Kalksteinverkleidung überzogen.
Innerhalb der äußeren doppelten Umfassungsmauer, wurden weitere zehn Nebenpyramiden von Würdenträgern und Mitgliedern der königlichen Familie entdeckt. An der Ostseite der Pyramide, wo noch eine weitere Nebenpyramide stand, entdeckten Gautier und Jéquier bei den Ausgrabungsarbeiten die Überreste des Totentempels, der viele Ähnlichkeiten mit den Pyramidentempeln der 6. Dynastie aufwies, sowie die Reste eines Hofes mit einem von 24 Säulen getragenen Portikus. Hier wurde eine Gruppe von zehn wundervollen Kalksteinsitzfiguren von Sesostris I. gefunden. Von der Ostseite der Umfassungsmauer zweigte der zum Teil noch heute sichtbare Aufweg ab, dessen Seitenwände mit Reliefs verziert waren, ähnlich wie der Aufweg im Unas-Bezirk in Sakkara; der Aufweg führte zu dem noch nicht gefundenen Taltempel.
In der Nähe der Pyramide wurden einige Mastabas gefunden; eine der wichtigsten davon ist die von Senusret-anch, deren Grabkammer mit Pyramidentexten ausgestattet war.

E Dieses Foto zeigt eine der zehn lebensgroßen Statuen von Sesostris I., die das Institut Français d'Archéologie Orientale bei den Ausgrabungsarbeiten im Jahr 1894 im Hof vor dem Totentempel Sesostris I. fand. (Kairo, Ägyptisches Museum)

Medum

Das Ausgrabungsgebiet von Medum befindet sich etwa 50 Kilometer südwestlich von Dahschur, wenige Kilometer vom Faijum entfernt. Hier, in einer völlig isolierten Lage am Rande der Wüste und an der Grenze zu landwirtschaftlich genutztem Gebiet steht eine Pyramide von eigenartiger Form, um die herum sich eine große Nekropole erstreckt.

Die Pyramide von Medum

> Name in der Antike:
> „Die beständige Pyramide“
> Ursprüngliche Höhe: 93,5 m
> Basislänge: 147 m
> Neigungswinkel: 51°50’35’’

Man geht im Allgemeinen davon aus, dass Huni, der letzte König der 3. Dynastie in Medum eine Stufenpyramide bauen ließ, die der seines Vorgängers in Sakkara ähnelte, die dann aber nachfolgend mit einer Verkleidung überzogen wurde, was ihr das Aussehen einer echten Pyramide verlieh, die von den Einheimischen aber El-haram-el-kaddab, „die falsche Pyramide“, genannt wird.
Der Name von Huni taucht jedoch nicht auf, wohingegen einige aus dem Neuen Reich stammende Graffiti, die in dem kleinen Totentempel zu sehen sind, den Namen des Sohnes Snofru, Gründer der 4. Dynastie und Grabherr der beiden Pyramiden von Dahschur, zeigen. Diese schriftlichen Zeugnisse weisen eindeutig darauf hin, dass die Ägypter des Neuen Reiches Snofru für den Bauherrn der Pyramide hielten, die vielleicht von seinem Vater Huni nur begonnen worden war. Es ist jedenfalls wahrscheinlicher, dass Snofru nur für die Auffüllung der Schalen verantwortlich

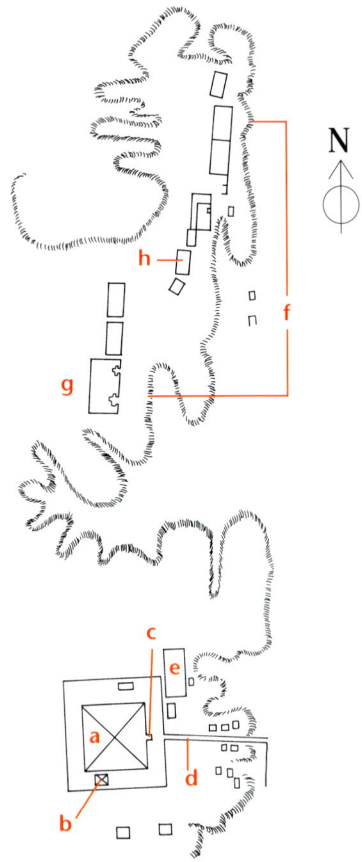

Gesamtplan der Fundstätte von Medum

a. *Pyramide des Huni*
b. *Überreste der Kultpyramide*
c. *Stelenheiligtum*
d. *Aufweg*
e. *Mastaba Nr. 17*
f. *Nekropole der 4. Dynastie*
g. *Mastaba des Nefermaat*
h. *Mastaba des Rahotep*

A

A In Medum, einem etwa 20 Kilometer südlich von Lischt gelegenen Ort, erhebt sich am Rande der Fruchtebene, die von einem verzweigten Kanalsystem zur Bewässerung durchzogen ist, eine mächtige und geheimnisvolle Pyramide, deren Form an einen viereckigen Turm erinnert. Der klassischen Interpretation zufolge stellt dieses Bauwerk die Überreste der Stufenpyramide des Huni, des letzten Königs der 3. Dynastie dar, die in der Folge von Snofru, dem ersten König der 4. Dynastie in eine echte Pyramide umgewandelt wurde.

B

B Die Pyramide von Medum, die den Reisenden des vergangenen Jahrhunderts unter dem arabischen Namen El-haram-el-kaddab, „die falsche Pyramide“, bekannt war, wird als Übergang von der Stufenpyramide zur echten Pyramide angesehen. Eine ganz neue Entwicklung bei dieser Pyramide ist, dass die Grabkammer in den Pyramidenkern selbst eingebaut ist, und sich nicht mehr in einem in den Fels gehauenen Schacht befindet, über dem die Pyramide als Oberbau errichtet wurde.

C und *D* Einer Theorie zufolge soll die Verkleidung der Pyramide aufgrund mangelnden Zusammenhalts mit dem Untergrund abgerutscht sein und dadurch der innere Kern freigelegt worden sein soll. Jüngste Forschungen lassen jedoch eher den Schluss zu, dass es sich um eine unvollendete Pyramide handelt. An der Ostseite befindet sich ein Stelenheiligtum, von dem aus ein langer Aufweg zur Fruchtebene hinunterführt (rechts).

C

D

war, die das Aussehen der Pyramide veränderte: Tatsächlich sprechen sowohl die einzelnen Techniken, die für den Bau des Kerns und der Auffüllung der Schalen angewandt wurden, als auch die Graffiti, die der englische Ägyptologe William M. Flinders Petrie auf einigen Blöcken fand, und die in das Jahr 17 der Herrschaft von Snofru zurück reichen, für einen gewissen zeitlichen Abstand zwischen den zwei Bauphasen. Bei Ausgrabungen in diesem Bezirk wurden von 1888 bis 1891 einige Bauteile, wie Aufweg und Totentempel freigelegt, die später die Pyramiden der 4. Dynastie kennzeichnen sollten. Der auf einer Ost-West-Achse ausgerichtete Aufweg führt hinab in die Fruchtebene, wo er sich dann verliert. An der Ostseite der Pyramide ist eine Opferkapelle, eine Vorform des Totentempels, der eine sehr einfache Bauart aufweist: Zwei Kammern, die auf einen kleinen Hof führen, in dem sich seitlich eines Altars zwei große Stelen befinden. An der Nordseite der Pyramide befindet sich in einer Höhe von 18,5 Metern der Eingang zu dem 1,55 Meter hohen absteigenden Gang, der in die Grabkammer führt. Die Grabkammer, in der nicht die geringste Spur eines Sarkophags gefunden wurde, ist mit einem Kraggewölbe gedeckt. In Medum ist die Grabkammer zum ersten Mal in den Baukörper der Pyramide selbst eingefügt und nicht in einem Schacht, der dann von einem Oberbau bedeckt wurde. Weiterhin erscheint an der Südseite, in dem Bereich zwischen der Pyramide und der Umfassungsmauer eine neue Bauform: die Kultpyramide. Untersuchungen ergaben, dass die Pyramide von Medum in drei aufeinanderfolgenden Phasen errichtet wurde: Die anfängliche Pyrami-

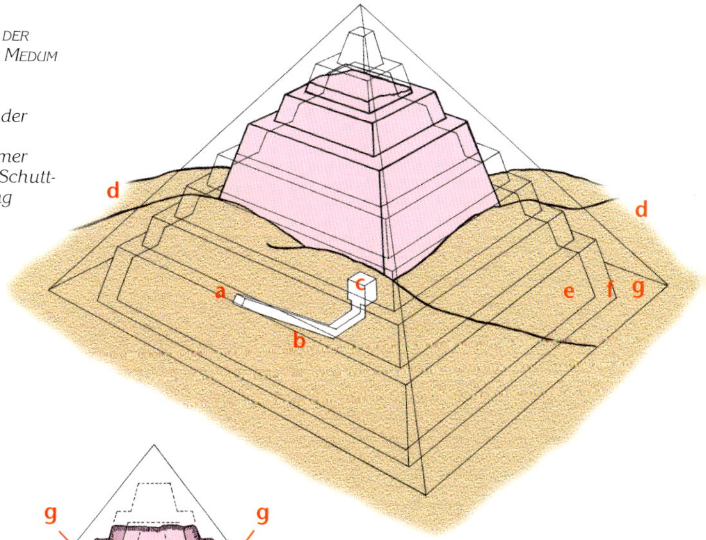

RÄUMLICHE DARSTELLUNG DER PYRAMIDE VON MEDUM

a. *Eingang*
b. *Absteigender Gang*
c. *Grabkammer*
d. *Höhe der Schuttablagerung*
e. *Phase I*
f. *Phase II*
g. *Phase III*

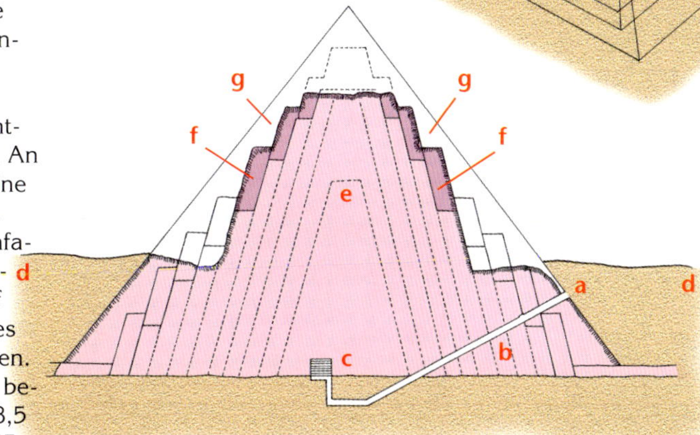

QUERSCHNITT DURCH DIE PYRAMIDE VON MEDUM AUF DER BASIS DER FORSCHUNGSERGEBNISSE VON PETRIE UND BORCHARDT

a. *Eingang*
b. *Absteigender Gang*
c. *Grabkammer*
d. *Höhe der Schuttablagerung*
e. *Innerer Kern der siebenstufigen Pyramide (Phase I)*
f. *Vergrößerung der Pyramide und Erweiterung der Stufen (Phase II)*
g. *Äußere Verkleidung (Phase III)*

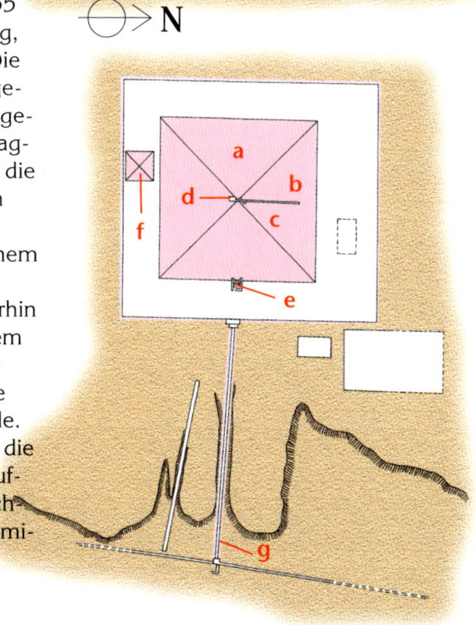

PLAN DER FUNDSTÄTTE VON MEDUM

a. *Pyramide*
b. *Eingang*
c. *Absteigender Gang*
d. *Grabkammer*
e. *Stelenheiligtum*
f. *Überreste der Kultpyramide*
g. *Aufweg*

de, die aus sieben übereinander gebauten Schalen bestand (Phase I), wurde vergrößert, indem die Zahl der Stufen wahrscheinlich auf acht erhöht wurde und mit einer neuen Verkleidung überzogen wurde (Phase II). Schließlich wurde in der letzten Phase (Phase III), die wahrscheinlich der Herrschaft von Snofru entspricht, der Platz zwischen den einzelnen Schichten mit örtlichem Gestein aufgefüllt, auf das eine letzte Verkleidung aufgezogen wurde, die aus glatten Kalksteinplatten bestand und der Pyramide das Aussehen einer echten Pyramide gaben; in diese Phase scheint auch der Bau der Opferkapelle an der Ostseite der Pyramide einzuordnen zu sein.
Einer Theorie zufolge soll die von Snofru durchgeführte Veränderung keinen Erfolg gehabt haben, weil die äußere Verkleidung über die darunter liegenden Schichten abgerutscht sei, wodurch das Bauwerk die seltsame Form erhalten habe, die man heute sieht. Es wurde auch vermutet, dass dieses Ereignis während des Baus der Knickpyramide in Dahschur stattgefunden haben sollte, aber das ist eher unwahrscheinlich: Die hier vorhandene große Nekropole aus der 4. Dynastie und Graffiti von Besuchern während des Neuen Reiches lassen eher darauf schließen, dass das vermutete Abrutschen des äußeren Mantels in späterer Zeit geschah. In jüngerer Zeit ist auch die Hypothese aufgestellt worden, dass es nie ein Abrutschen der äußeren Schicht der Auffüllung gegeben habe, sondern dass die Pyramide von Medum nie fertig gestellt worden sei: Demzufolge wären die Schutthaufen, die sich auch heute noch um die Pyramide herum befinden, nur die Folge des Abbaus der für den Bau notwendigen Rampe gewesen.

A

B

C

D

A Die 5,60 Meter hohe Grabkammer ist mit einem neuartigen Kraggewölbe gedeckt, das später in den Pyramiden Snofrus in Dahschur weiterentwickelt werden sollte. Als Erster betrat Mariette im Jahr 1881 die Pyramide von Medum.

B Das kleine Stelenheiligtum an der Ostseite der Pyramide, das Petrie 1891 entdeckte, kann als Vorstufe des Totentempels angesehen werden.

C Im Nordosten der Pyramide, nicht weit von ihr entfernt, steht die große Mastaba Nr. 17, die 1917 von Petrie erforscht wurde.

D Die Totenopferkapelle besteht aus einem Opfertisch mit zwei seitlich stehenden monolithischen Stelen und zwei davorliegenden kleinen Räumen.

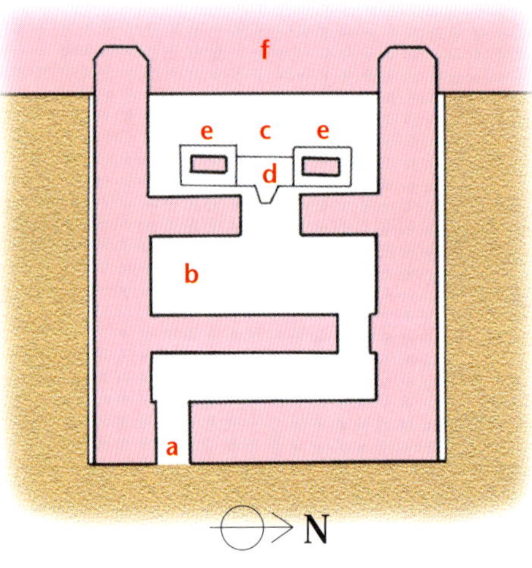

Plan der Totenopferkapelle

a. *Eingang*
b. *Vestibül*
c. *Hof*
d. *Stelenheiligtum*
e. *Monolithische Stelen*
f. *Pyramide*

E

In unmittelbarer Nähe der Ostseite der Pyramide befindet sich die aus ungebrannten Nilschlammziegeln gebaute Mastaba eines unbekannten Erbauers, das 1917 von William Flinders Petrie erforscht wurde. In seinem Inneren wurde ein Sarkophag ohne Inschriften mit einer Mumie gefunden.
Etwa 600 Meter nördlich der Pyramide erstreckt sich eine große Nekropole der Prinzen und Würdenträger der 4. Dynastie unter Snofru, in der einige wundervoll verzierte Gräber entdeckt wurden. In der berühmten Kapelle der Mastaba 116 des Prinzen Nefermaat, die Auguste Mariette 1871 freilegte, wurde das berühmte Wandbild mit den „Gänsen von Medum" entdeckt, einem der Meisterwerke in der Kunst des Alten Reiches. In dem gleichen Grab fand Flinders Petrie 1892 zwei polychrome Reliefs die in einer völlig neuen Technik angefertigt worden waren, die auf dem Auftragen von gefärbten Pastellpasten auf die in die Kalksteinwände geschnittenen Reliefs basierte; diese Technik wurde bald aber wieder aufgegeben. Aus der nahegelegenen Mastaba des Prinzen Rahotep, auch er wahrscheinlich ein Sohn des Snofru, stammen zwei prächtige Statuen aus farbig bemaltem Kalkstein.

F

F *Eine der bedeutendsten Privatmastabas des Friedhofs nördlich der Pyramide von Medum ist die des Prinzen Nefermaat, wahrscheinlich ein Sohn von Snofru und seiner Gemahlin Itet.*

G

E *und* **G** *In der Mastaba des Nefermaat wurden zwei bedeutende Funde gemacht: 1871 entdeckte Mariette das berühmte Bild der „Gänse von Medum" (E) und 1892 fand Petrie zwei weitere Gemälde (G), die Tiere und Jagdszenen darstellen. Diese Gemälde entstanden durch das Auftragen von gefärbten Pastellfarben, eine Technik, die wegen ihrer geringen Dauerhaftigkeit danach nicht mehr angewandt wurde. (Kairo, Ägyptisches Museum)*

H

I

H *und* **I** *Die Mastaba des Prinzen Rahotep ist mit einer Palastfassade dekoriert. Hier fand Mariette die zwei berühmten Sitzfiguren aus bemaltem Kalkstein, die Rahotep und seine Gemahlin Nofret darstellen und die heute im Museum in Kairo ausgestellt sind (rechts).*

Die Pyramiden des Faijum

A

B

C

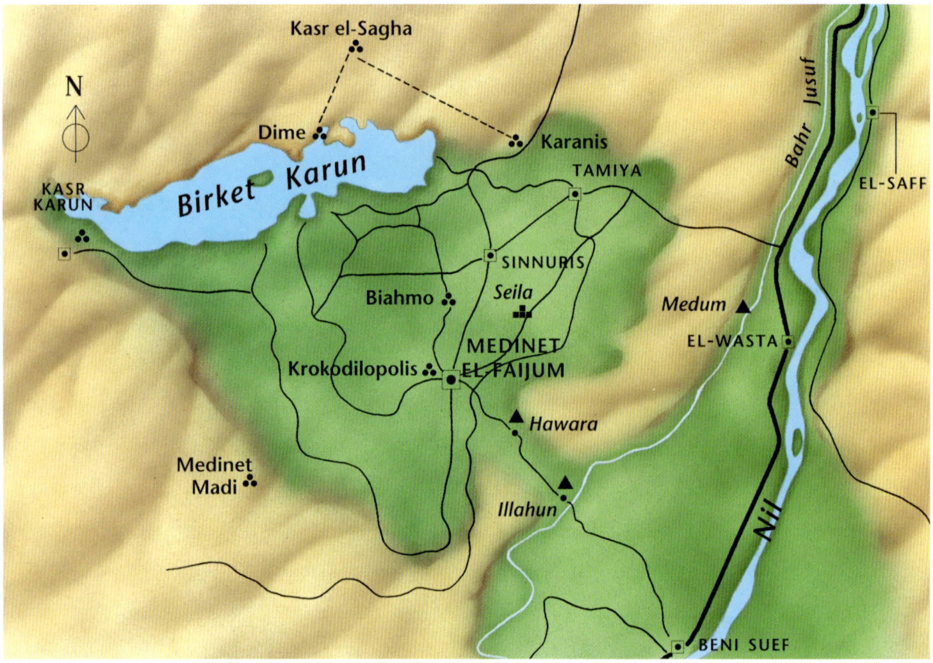

C *Das Faijum, eine fruchtbare Oase, die sich südlich des Birket Karun („See des Karun“) erstreckt, erhielt im Mittleren Reich eine große Bedeutung, als die Hauptstadt des Reichs nach Lischt verlegt wurde. Die Könige des Mittleren Reiches versuchten, die Wasserversorgung in dieser Region zu regulieren, die vom Bahr Jusuf, einem großen Kanal, bewässert wird, indem sie das Bewässerungssystem beträchtlich verbesserten und Dämme errichteten.*

A *und* **B** *Amenemhet III. ließ im Faijum, in Medinet Madi, einen großen Tempel errichten, der den zwei Hauptgöttern der Gegend geweiht waren: Dem Krokodilgott Sobek und der Kobragöttin Renenutet. Der Tempel wurde später in ptolemäischer Zeit weiter ausgebaut, als das Gebiet zu einer bedeutenden Stadt mit dem Namen Narmuthis aufblühte; zu den Erweiterungsbauten gehörten ein von löwenköpfigen Sphingen gesäumter* dromos.

Das Faijum, oft fälschlich als „Oase“ definiert, ist eine fruchtbare, grüne Region in einer weiten Senke, die durch den Bahr Jusuf, den „Josephskanal“, mit dem Nil verbunden ist und in deren nördlichem Bereich der Karun-See liegt (der Moëris-See der Autoren der Klassik). Der koptische Name Phiom, „der See“, führte zu der Bezeichnung Faijum. Die alten Ägypter nannten das Gebiet Scha-resi, „südlicher See“ oder später Mer-wer, „großer See“: Damals war das Gebiet ein großer Sumpf mit reichhaltiger Fauna und üppiger Vegetation. Während des Mittleren Reiches, als die Residenzstadt nach Lischt verlegt wurde, gewann das Faijum beträchtlich an Bedeutung, zwei wichtige Könige der 12. Dynastie wählten diesen Ort für ihre Beisetzung aus: Sesostris II. und Amenemhet III., unter dessen Herrschaft die ersten Dämme in dieser Region gebaut wurden, um den Zufluss des Nilwassers zu regulieren und das Bewässerungssystem der Felder zu verbessern. Die Pyramiden von Illahun und Hawara sind zwar bei weitem die bedeutendsten Bauwerke im Faijum, aber am Südostrand des Faijum, in Seila, gibt es noch eine kleine, kaum bekannte und nie richtig erforschte Stufenpyramide, die, wie man annimmt, aus der 3. Dynastie stammen könnte.

D

D *In Biahmo bezeugen die Ruinen von zwei Sockeln, die früher Kolossalstatuen von Amenemhet III. trugen und an der Seite eines großen Dammes stehen, die Anstrengungen, die während des Mittleren Reiches unternommen wurden, um den Wasserzufluss im Faijum unter Kontrolle zu bekommen.*

Die Pyramide von Illahun

Name in der Antike: „Sesostris ist mächtig“
Ursprüngliche Höhe: 48 m
Basislänge: 106 m
Neigungswinkel: 42°35’

Sesostris II., Nachfolger von Amenemhet II., ließ sich seine Pyramide in Illahun bauen, in der Nähe der Stelle, wo der Bahr Jusuf in das Faijum eintritt, wenige Kilometer von Kom Medinet Ghurab entfernt. Die Pyramide, die sich in ihrem Aufbau völlig von den anderen unterscheidet, wurde auf einer felsigen Anhöhe errichtet: Aus großen Kalksteinblöcke wurden sternförmig angeordnete Stützmauern gebaut, deren Zwischenräume mit ungebrannten Ziegeln aufgefüllt wurden. Anschließend wurden die Außenflächen mit Kalksteinplatten verkleidet. Der Zugang zu der Grabanlage befand sich im östlichen Bereich der Südseite und erfolgte über ein System aus Schächten. In der mit Granit verkleideten Grabkammer fand man den rosa Granitsarkophag des Königs. Ebenfalls auf der Südseite legte William M. Flinders Petrie neben anderen Schachtgräbern das Grab der Prinzessin Sit-Hathor-Iunet frei, in der er den fantastischen Goldschmuck der Prinzessin fand, der mit dem Namen „Schatz von Illahun“ bezeichnet wird. An der Nordseite der Pyramide liegen kleinere Mastabas und etwas östlich davon die Überreste der Königinpyramide. Westlich der Pyramide liegt der Taltempel; nicht weit davon ent-

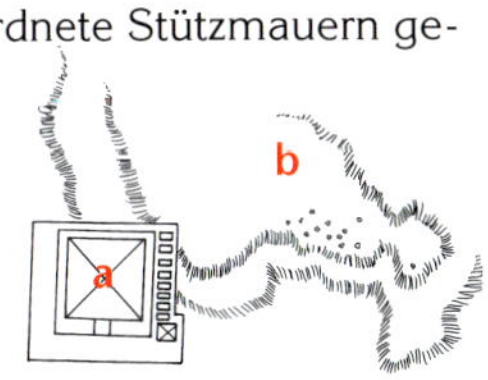

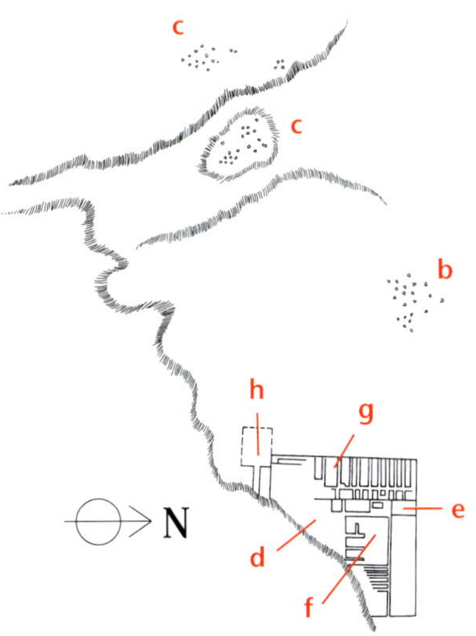

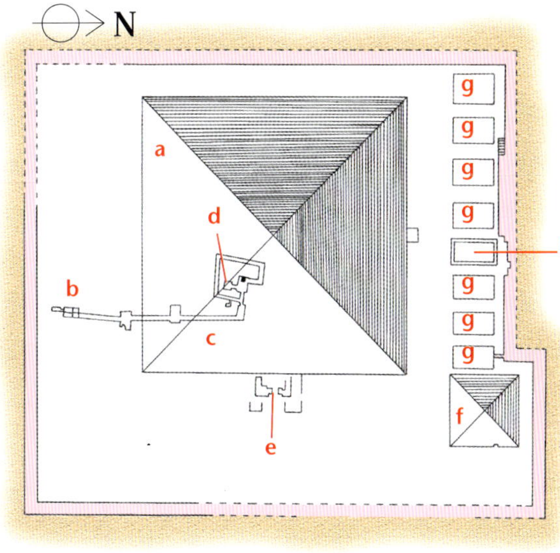

E *Die Pyramide von Illahun wurde in der neuen Bauart der sternförmig angeordneten Kalksteinmauern gebaut, und mit ungebrannten Nilschlammziegeln ausgefüllt, eine Technik, die bei der Pyramide von Sesostris I. in Lischt zum ersten Mal eingesetzt worden war.*

F *Der Eingang zur Grabanlage wurde nach Süden verlegt. Der Richtungswechsel des Gangs hatte wohl zum Ziel, eventuellen Grabräubern das Auffinden der Grabanlage zu erschweren.*

Plan von Illahun

a. *Pyramide des Sesostris II.*
b. *Friedhof*
c. *Unterirdische Gräber*
d. *Ruinen der Stadt Hetep-Senwosret (Kahun)*
e. *Akropolis*
f. *Östliches Viertel*
g. *Westliches Viertel*
h. *Überreste des Taltempels*

Plan der Pyramide von Sesostris II.

a. *Pyramide von Sesostris II.*
b. *Eingang*
c. *Gang*
d. *Grabkammer*
e. *Überreste einer Opferkapelle*
f. *Nebenpyramide*
g. *Mastabas*
h. *Grab der Sit-Hathor-Iunet*

A *An der Nordseite der Pyramide erkennt man eine Reihe von Mastabas, die Mitgliedern der königlichen Familie zuzuschreiben sind; außerdem vor der nordöstlichen Ecke eine Nebenpyramide, die einer Königin gehörte.*

B *Das Mauerwerk der Akropolis ist eindeutig besser erhalten als in den unteren Vierteln. In diesem Teil der Stadt, in dem sich vielleicht der Wohnsitz des Königs befand, waren die Häuser weitaus größer mit einem Innenhof und zahlreichen Räumen.*

A

B

C *Gesamtansicht der Siedlung Kahun mit der Akropolis im Hintergrund. In der Stadt lebten hauptsächlich Priester und das Verwaltungspersonal, das für die Pyramide zuständig war.*

C

D

D *In der Grabanlage der Pyramide fand Petrie diese Uräusschlange aus Gold, die heilige Kobra, mit einem Kopf aus Lapislazuli und Einlagen aus Karneol und Amazonit. Das Schmuckstück verzierte wahrscheinlich einst die Krone oder die Perücke des Königs. (Kairo, Ägyptisches Museum)*

deckte man die Reste der Stadt, die Petrie Kahun nannte. Diese war von großer Bedeutung, denn sie stellt eine der drei einzigen in der Antike bewohnten Siedlungen dar, die bis heute bekannt sind. Die Ausgrabungsarbeiten dieser Stadt, wurden in jüngerer Zeit von einer archäologischen Expedition aus Kanada wiederaufgenommen, sie brachten ein Viertel mit kleineren Arbeiterunterkünften zum Vorschein, ein Residenzviertel aus größeren Häusern mit Höfen und einen höher gelegenen Stadtteil, der eine Art Akropolis darstellte. Zweifellos stand diese Stadt, in der zahlreiche in hieratischer Schrift abgefasste Papyri gefunden wurden, mit der Pyramide in Zusammenhang, und man kann behaupten, dass sie das einzig bekannte Beispiel einer sogenannten „Pyramidenstadt" ist.

F *1914 entdeckte Petrie mehrere Schachtgräber, darunter auch das der Prinzessin Sit-Hathor-Iunet, mit deren Grabschmuck. Dieses goldene Diadem ist mit einer Uräusschlange, zwei Federn und drei doppelten Bändern verziert. Auf dem Band war eine Reihe von Rosetten eingearbeitet. (Kairo, Ägyptisches Museum)*

E

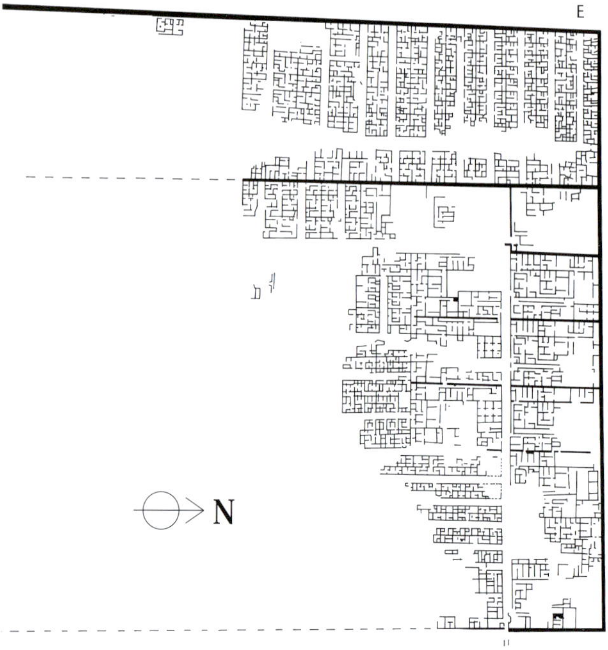

E *Plan von Kahun, einem der seltenen Beispiele von Wohngebieten aus dem alten Ägypten. Dank der Ausgrabungen ließen sich die Akropolis, ein Residenzviertel und ein Arbeiterviertel ausmachen (von Petrie).*

F

Die Pyramide von Hawara

> Name in der Antike: ungewiss
> Ursprüngliche Höhe: 58 m
> Basislänge: 100 m
> Neigungswinkel: 48°45'

Der Ort Hawara befindet sich etwa acht Kilometer südöstlich von Medinet el-Faijum, der heutigen Hauptstadt der Region. Hier ließ sich Amenemhet III. eine zweite Pyramide aus ungebrannten Ziegeln errichten, nachdem er den Plan, sich in seiner Pyramide in Dahschur beisetzen zu lassen, aufgegeben hatte. Auch die Pyramide von Hawara war ursprünglich mit einer Verkleidung aus Kalksteinplatten überzogen. Sie ist die letzte große Pyramide, die in Ägypten gebaut wurde.
In der Grabanlage, die aufgrund der Überflutung eines nahegelegenen Kanals nicht zugänglich ist, fand Flinders Petrie, der hier 1888 bis 1889 tätig war, den Quarzitsarkophag des Königs.
An der Südseite der Pyramide stand der große Totentempel, der

G *Die Pyramide von Hawara war die zweite Pyramide, die sich Amenemhet III. bauen ließ, nachdem er schon in Dahschur eine besaß. Außerdem war sie die letzte große Pyramide, die in Ägypten gebaut wurde. Die Grabanlage, die heute von einem naheliegenden Kanal überflutet und daher nicht mehr zugänglich ist, wurde 1888/89 von Petrie freigelegt, der dort den Sarkophag des Königs entdeckte.*

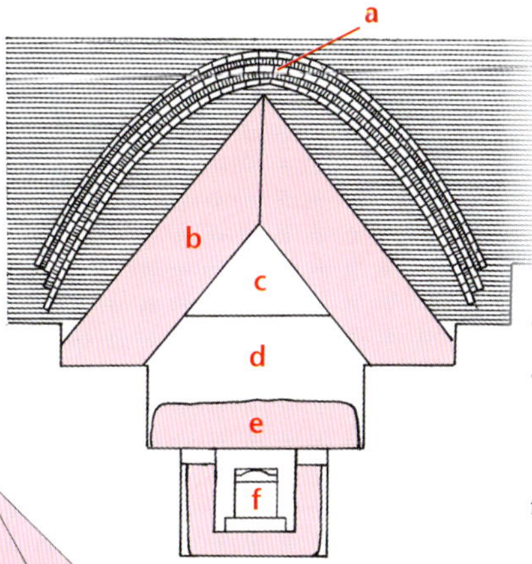

Bauweise der Grabkammer

a. *Entlastungsbogen aus luftgetrockneten Nilschlammziegeln*
b. *Satteldach aus Kalksteinplatten*
c. *Obere Entlastungskammer*
d. *Untere Entlastungskammer*
e. *Decke der Grabkammer, bestehend aus drei großen Quarzitblöcken*
f. *Sarkophag*

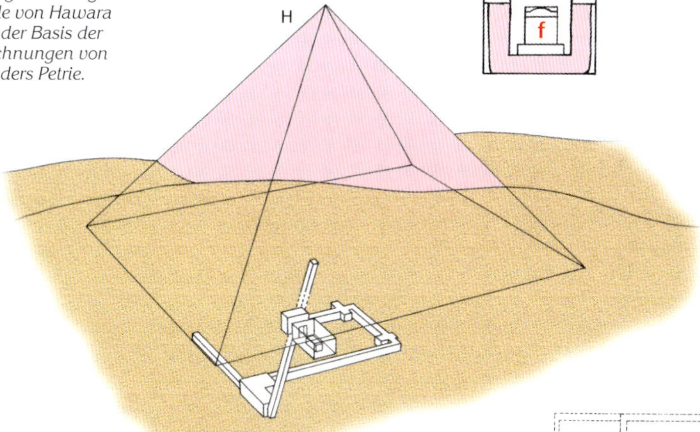

H *Räumliche Darstellung der Grabanlage in der Pyramide von Hawara auf der Basis der Zeichnungen von Flinders Petrie.*

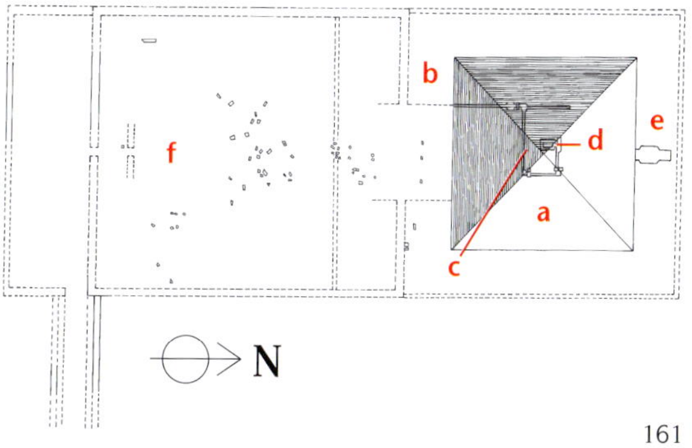

Plan des Pyramidenbezirks von Hawara (nach Stadelmann)

a. *Pyramide*
b. *Eingang*
c. *Gang*
d. *Grabkammer*
e. *Nordkapelle*
f. *Überreste des Totentempels, „Labyrinth"*

Der an der Südseite der Pyramide von Hawara liegende Totentempel erstreckte sich über eine Fläche von 60 000 Quadratmetern und hatte, Herodots Angaben zufolge, 3000 Räume. Die Griechen nannten diesen Tempel „Labyrinth", ein Name der durch eine abgewandelte Form des Thronnamens von Amenemhet III., Nimaatre, entstanden sein soll.

A

B

A *und* **C** *Die Pyramide von Amenemhet III. in Hawara, liegt noch mehr im Faijum selbst, in der Region, in der der König seinen Einfluss stärker geltend machen wollte. Amenemhet III., der mehr als 40 Jahre lang regierte, wurde bereits im Altertum berühmt, zum einen wegen seiner Errungenschaften in Bezug auf die Urbarmachung des Faijum, aber auch wegen der Größe und Komplexität seines Totentempels.*

heute bis auf eine Geröllhalde, aus der hin und wieder einige Überreste der antiken Bauteile in sehr schlechtem Zustand auftauchen, verschwunden ist.

Herodot (Historiae, II, 148), Strabo (Geographia, XVII, 1, 37) und Plinius (Nat. Hist., XXXXVI, 19) berichteten über diesen Tempel, der eine Fläche von 60 000 Quadratmetern bedeckte und ein ungewöhnliches Bauwerk gewesen sein musste, das aus einer Reihe von unabhängigen, in drei oder vier Reihen angeordneten Kammern bestand, die durch ein kompliziertes System von Gängen miteinander verbunden waren: Herodot berichtet sogar, dass es 3000 Kammern auf zwei Ebenen umfasste. Die Griechen nannten diesen Tempel „Labyrinth", ein Begriff, der einer Theorie zufolge aus einer Abwandlung des Krönungsnamens von Amenemhet III., Nimaatre, woraus sich Lamares oder Labares entwickelt hatte, entstanden sein soll.

Im Norden der Pyramide befindet sich ein großes Gräberfeld, wo Petrie 1888 die berühmten „Mumienporträts" entdeckte, Bilder aus römischer Zeit, die die Gesichtszüge des Verstorbenen reproduzierten und auf den Mumien angebracht wurden. Etwa zwei Kilometer südlich der Pyramide wurde 1956 das ungeöffnete Grab der Prinzessin Neferuptah, einer Tochter von Amenemhet III., entdeckt, deren Grabschmuck sich im Museum von Kairo befindet.

C

D

E *Diese zwei Armbandpaare aus Gold, Karneol und Amazonit, die die Prinzessin um das Hand- und das Fußgelenk trug, sind im gleichen Stil gearbeitet wie das große Halsband und sollten wohl auch gemeinsam mit ihm getragen werden. (Kairo, Ägyptisches Museum)*

E

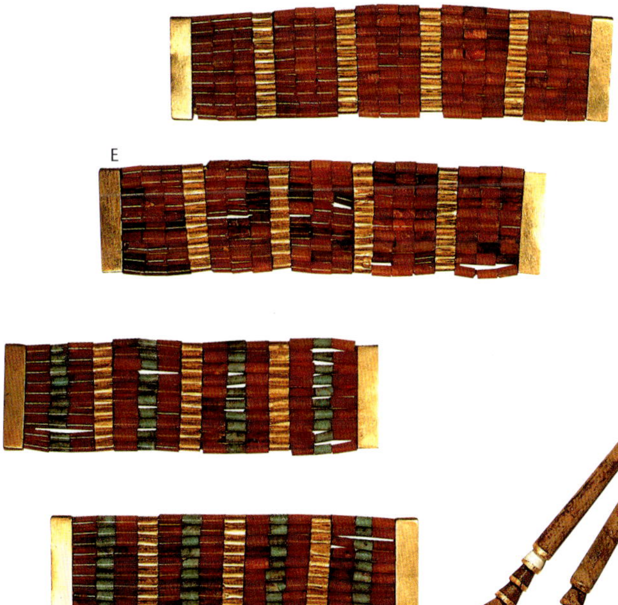

F

B *Der Eingang zum Korridor, der zu der Grabanlage führt (nicht mehr zugänglich) befindet sich auf der Südseite der Pyramide und liegt westlich ihrer mittleren Achse; eine ähnliche architektonische Lösung hatte auch schon Sesostris II. in Illahun gewählt. In der Grabkammer fand Petrie einen riesigen Sarkophag aus Quarzit, der mehr als 100 Tonnen wiegt.*

D *In Hawara wurde auch eine der Töchter Amenemhets III. beigesetzt, die Prinzessin Neferuptah. Ihr Grab südlich der Pyramide, enthielt einen bedeutenden Grabschmuck. Zu den wertvollsten Gegenständen zählt dieser Halsschmuck aus Gold und Halbedelsteinen, der an den Enden mit zwei Falkenköpfen verziert ist; in der Mitte sieht man das Gegengewicht, durch das das Schmuckstück in der korrekten Position blieb. (Kairo, Ägyptisches Museum)*

F *Zum Grabschmuck der Neferuptah gehörte auch diese Kultgeißel aus Gold und Halbedelsteinen (Karneol), das Symbol der Königswürde und des Gottes Osiris, Herrscher der Totenwelt, dem der Verstorbene sich anglich. (Kairo, Ägyptisches Museum)*

Glossar

ANUBIS
Schakalköpfiger Totengott, steht der Einbalsamierung vor und begleitet den Toten ins Jenseits.

ATUM
Gottheit, die als Re-Atum insbesondere die untergehende Sonne verkörpert (Schöpfergott der heliopolitanischen Entstehungslehre).

SONNENSCHIFF
Schiff, auf dem die Sonne im Himmel fährt: Tagsüber zieht es von Osten nach Westen, und nachts von Westen nach Osten.

KANOPEN
Gefäße zur Aufbewahrung der Eingeweide, die während der Mumifizierung dem Leichnam entnommen wurden.

KARTUSCHE
Seilschleife mit einem Knoten an der unteren Seite. In den inneren Bereich wurde ab der 4. Dynastie der Name des Pharao geschrieben. Die Kartusche steht für die universelle Macht des Sonnengottes Re und somit des Königs, der als sein Sohn auf der Erde angesehen wurde; ihre Verwendung war den wichtigsten Namen der Königstitulatur vorbehalten: Geburtsname und Thronname.

KENOTAPH
Scheingrab als Kult- oder Gedenkstätte

HELIOPOLIS
Stadt in Unterägpyten, deren antiker Name On (=die Säule) war; Zentrum des Sonnenkults.

SEDFEST
Jubiläumsfest des Königs, auch Heb-sed genannt, das im 30. Jahr seiner Herrschaft zur Machterneuerung stattfand.

HATHOR
Göttin mit Kuhkopf oder Kuhohren; Schutzgöttin der Frauen, der Musik und der Toten.

HEDJET
Weiße Krone, Symbol der Herrschaft über Oberägypten.

HEQA (Zepter)
Symbol der Königswürde; Attribut des Gottes Osiris.

HORUS
Sehr alte Sonnengottheit, dargestellt als Falke (später auch als Mensch mit Falkenkopf), mit der die Könige der Frühzeit gleichgesetzt wurden, da Horus als Beschützer der königlichen Macht galt.

KA
Eine der Seelen des Menschen, die für die Lebenskraft steht. Das ka wird mit dem Menschen geboren, ist aber unsterblich und garantiert ihm die nötige Kraft für das Leben nach dem Tod.

CHEPHRE
Gottheit, die die aufgehende Sonne symbolisierte; meist als Skarabäus (Pillendreher) dargestellt.

MASTABA
Grabform der protodynastischen Zeit und des Alten Reiches. Der Begriff kommt aus dem Arabischen und bedeutet „Bank“, was sich auf die Form des Graboberbaus bezieht.

MUMIE
Leichnam, der straff in Stoffstreifen eingewickelt wurde, nachdem ihm alle Flüssigkeit entzogen worden war. Der Begriff leitet sich aus dem persischen „mumia“ ab, was soviel wie Pech bedeutet: Pech ist an den ägyptischen Mumien aber erst in römischer Zeit zu finden.

NAOS
Kleiner Schrein aus Holz oder Stein, in dem die Statue des Gottes im Allerheiligsten aufbewahrt wurde.

NEKROPOLE
Griechische Bezeichnung für Friedhof.

NECHECH
Geißel, Herrschaftszeichen; Attribut des Gottes Osiris.

NECHBET
Göttin in Form eines Geiers, wurde in el-Kab verehrt und galt als Landesgöttin von Oberägypten.

NOMOS
Griechische Bezeichnung für die verschiedenen Verwaltungsbezirke des alten Ägyptens, die ursprünglich sepat genannt wurden. Dieses Verwaltungssystem stammt wahrscheinlich schon aus frühgeschichtlicher Zeit und erreichte seine höchste Entwicklungsstufe in ptolemäischer Zeit.

NUBIEN
Das Gebiet zwischen dem ersten und dem vierten Katarakt. Man unterscheidet in Unternubien, zwischen dem ersten und dem zweiten Katarakt (wawat), und Obernubien (kusch).

OKZIDENT
Das Totenreich (dorthin wo die Sonne untergeht, begeben sich auch die Seelen).

OSIRIS
Mumienförmige Gottheit, Herr des Jenseits, Gemahl der Isis; nach seinem Tod, der durch den Bruder Seth herbeigeführt worden war, schuf er den Sohn Horus. Er wird dargestellt mit der Atef-Krone, dem Zepter (heqa) und der Geißel (nechech).

OSTRAKON
Tonscherbe oder Steinplättchen, das anstelle des Papyrus als Schreibmaterial diente.

PRONAOS
Dem Allerheiligsten vorgelagerter Raum.

TITULATUR DES KÖNIGS
Gesamtheit der Namen des Königs, die ab dem Mittleren Reich neue Elemente hinzu erhielt, bis sie insgesamt fünf Titel umfasste: Horusname, Herrinnenname (nebti), Goldname, Thronname (Name des Königs von Ober- und Unterägypten) und der Geburtsname, dem der Ausdruck „Sohn des Re" in der Titulatur vorangeht, und der der Name ist, mit dem der König üblicherweise bezeichnet wird. In den ersten fünf Dynastien wurde nur der Horusname verwendet.

PYRAMIDION
Monolithischer Schlussstein einer Pyramide oder Spitze eines Obelisken.

PSCHENT (sechemti)
Doppelkrone, die die Herrschaft über Ober- und Unterägypten symbolisierte. Sie bestand aus der Weißen Krone (hedjet), die in die Rote Krone (wadjet) eingearbeitet war.

PTAH
Memphitischer Schöpfergott, Gemahl der löwenköpfigen Göttin Sachmet, der als mumienförmiger Mann mit dem Zepter „was" dargestellt wird. Später verschmolz er mit dem memphitischen Nekropolengott Soker und wurde als Ptah-Soker verehrt.

RE
Antike Sonnengottheit, die ursprünglich hauptsächlich in Heliopolis verehrt wurde. Re wird gewöhnlich auf seiner nächtlichen Reise in Menschengestalt mit einem Falkenkopf dargestellt, über dem sich die Sonnenscheibe und ein Widderkopf befinden.

REGISTER
Horizontale Unterteilung der Wanddekoration in Gräbern und Tempeln und von Gegenständen wie Grabstelen.

SERDAB
Besondere Art von völlig verschlossener Kapelle, in deren Inneren sich eine Statue des Verstorbenen befand, der durch einen kleinen Schlitz mit der Außenwelt Verbindung aufnehmen konnte.

SERECH
Darstellung einer Palastfassade aus der frühdynastischen Zeit, über der ein Horusfalke thront. In ihr steht senkrecht geschrieben der Horusname. Das serech wurde ab der frühdynastischen Zeit bis etwa zum Ende der 3. Dynastie verwendet. Ab Huni wurde es von der Kartusche abgelöst.

SPHINX
Mischwesen aus Löwenleib mit Menschenkopf; Verkörperung der königlichen Macht und Beschützer der Tempeltore.

STELE
Denkmal in Form einer Platte aus Stein oder Holz in unterschiedlichen Formen mit Verzierungen und Inschriften, meist in Funktion eines Grabmals.

PALETTE
Lanzen- oder tierförmige Steinplatte, die ursprünglich zum Mischen von Farben oder Schminkmitteln verwendet wurde, die aber bereits in der protodynastischen Zeit eine genau umrissene rituelle Bedeutung annahm: Die darauf abgebildeten Darstellungen erinnerten nämlich an besondere Ereignisse aus der Herrschaft eines Königs. Auch das kleine Holzbrett für Feder und Tinte der Schreiber wird als Palette bezeichnet.

RESERVEKOPF
Typische Skulpturen des Alten Reiches, die sehr realistisch die Gesichtszüge eines Verstorbenen wiedergaben, für den sie als tatsächlichen Ersatz dienten, da die Ägypter nichts mehr fürchteten als den Verlust ihres Kopfes.

PYRAMIDENTEXTE
Sammlung von magischen Formeln und Texten des Totenrituals, die ab König Unas an den Wänden der Grabkammern im Inneren der Pyramiden eingeschnitten wurden.

WADJET (UTO)
Als Uräusschlange dargestellte Göttin, die als Schutzgöttin von Unterägypten galt und in Buto (heute Tell el-Farain) verehrt wurde. Auch Bezeichnung für die Rote Krone Unterägyptens.

WAS
Typisches Zepter der männlichen Gottheiten

URÄUSSCHLANGE
Aufgerichtete Kobraschlange, als Symbol von Licht und Königswürde von Gottheiten und Pharaonen als goldener Stirnschmuck getragen. Sie ist der Göttin Uto und dem Sonnengott geweiht, für dessen Auge man sie hielt.

WESIR
Titel des obersten Beamten im Staat, er vertrat den Pharao in allen Bereichen der Verwaltung des Landes.

BIBLIOGRAFIE

Allgemeine Werke

Baines, J., und Malek, J.: Atlante dell'Antico Egitto, Novara 1985

Clayton, P. A.: Chronicle of the Pharaohs, London 1994

Edwards, I. E. S.: The Pyramids of Egypt, London 1972

Fakhry, A.: The pyramids, Chicago-London 1969

Lauer, J. Ph.: Histoire monumentale des pyramides d'Egypte, Kairo 1962

Lauer, J. Ph.: Le mystère des pyramides, Paris 1988

Maragioglio, V., und Rinaldi, C.: Architettura delle piramidi menfite, Turin-Rapallo 1963/75

Porter, B., und Moss R. L. B.: Topographical Bibliography of Ancient Egyptian Hieroglyphic Texts, Reliefs and Paintings, Oxford 1927/52, 1960

Siliotti, A.: Egitto, Templi, Uomini e Dei, Vercelli 1994

Stadelmann, R.: Die Ägyptischen Pyramiden – Vom Ziegelbau zum Weltwunder, Mainz am Rhein 1991

Vandier, J.: Manuel d'Archéologie Egyptienne, Paris, 1952/69

Ausgrabungen, Forschungsexpeditionen, Entdeckungen

Belzoni, G. B.: Viaggi in Egitto e in Nubia, edizione critica a cura di A. Siliotti, Florenz 1988

Siliotti, A. (Hrsg.): Belluno e l'Egitto, Verona 1986

Siliotti, A. (Hrsg.): Padova e L'Egitto, Florenz 1987

Siliotti, A. (Hrsg.): Viaggiatori Veneti alla scoperta dell'Egitto, Venedig 1985

Archäologische Fundstätten

Abusir
Borchardt, L.: Das Grabdenkmal des Königs Sa-hu-re, I-II, Leipzig 1910/13

Edel, E., und Wenig, S.: Die Jahreszeitenreliefs aus dem Sonnenheiligtum des Königs Ne-user-Re, Berlin 1974

Ricke, H., et al: Das Sonnenheiligtum des Königs Userkaf, I-II, Kairo 1965

Dahschur
de Morgan, J.: Fouilles à Dahchour, I-II, Wien 1895/1903

Fakhry, A.: The Monuments of Snefru at Dahshur, I-II, Kairo 1959/61

Illahun
Petrie, W. M. F.: Kahun, Gurob and Hawara, London 1890

Petrie, W. M. F.: Illahun, Kahun and Gurob, London 1891

Lischt
Arnold, D.: The South Cemeteries of Lisht I,II,III, New York 1988/92

Gizeh
Curto, S.: Gli scavi italiani a El Ghiza, Rom 1962

Dunham, D., und Simpson, W. K.: The Mastaba of Queen Merysankh III., Boston 1974

Junker, H.: Giza, I-XII, Wien-Leipzig 1929/55

Perring, J.E.: The Pyramids of Gizeh, etc., London 1839/42

Petrie: The Pyramids and Temples of Gizeh, London 1883

Reisner, G. A.: Mycerinus. The Temple of the Third Pyramid at Giza, Cambridge 1931

Reisner, G. A.: A History of the Giza Necropolis, I-II, Cambridge 1942/55

Simpson, W. K.: The Mastabas of Kawab, Khafkhufu I. and II., Boston 1978

Medum
Petrie, W. M. F.: Medum, London 1892

Sakkara
Duell, P., et al.: The Mastaba of Mereruka, I-II, Chicago 1938

Ghoneim, M. Z.: Horus Sekhemkhet. The Unfinished Step Pyramid at Sakkara, I, Kairo 1957

Lauer, J. P.: Sakkara. The Royal Cemetery of Memphis, London 1979

Bildnachweis

168 *Luftaufnahme der Fundstätte bei der Cheops-Pyramide*

Archiv White Star: Seiten 1, 18, 19, 22, 23 oben, 24, 25, 30 rechts, 32, 42, 43; Antonio Attini/ White Star: Seiten 71 E, 64 A; Marcello Bertinetti/ White Star: Seiten 2, 3, 7, 8 unten, oben, 9 oben, 39, 46 B, 48, A, D, 49 C, 60 A, 64 B, 66 A, 68 A, 72 A, 76 A, 81 G, 90, 91, 94, 95, 98 A, B, C, D, E, F, 99 H, 102, 105 B, 110 A, 126, 128 A, 138 A, 142 A, B, 144 A; Alfio Garozzo/ White Star: Seite 16 Mitte; Giulio Veggi/ White Star: Seiten 4, 9 unten, 12 oben links, 35 oben links, 50 B, 54 A, 67 D, 68 B, 168; James Blair/ National Geographic Society: Seite 55 F, G; Victor Boswell/ National Geographic Society: Seiten 54, 55; Claude E. Petrone/ National Geographic Society: Seite 55 E; The British Museum: Seite 67 E; Patrick Chapuis: Seiten 139 H, 148 B; Claudio Concina/Geodio: Seiten 21 oben links, 34, 50 A, 52, 54 B, 62 B, 63 C, 73 E, 74 A, 96 B, 97, 101 H, 104 A, 105 D, E, F, G, 106 B, D, E, F, 107 G, I, J, K, 108 A, B, C, 109 E, F, 110 D, 111 E, 118 A, D, E, 119 L, 121, 124 A, 125 J, 128 D, 129 I, 130 A, 134 C, 138 B, 151 D, 153 C, 157 H, 161 G, 162 B; Alberto Siliotti/ Geodio: Seiten 6 oben, 10 oben links, 12 unten links, unten rechts, 12 Mitte, 12 oben rechts, 13 oben, Mitte, unten, 16 oben, unten, 20, 21 oben rechts, unten, 23 unten, 26 oben, Mitte, unten links, 27, 28, 29, 30 links, 31 oben rechts, 33, 35 rechts, 36, 37, 38 links, Mitte, oben rechts, unten rechts, 40, 41, 43, 44, 45, 46 A, 47, 48 B, 49 D, E, 51, 53, 54 D, 55 F, 56, 57, 58, 59, 60 B, 61, 62 A, 63 D, E, F, 65, 66 B, 67 C, F, 69, 70, 71 F, 72 B, C, 73 D, F, G, 74 B, C, D, 75, 76, 78, 79, 80, 81 H, I, J, K, 82, 83, 84, 85, 86, 87, 89, 92, 93, 96 A, 98 B, C, D, E, F, 99 G, 100, 101 D, E, F, G, 103 D, E, 104 C, 106 A, 107 H, 108 D, 109 G, 110 B, C, 111 F, 114, 115, 116, 117, 118 B, C, 119 G, F, H, J, 120, 122, 123, 124 B, C, D, 125 E, F, G, H, I, 127, 128 B, C, E, F, 129 G, H, 130 B, C, D, E, 131, 132, 133, 134 A, B, D, 135 E, F, G, H, I, 136, 137, 138 C, 139 D, E, F, 140, 141, 143, 144 C, 146 A, 147, 148 A, 149, 150, 151 C, E, 152, 153 D, E, 154, 155, 156, 157 E, F, G, I, 158, 159, 160 A, B, C, 162 A, C, 163; Kennet Garret: Seite 5 unten; Jürgen Liepe, Seiten 10 oben rechts, 11, 31 links, 103 F, 111 G, H, 146 B, 148 E, 160 D, F; J. Livet: Seiten 38 Mitte rechts, 119 I, K.